中国石油天然气集团公司

销售业务20年

1998—2017

中国石油天然气集团有限公司　编

石油工業出版社

图书在版编目（CIP）数据

中国石油天然气集团公司销售业务 20 年：1998—2017/中国石油天然气集团有限公司编 . —北京：石油工业出版社，2020.12

ISBN 978-7-5183-4444-4

Ⅰ . ①中… Ⅱ . ①中… Ⅲ . ①中国石油天然气集团公司 – 销售 – 工业企业管理 –1998—2017 Ⅳ . ① F426.22

中国版本图书馆 CIP 数据核字（2020）第 257319 号

中国石油天然气集团公司销售业务 20 年 1998—2017
ZHONGGUO SHIYOU TIANRANQI JITUAN GONGSI XIAOSHOU YEWU 20NIAN 1998—2017

出版发行：石油工业出版社
（北京安定门外安华里 2 区 1 号 100011）
网 址：www.petropub.com
图书营销中心：（010）64523731
编 辑 部：（010）64523591 64523586
经 销：全国新华书店
印 刷：北京中石油彩色印刷有限责任公司

2020 年 12 月第 1 版 2020 年 12 月第 1 次印刷
787×1092 毫米 开本：1/16 印张：11
字数：240 千字

定价：50.00 元
（如出现印装质量问题，请与图书营销中心联系）

审稿人员

郭连盛　李　军

编辑说明

一、中国石油天然气集团公司 20 年系列（以下简称集团公司 20 年系列）是依据《中国石油天然气集团公司年鉴》（以下简称《集团公司年鉴》）1999 卷至 2018 卷中相关内容，由中国石油档案馆和石油工业出版社有限公司组织编辑，全面、系统记载 1998—2017 年期间主营业务生产经营、改革发展以及企业管理等方面的基本情况和重大事项，反映中国石油天然气集团公司 1998 年 7 月成立至 2017 年 12 月改制更名为中国石油天然气集团有限公司之间的 20 年，相关业务、管理的发展历程以及取得的成就。

二、集团公司 20 年系列分为 8 个分册。分别是油气勘探开发生产业务，炼油与化工业务，销售业务，天然气与管道业务，工程技术、工程建设与装备制造业务，国际业务，科技与信息工作，安全环保与质量节能工作。各分册文前有“大事记”，文后附“统计数据”。

三、集团公司 20 年系列所依据的《集团公司年鉴》内容是由中国石油天然气集团公司和中国石油天然气股份有限公司总部各部门、各专业公司等单位提供，由《集团公司年鉴》编委会审定；各分册成稿后提交总部各部门、各专业公司审稿。

四、集团公司 20 年系列主要内容完全依据当年记载，反映当时实际情况，对单位名称、专业术语等不做统一性修改。各分册“大事记”“统计数据”主要来源于《中国石油天然气集团公司年鉴》《中国石油天然气集团公司年报》《中国石油天然气股份有限公司年报》等。

五、为行文简洁，集团公司 20 年系列中的机构名称一般在首次出现时用全称，再出现时用简称。“中国石油天然气集团公司”简称为“集团公司”，“中国石油天然气股份有限公司”简称为“股份公司”，两者统称“中国石油”。

六、集团公司 20 年系列是对集团公司主营业务 20 年来发展和成果进行汇总，为管理人员、科研人员以及关心石油工业发展的专业人士提供借鉴参考。由于涉及 20 卷《集团公司年鉴》内容整理，其中有些业务归属经历过多次变动，为了及时编辑出版，可能存在疏漏和欠妥之处，恳请读者批评指正。

七、集团公司 20 年系列的编辑出版，是在集团公司办公厅的直接指导下，得到集团公司和股份公司总部相关部门、专业公司等单位领导、专家以及撰稿人的大力支持与帮助，在此谨向他们致以诚挚的谢意。

编写说明

目　　录

大事记 …… 1

第一部分
（1998—1999）

机构重组与价格改革（1998—1999） …… 9
油气销售（1998—1999） …… 16

第二部分
（2007—2017）

综述（2014—2017） …… 33
成品油业务（2007—2017） …… 37
投资管理与网络建设（2009—2017） …… 85
非油品业务（2008—2017） …… 98
润滑油和炼油小产品销售（2008—2016） …… 106
润滑油业务（2017） …… 115
燃料油业务（2017） …… 117
加油卡业务（2017） …… 119
专业管理（2008—2017） …… 121

统计数据 …… 166
表 1　中国石油 2000—2017 年国内成品油销售量 …… 166
表 2　中国石油 1998—2017 年国内加油站数量 …… 166
表 3　中国石油 2007—2017 年非油品业务收入及利润 …… 167

大事记

1998年

5月2日 中国石油天然气总公司（简称总公司）召开总经理办公会，重点讨论总公司油品销售体制、机制和成品油管道问题，决定立即组建四大区销售公司，动员一切力量，开拓油品市场。

本年 根据国务院关于组建中国石油天然气集团公司（简称集团公司）和中国石油化工集团公司的划转方案，内蒙古、辽宁、吉林、黑龙江、重庆、四川、西藏、陕西、甘肃、宁夏、青海、新疆等12省、自治区、直辖市和大连石油公司及其所属各级石油公司和加油站，以及中国石油化工总公司所属沈阳、哈尔滨、西北、宝鸡、吉林等5个销售公司划归中国石油天然气集团公司。7月，组建中国石油销售西北公司。10月，组建中国石油销售东北公司。11月，根据集团公司原油、天然气、成品油经营销售业务发展的需要，在原中国石油天然气销售公司的基础上成立中国石油销售总公司。

1999年

2月26日 中国石油天然气集团公司印发《中国石油天然气集团公司成品油销售管理办法（试行）》。

5月24日 国务院批转国家经济贸易委员会等部委《关于清理整顿小炼油厂和规范原油成品油流通秩序的意见》，决定实行成品油集中批发体制，授予中国石油天然气集团公司、中国石油化工集团公司成品油批发专营权，共同承担中国成品油市场批发业务。同时，对各地小炼油厂和成品油批发、仓储、零售企业进行清理整顿，对清理整顿合格的成品油批发企业，由石油、石化两个集团公司依法采取划转、联营、参股、收购等方式进行重组。

本年 中国石油销售总公司先后组建中国石油销售西南公司、中国石油销售华东公司、中国石油华北销售公司3个石油销售地区公司和大连中油销售海运有限公司1个专业化公司。7月，集团公司先后对包括中国石油销售总公司在内的20个销售企业及其所属各级石油公司和加油站进行重组改制，将销售企业的原油、天然气、成品油、销售及储运等核心业务分开分离，组建核心业务公司；多种经营、企业办社会等非核心业务部分以及县级和部分市级石油公司仍留在未上市销售企业。9月，集团公司成立中国石油天然气股份有限公司（简称股份公司）炼化与销售公司筹备组。11月，炼化与销售公司正式成立，12月，更名为炼化与销售分公司。

2000 年

4 月 股份公司撤销炼化与销售分公司，分别设立股份公司化工与销售分公司、股份公司炼油与销售分公司。炼油与销售分公司归口管理东北、西北、西南、华东、华北、黑龙江、吉林、辽宁、大连、内蒙古、宁夏、甘肃、陕西、青海、新疆、四川、重庆、西藏等 18 个销售分公司和大连海运公司。

5 月 16 日 股份公司印发《关于新建加油站统一形象有关问题的通知》和《中国石油天然气股份有限公司加油站形象识别使用规范手册》。

8 月 10—11 日 股份公司化工产品统一销售工作会议在江苏江阴召开。公司化工产品销售将按照《中国石油天然气股份有限公司化工产品统一销售实施办法》执行。

8 月 17 日 股份公司设立天然气与管道华北分公司、化工与销售东北分公司、化工与销售西北分公司、化工与销售华东分公司、化工与销售华北分公司。

9 月 25 日 国家经济贸易委员会同意股份公司设立全资子公司中国石油销售公司。

2001 年

3 月 股份公司设立中国石油销售有限责任公司，为股份公司全资子公司，对内与炼油与销售分公司一套机构。

6 月 7 日 中油 BP 江门石油有限公司成立。

9 月 26 日 集团公司与股份公司签署资产重组协议，对未上市销售企业进行重组。

12 月 21 日 股份公司决定组建化工与销售西南分公司，以及乌鲁木齐、独山子、抚顺、吉林、兰州、宁夏和辽阳等 7 个化工销售中心，同时撤销化工与销售西北分公司。

2003 年

11 月 1 日 中国石油国际销售股份有限公司在哈萨克斯坦收购 8 座加油站和 1 座油库项目。该公司由中国石油国际事业部哈萨克斯坦公司、中油阿克纠宾油气股份公司和哈萨克斯坦商业银行投资公司共同出资成立。

2004 年

2 月 24 日 中国石油天然气股份有限公司与英国石油公司在北京签署合资经营成品油销售项目。

4 月 6 日 股份公司华南销售分公司、华中销售分公司、华中天然气销售分公司成立。

2005 年

11 月 15 日—12 月 1 日 集团公司、股份公司组织开展冬季安全生产大检查和企业安全生产考核验收活动。检查共抽调生产技术人员、安全管理人员和有关专家 60 余人，组成 12 个检查组，对 55 家油气田、管道、炼化及销售企业进行检查和考核验收。

12 月 2 日 中国石油天然气股份有限公司华东化工销售分公司成立。

2006 年

4 月 24 日 股份公司对化工与销售东北、西北地区的 10 个单位进行整合，分别组建东北化工销售分公司和西北化工销售分公司，由此形成按区域分布的六大化工销售公司。

2007 年

8 月 7 日 全国人大常委会赴西藏调研组到中国石油西藏销售分公司七二五油库考察。七二五油库是西藏自治区最大的油库，距离拉萨市 12 千米，1976 年 5 月 1 日竣工投产。

11 月 14 日 股份公司对炼油与销售分公司和化工与销售分公司实施重组，成立中国石油天然气股份有限公司炼油与化工分公司和销售分公司，同时保留中国石油销售有限责任公司。

2008 年

7 月 18 日 国务院国有资产监督管理委员会在北京召开中央企业抗震救灾总结表彰大

会，集团公司有6个先进集体、10名先进个人、4个先进基层党组织、5名优秀共产党员受到表彰。10月8日，中共中央、国务院、中央军委在人民大会堂举行全国抗震救灾总结表彰大会，对以上企业再次进行表彰。中国石油四川销售分公司获得中共中央、国务院、中央军委授予的“全国抗震救灾英雄集体”称号。

9月26日　中国石油发出第一张“昆仑加油卡”，到2010年12月，随着加油卡管理系统的推广应用，在国内率先实现“一卡在手、全国加油”，极大方便了消费者的加油需求。2016年12月21日，昆仑加油卡发卡突破1亿张。2017年4月28日，昆仑加油卡沉淀资金突破300亿元。2018年4月15日，昆仑记名加油卡发卡突破1亿张。

11月　股份公司开始调整华东、华中、华南、西南、华北等销售公司管理体制，原归属大区公司管辖的上海、浙江、江苏、安徽、江西、广东、福建、河南、湖北、湖南、云南、广西、贵州、山西、北京、天津、河北、海南等销售公司相继上划股份公司直接管理，业务上归口销售分公司管理，2010年9月完成调整工作。

2009年

6月10日　股份公司决定，对乌鲁木齐石化分公司、宁夏石化分公司、大港石化分公司、长庆石化分公司4家炼化企业液化气销售业务实施重组。

11月9—12日　山西省出现50年不遇的大范围强降雪天气，集团公司将陕京系统日供气量由246万立方米提高到285万立方米，缓解用气紧张状况。山西销售分公司启动紧急预案，组织开展“雪中送温暖”行动。

2010年

4月17日　集团公司ERP系统和加油站管理系统迁移工作全面完成。

5月6—7日　中国石油油品销售精细化管理会议在武汉举行。会议指出要把强化管理作为转变发展方式的主要内容，通过精细化管理提升销售业务发展的质量和效益，不断创造市场竞争的新优势。

8月19日　中共中央、国务院和中央军委在青海西宁举行全国抗震救灾总结表彰大会。青海销售公司荣获“全国抗震救灾英雄集体”称号。

9月10日　股份公司决定，调整海南销售分公司管理体制，上划股份公司直接管理。

12月25日　中国石油加油站管理系统全面建成应用。

2011 年

5 月 19—21 日 中国石油油品销售精细化管理推进会在广州召开。会议强调学习中油碧辟经验，提高销售发展质量。

2012 年

5 月 16—18 日 中国石油油品销售精细化管理会议在成都召开。会议强调，持续深化精细化管理工作，增强执行力，不断提升销售业务发展质量与效益。

6 月 13 日 中国石油远程培训学院销售分院成立。

8 月 29 日 全国车用汽柴油产品质量提升工作会议在北京召开。国内主要油品供应商中国石油、中国石化和中国海油向全社会公开承诺，依法履行产品质量安全主体责任，推进车用汽柴油行业质量诚信建设，为社会供应清洁、优质、安全的油品。集团公司副总经理喻宝才代表中国石油，签署《车用汽柴油生产经营企业产品质量安全诚信承诺书》。

9 月 5 日 中国石油天然气集团公司与中国工商银行总行签署《上门收款业务合作总协议》，进一步调整和规范加油站上门收款工作机制，明确收款费用补偿方式及标准。

11 月 6—7 日 中国石油首届加油站经理人大会在重庆召开。

2013 年

1 月 28 日 中国石油销售公司 2013 年工作会议召开。会议提出，继续坚持以市场为导向，以客户为中心，以效益为目标，突出效率、效益、品牌，扩大营销规模，改善销售质量，降低成本费用，全面提升竞争和营利能力。

5 月 9 日 第八届“中国石油北京杯”首都的士英雄暨第三届“魅力车队长”评选活动在北京正式启动。此次活动是由首都见义勇为基金会、中国石油北京销售公司和“汽车生活报”共同举办，旨在大力弘扬见义勇为精神和传承中华民族传统美德，更好地推动社会主义公民道德素质建设。

5 月 22—24 日 中国石油召开油品销售精细化管理会议。首次明确建成国际水准销售企业“时间表”，强调进一步突出效率、效益和品牌，继续深化精细化管理，实现增销量、增效益和降成本，全面提升销售企业竞争和营利能力。

12 月 4—5 日 油品销售地市公司工作会议在云南昆明召开。会议强调，坚持以效益为中心，以零售为核心，通过努力打造充满活力和竞争力的“升级版”地市销售公司，推动销售业务有质量、有效益、可持续发展。

2014年

2月15日 西南地区最大的成品油油库——彭州油库正式投运。彭州油库位于四川省彭州市，库容52万立方米，总储量34.62万吨，2012年6月10日动工，2013年6月28日中交。

5月28—29日 中国石油油品销售精细化管理会议在辽宁沈阳召开。会议强调，深入推进精细化管理，全面提升油品质量计量管理水平，精心打造质优量足、诚实守信的企业品牌形象。集团公司副总经理喻宝才出席会议并讲话。

7月9日 集团公司召开销售企业法律风险防控现场会。会议强调，充分认识防控法律风险的极端重要性，学习推广湖北销售公司的经验和做法，有效推进销售企业依法经营管理和法律风险防控，确保企业健康发展。

9月12—13日 中国石油首届加油站经理论坛在广州举行。论坛以学习借鉴中油碧辟经验为重要内容，32家销售企业150多名站经理参加论坛，围绕开口营销、客户开发与维护、“双低站”治理等问题，开展深入交流和探讨。集团公司副总经理喻宝才出席论坛并讲话，强调要深入研究客户需求，把握客户需求，持续提升现场服务能力，提升中国石油价值和形象，扩大中国石油影响力。

12月11日 股份公司决定，中国石油天然气股份有限公司新疆销售分公司改制为中石油新疆销售有限公司。

2015年

6月9日 股份公司决定，成立中石油海南销售有限公司，列股份公司直属单位序列管理。注销中国石油天然气股份有限公司海南销售分公司。

12月10日 股份公司决定，对辽宁销售和大连销售实施整合，统一使用“中国石油天然气股份有限公司辽宁销售分公司”名称。整合后的辽宁销售行政上由股份公司直接管理，大连销售不再列股份公司直属单位管理。

2016年

5月26—27日 集团公司油品销售精细化管理会议在兰州召开。会议强调，切实增强做好销售工作的责任感、使命感和紧迫感，抓住机遇加快改革创新步伐，坚定不移打造优质终端，着力加强企业党的建设和队伍建设，开创各项工作新局面。集团公司副总经理徐文荣出席会议并讲话。

11 月 9—11 日 第二届加油站经理论坛在合肥召开。论坛以零售为核心，以加油站经理为主角，探索服务与营销的新思路，提升零售业务竞争力，助力销售业务提质增效发展。

12 月 15 日 集团公司优秀加油站经理先进事迹报告会在北京石油大厦举行。来自江苏宿迁、四川自贡等 7 家销售分公司的加油站经理讲述了他们坚定理想信念、立足岗位创先争优的先进事迹和工作经验。

2017 年

6 月 18—19 日 中国石油油品销售精细化管理会议在贵阳召开。会议强调要进一步狠抓改革创新、数质量管理和提质增效，全力稳价扩销增效，加快缩小与竞争对手差距，提升销售企业效益贡献水平。集团公司总经理章建华，副总经理喻宝才出席会议并讲话。

12 月 7 日 中国石油昆仑好客有限公司正式成立，中国石油非油业务进入专业化管理、市场化运作的新阶段。自 2008 年北京望京南加油站便利店开业以来，中国石油开启油品业务、非油品业务联动互促发展的新时代，当年 uSmile 品牌便利店开店数量达到 5832 家，累计实现非油业务收入 16 亿元。2011 年品牌便利店数量突破 1 万家，达到 11330 家，建成一批样板站，总收入达到 64 亿元。2014 年，便利店数量突破 1.5 万家，达到 15771 座，总收入达到 99 亿元。2017 年，品牌便利店数量达到 1.8 万座，逐步搭建起“昆仑好客优选+”“放心厨吧”、昆仑系列车辅产品、武夷山水、咔咔汽服等自营商品和品牌体系，年收入 186 亿元，利润 21 亿元，成为中国石油销售业务最重要的利润来源之一。

本年 中国石油四川销售成都燕塘加油站成品油销量突破 7 万吨，非油销售收入过千万元，稳居全国销售企业榜首。加油站每位员工日均服务 1500 余辆车，加油站日均销量达 200 吨左右，最高日销量达 309.7 吨。

第一部分

（1998—1999）

机构重组与价格改革（1998—1999）

1998 年

【销售企业重组】 1998 年，国务院本着上下游、内外贸、产销一体化的原则，在中国石油天然气总公司和中国石油化工总公司的基础上，组建了中国石油天然气集团公司和中国石化集团公司。石油、石化两大集团公司的重组，给销售体制、销售队伍、资源结构、销售业务范围和工作任务带来了深刻变化，为适应这种变化，确保国务院改革方案的实施，按照集团公司的统一部署，中国石油销售总公司（以下简称销售总公司）随即成立。在集团公司有关部门的通力合作与有关省（区）、市政府的密切配合下，于 1998 年 8 月底以前全部接收了辖区内的省（区）、市石油公司，并根据业务需要，将沈阳市石油公司并入辽宁省石油总公司，西安市石油公司并入陕西省石油总公司，所辖的省、区、市石油公司由接收前的 15 个调整为 13 个。同时，销售总公司为贯彻落实集团公司“规范市场、开拓市场”的成品油经销战略，将划转过来的原中国石化销售沈阳公司、吉林公司、哈尔滨公司合并成立中国石油销售东北公司；将原中国石化销售西北公司、宝鸡公司合并成立中国石油销售西北公司；新组建了中国石油销售华东公司、华北公司、西南公司等三个区域性公司，以及大连中油销售海运有限公司，形成了一个辐射全国、统一完整、稳定的市场营销网络；全面担负起组织原油、天然气和成品油的产、运、销衔接任务，通过制定原油、天然气和成品油销售运行方案，实现产品的销售并发挥为油田和炼化企业提供协调、服务的功能。

1998 年，销售总公司系统初步确定了成品油销售运行机制，实施了“资源统一配置、运输统一组织、价格统一制定、结算统一管理”的“四统一”原则，修改和完善了成品油销售运行办法和价格形成机制，大力开展了成品油市场规范和市场开发工作。通过清理、整顿生产和流通环节，扭转了在工作区域内市场竞相压价、无序竞争的局面，规范了市场，工作区域内各省市石油公司的成品油批发价格和市场份额均有所提高。通过控股、参股、联营等多种形式，在工作区域以外的市场初步形成了较为稳定的一级集散、二级分销、三级零售的成品油销售网络，基本理顺了企业内部管理工作，初步明确和界定了区域性公司、省（区）、市石油公司的责、权，初步了解和掌握了各单位的经营状况，初步建立了有关的管理制度。一些单位在这方面进行了有益的尝试，譬如，辽宁省石油总公司进行了五项配套改革，即改革用人机制、改革市场运行机制、改革内部管理体制（按经济区划分设置经营机构）、改革分配制度和改革县级公司的产权制度。内蒙古石油总公司在精简管理机构、撤并经营机构、减少法人实体和探索公有制的多种形式方面进行了积极探索。销售总公司有步骤地加强了班子建设和队伍建设，调整了区域性公司领导班子，销售总公司机关处室进行了定编、定员、定责工作，全面考核了各省（区）、市石油公司的领导班子。

（吴红峰）

【石油价格改革】 1998年是我国原油、成品油流通体制改革重要的一年，是石油价格管理体制发生了深刻变化的一年。

为了进一步深化经济体制改革，建立与社会主义市场经济体制相适应的石油管理体制，解决石油工业发展中的深层次矛盾，形成既有利于石油工业统一发展，又与市场紧密相连的管理体制。根据1998年3月全国人大九届一次会议审议通过的《国务院机构改革方案》，按照"上下游、产销、内外贸"一体化的模式，国务院组建了中国石油天然气集团公司与中国石油化工集团公司，石油集团于7月27日在北京正式成立。与此相配套，6月3日国家计委出台了《原油成品油价格改革方案》。主要内容为：

（1）从1998年6月1日起，原油购销价格由双方协商确定，其结算价格由原油基准价（见表1）和贴水（或升水）两部分构成。原油基准价由国家发展计划委员会根据每月国际市场相近品质原油离岸价加关税确定。贴水（或升水）由购销双方根据原油运杂费和国内外油质差价以及市场供求等情况协商确定。

（2）从1998年6月5日起，汽柴油的出厂价格、批发价格、批零差率由两大集团公司制定，报国家计委备案；汽柴油零售价格由国家发展计划委员会制定并公布各省（区、市）标准品零售中准价，两大集团公司在上下5%的幅度内制定各自所辖区域内的具体零售价格。汽柴油零售中准价制定原则是以国际市场汽柴油进口完税成本为基础，加按合理流向计算的从炼厂到各加油站的运杂费，再加批发、零售企业经营差率制定。

（3）两大集团公司以外的石油产销企业按所在区域，分别执行两大集团公司有关油品价格的具体规定。

此次原油、成品油价格改革，一是确定了原油、成品油价格与国际市场接轨的价格管理模式，使国内国际市场有机地联系起来，改变了以往两个市场彼此隔绝，面对外部市场国内石油生产较为被动的局面，为我国石油工业全面走向世界创造了条件。二是国家基本放开了原油、成品油价格，原油价格与国际接轨，成品油价格除零售价外改为企业定价，赋予石油、石化两大集团更大的定价自主权，使石油产品的生产更加贴近市场、反映供求，推动了企业加强管理，提高效益。三是价格下放给两大集团公司，形成了彼此相互竞争的激励机制，有利于提高石油资源的合理开发利用。

【成品油价格管理】 国家原油、成品油价格改革方案出台后，集团公司随即制定了汽柴油的出厂价、批发价和零售价（详见表2、表3），其中辖区内各省（区、市）零售价在国家规定的中准价上，普遍仅上浮3%以内。为了加强成品油销售价格的管理，8月份销售总公司组建了价格处，统一负责集团公司内部汽柴油批发与零售价格的制定与管理。1998年成品油价格管理上的主要工作有：

（1）进一步落实国家计委与集团公司关于成品油价格改革的通知精神，积极完善成品油价格管理。根据国家关于整顿成品油市场秩序，规范经营行为的精神，东北地区炼厂汽柴油实行了统一运作，从出厂价到区域性公司调拨价及下海入关价，均由销售总公司统一管理制定，并积极与石化集团公司进行了衔接。根据国家有关规定，研究制定了对铁道、交通等部门专项用油直供价格管理规定。

（2）积极建立成品油价格信息制度，根据市场价格变化，及时协调了集团公司内部价格，促进集团公司生产与经营效益的提高。为配合成品油业务的开展，销售总公司建立了全国成品油市场价格信息调查，每日一期，为集团公司领导及有关部门掌握市场、及时正确决策提供了依据。仅 9 月份后，东北公司与华东公司下海结算价格汽油调整了三次，柴油调整了两次，如汽油由不分品质比率每吨一律 1840 元，提高到 11 月份分品质比率 90# 每吨 1890 元。

（3）积极参与完善成品油价税政策的研究制定。围绕燃油税的征收问题，销售总公司多次参加国家有关部门召集的会议，并就顺利实施燃油税应解决的问题，及时向经贸委及其石化局提出意见。

【成品油市场价格】 受国际市场油价大跌与东南亚金融危机的严重影响，1998 年国内经济疲软，需求不旺，成品油市场也十分疲软，价格异常低迷，是近几年成品油市场形势较为严峻的一年。全年成品油市场价格的主要特点是：

（1）上半年价格持续走低，下半年价格在低水平基础上有所回升。1998 年初，成品油市场与价格呈明显的下滑态势。尽管 2 月中下旬原石化总公司与原石油天然气总公司都先后要求所属炼厂执行最低出厂保护价，国家计委等有关部门也发出紧急通知，停止办理汽、柴油进口许可证，并且加大了打击走私力度，但终因市场乏力，1—5 月份成品油价格持续下滑。5 月份全国 10 个大城市汽、柴油批发价格每吨平均分别只有 2095 元和 1832 元。6 月 5 日国家成品油价格改革方案出台后，两大集团公司相应制定了成品油出厂、批发及零售价格，成品油价格维持了短时间的较高水平。但从 7 月份开始价格很快又出现下滑。直到 9 月份，随着两大集团公司原油加工量的减少以及农业生产等方面对汽、柴油需要量的增加，以柴油为龙头，成品油市场与价格开始逐步回升。到 11 月至 12 月初，在燃油税酝酿出台的炒作下，全国成品油价格普遍达到全年最高水平。年底，石油集团公司辖区内省区市汽、柴油批发价分别平均为 2442 元和 2287 元。

（2）零售价格普遍好于批发价格。在成品油价格低迷中，零售价格下跌金额明显小于批发价格。5 月上旬全国 35 个中心城市汽柴油批发价平均每吨降低了 650 元和 705 元，而零售价仅降低了 155 元和 260 元，批零差价每吨达 400 元，比正常的批零差价每吨高出 200 多元。9 月初集团公司辖区内除陕西、重庆外，其他省区的汽、柴油零售价均达到了集团公司 6 月 5 日出台价。特别是四季度成品油市场有所好转的情况下，东北三省和陕西、四川、重庆等省份零售价格在中准价基础上，还一度上浮到国家规定的 5%。到年底，集团公司区内各省份零售价均已到位。

表 1　1998 年 6—12 月份国内原油基准价格表

油种	关税	6 月		7 月		8 月		9 月		10 月		11 月		12 月	
		基准价	离岸价	基准价	离岸价	基准价	离岸价	基准价	离岸价	基准价	离岸价	基准价	离岸价	基准价	离岸价
轻质油	16	975	14.72	905	13.62	91	113.715	891	13.41	880	13.231	967	14.575	883	13.275

续表

油种	关税	6月		7月		8月		9月		10月		11月		12月	
		基准价	离岸价	基准价	离岸价	基准价	离岸价	基准价	离岸价	基准价	离岸价	基准价	离岸价	基准价	离岸价
中质油Ⅰ	16	810	12.94	749	11.92	787	12.535	774	12.32	718	11.421	798	12.712	735	11.697
中质油Ⅱ	16	788	12.73	724	11.65	749	12.057	743	11.96	698	11.213	761	12.254	714	11.480
重质油	16	744	12.96	649	11.25	637	11.040	651	11.29	641	11.115	719	12.496	644	11.163
平均	16	829	13.34	756	12.11	771	12.337	765	12.25	734	11.745	811	13.009	744	11.904
汇率			8.26		8.28		8.28		8.28		8.28		8.28		8.28

注：（1）单位：关税—元 / 吨、基准价—元 / 吨、离岸价—美元 / 桶；

（2）人民币与美元汇率为人民币 / 美元。

表 2　1998 年价格改革集团公司出台所属炼厂汽、柴油出厂价格表

单位：元 / 吨

<table>
<tr><td colspan="2" rowspan="2">地　区</td><td colspan="4">90#汽油</td><td colspan="4">0#汽油</td></tr>
<tr><td colspan="2">接轨价</td><td colspan="2">集团公司定价</td><td colspan="2">接轨价</td><td colspan="2">集团公司定价</td></tr>
<tr><td colspan="2">东北地区</td><td colspan="2">2100</td><td colspan="2">2050</td><td colspan="2">1900</td><td colspan="2">1850</td></tr>
<tr><td colspan="2">华北地区（呼炼）</td><td colspan="2">2100</td><td colspan="2">2100</td><td colspan="2">1900</td><td colspan="2">1900</td></tr>
<tr><td rowspan="2">新疆地区</td><td>北疆</td><td colspan="2">2100</td><td colspan="2">2000</td><td colspan="2">1900</td><td colspan="2">1850</td></tr>
<tr><td>南疆（泽普）</td><td colspan="2">2100</td><td colspan="2">2090</td><td colspan="2">1900</td><td colspan="2">1900</td></tr>
<tr><td colspan="2">青海、玉门</td><td colspan="2">2100</td><td colspan="2">2030</td><td colspan="2">1900</td><td colspan="2">1830</td></tr>
<tr><td colspan="2">陕甘宁</td><td colspan="2">2100</td><td colspan="2">2100</td><td colspan="2">1900</td><td colspan="2">1900</td></tr>
<tr><td colspan="2">四川（南充炼厂）</td><td colspan="2">2100</td><td colspan="2">2310</td><td colspan="2">1900</td><td colspan="2">2080</td></tr>
<tr><td colspan="2">东北地区</td><td>出厂价</td><td>销广东</td><td>销沿海</td><td>销山东</td><td>出厂价</td><td>销广东</td><td>销沿海</td><td>销山东</td></tr>
<tr><td colspan="2">下海价</td><td>2050</td><td>2050</td><td>2100</td><td>2100</td><td>1850</td><td>1850</td><td>1900</td><td>1900</td></tr>
<tr><td colspan="2" rowspan="2">东北地区入关价</td><td>出厂价</td><td>锦州锦西</td><td>抚顺吉林</td><td>黑龙江</td><td>出厂价</td><td>锦州锦西</td><td>抚顺吉林</td><td>黑龙江</td></tr>
<tr><td>2050</td><td>2050</td><td>2000</td><td>1950</td><td>1850</td><td>1850</td><td>1800</td><td>1750</td></tr>
<tr><td colspan="2" rowspan="3">新疆地区东调价
兰州以西
兰州以东</td><td colspan="2">乌石化</td><td>克炼</td><td>独炼</td><td colspan="2">乌石化</td><td>克炼</td><td>独炼</td></tr>
<tr><td colspan="2">1720</td><td>1730</td><td>1663</td><td colspan="2">1550</td><td>1560</td><td>1500</td></tr>
<tr><td colspan="2">1650</td><td>1660</td><td>1593</td><td colspan="2">1480</td><td>1490</td><td>1430</td></tr>
</table>

注：（1）东北地区下海、入关价格为东北分公司的结算价；

（2）地方炼厂执行所在省区集团公司所属炼厂的出厂价格。

表 3　1998 年价格改革集团公司出台所辖区内汽、柴油批发、零售价格表

单位：元 / 吨

省　份	90 # 汽油						0 # 柴油					
	零售价			批发价			零售价			批发价		
	计委中准价	执行价	浮动（5%）	执行价	批零差额	批零差率	计委中准价	执行价	浮动（5%）	执行价	批零价差	批零差率
辽宁	2615	2693	3.0%	2558	135	5.0%	2355	2426	3.0%	2305	121	5.0%
吉林	2615	2693	3.0%	2558	135	5.0%	2355	2426	3.0%	2305	121	5.0%
黑龙江	2615	2693	3.0%	2558	135	5.0%	2355	2426	3.0%	2305	121	5.0%
内蒙古	2675	2693	0.7%	2562	131	4.9%	2410	2426	0.7%	2316	110	4.5%
陕西	2645	2671	1.0%	2540	131	4.9%	2390	2420	1.3%	2300	120	5.0%
甘肃	2600	2671	2.7%	2540	131	4.9%	2375	2420	1.9%	2300	120	5.0%
宁夏	2620	2671	1.9%	2540	131	4.9%	2355	2420	2.8%	2300	120	5.0%
青海	2600	2671	2.7%	2540	131	4.9%	2420	2420	0.0%	2300	120	5.0%
新疆	2430	2552	5.0%	2424	128	5.0%	2265	2378	5.0%	2259	119	5.0%
四川	2810	2866	2.0%	2746	120	4.2%	2585	2585	0.0%	2475	110	4.3%
重庆	2800	2884	3.0%	2764	120	4.2%	2530	2606	3.0%	2496	110	4.2%

（吕东悦）

1999 年

【机构重组】 1999 年是中国石油天然气集团公司全面实施彻底重组改制，建立现代企业制度的一年。按照国务院领导的指示精神，将主营业务、资产和人员从集团公司分离出来，并经国家经贸委批准，于 11 月 5 日正式创立了中国石油天然气股份有限公司。与此同时，根据股份公司内部各业务的发展和重组上市的需要组建了天然气与管道分公司，主要负责股份公司天然气市场开发与销售，负责原油分配销售计划的提出和实施，组织协调原油的运输和销售，负责油气管道和油气储运设施的建设与运营管理。

【原油价格】 从 1998 年 6 月 1 日起，国内原油价格与国际接轨，1999 年原油基准价仍由国家计委依据 5 月国际市场相近品质的原油平均离岸价加关税确定。中国石油天然气集团公司和中国石化集团公司之间购销的原油结算价格由基准价加贴水构成，贴水由双方协商确定。1999 年 8 月，两大集团经友好协商，签订了《互供原油贴水协议》，制定了贴水为适应市场变化在一定范围内而上下浮动的具体办法。1999 年原油价格见表 1。

表 1　集团公司各油田原油价格（含税）

单位：元 / 吨

油田		1月	2月	3月	4月	5月	6月	7月	8月	9月	10月	11月	12月
大庆		991	991	991	991	1099	1298	1286	1403	1411	1546	1640	1702
冀东		991	991	991	991	1099	1298	1286	1403	1411	1546	1640	1702
华北		991	991	991	991	1099	1298	1286	1403	1411	1546	1640	1702
大港		939	939	939	939	1031	1223	1220	1335	1358	1491	1598	1672
塔指		830	830	830	830	938	1138	1125	1243	1216	1350	1445	1507
吐哈		978	978	978	978	1054	1175	1182	1358	1418	1552	1608	1657
吉林		991	991	991	991	1099	1298	1286	1403	1411	1546	1640	1702
辽河	①特种油	1031	1031	1031	1031	1138	1338	1325	1443	1451	1586	1680	1742
	②中质油	991	991	991	991	1099	1298	1286	1403	1411	1546	1640	1702
	③重质油	842	842	842	842	934	1104	1093	1193	1199	1314	1394	1447
二连		916	916	916	916	1008	1199	1197	1311	1353	1491	1598	1672
长庆		991	991	991	991	1099	1298	1286	1403	1411	1546	1640	1702
玉门		971	971	971	971	1079	1278	1266	1383	1409	1546	1640	1702
青海		892	892	892	892	1000	1200	1187	1305	1356	1494	1589	1651
四川		1021	1021	1021	1021	1097	1218	1226	1401	1492	1626	1682	1731
新疆	①轻质油	967	967	967	967	1042	1163	1171	1346	1418	1552	1608	1657
	②中质油	902	902	902	902	994	1185	1160	1275	1274	1344	1452	1526
	③重质油									1121	1189	1189	1325

【天然气价格】 目前，天然气价格由国家制定。天然气销售价格由井口价格、净化费和管输费组成。

（1）井口价格：1999 年天然气计划内井口价格见表 2。

表 2　计划内天然气井口价格（含税）

单位：元 / 千立方米

气田	化肥用气	其他工业用气	城市居民用气	城市商业用气
四川	470	590	630	870
其他气田	480	690	580	830

自销天然气井口价格为 900 元 / 千立方米，可在上下 10% 范围内浮动。

（2）净化费：平均为 0.04 元 / 立方米。

（3）管输价格：

①老线管输价格（表 3）：

表 3　老线管输价格

输气距离（千米）	价格（元 / 立方米）
< 50	0.036
51—100	0.041
101—200	0.047
201—250	0.058
251—300	0.063
301—350	0.068
351—400	0.074
401—450	0.079
451—500	0.085

②新线管输价格：

陕京线：北京 0.36 元 / 立方米，天津 0.47 元 / 立方米，燕山石化 0.36 元 / 立方米；

鄯乌线：0.17 元 / 立方米；

中沧线：0.09 元 / 立方米。

（陈四祥　贺克奋）

油气销售（1998—1999）

1998 年

【原油销售】 1998 年受亚洲金融危机的影响，国际石油市场供过于求，油价跌幅较大，波及国内市场，造成国内油品市场疲软，销售不畅，价格下跌，炼厂加工量降低，原油产销矛盾十分突出。对此，国家采取了一系列控制总量的措施，打击走私，减少进口，并于 6 月 1 日实施国产原油与进口原油价格接轨。原油运销工作按照国家宏观调控政策和集团公司的要求，以市场为导向，以效益为中心，统一资源配置，制定落实好季度原油产运销平衡方案。根据季度计划和每月的实际情况，合理调整原油流向，编制切实可行的月度计划。在运行过程中，加强与铁道、交通等部门的联系，密切关注国内外原油、成品油市场动态，及时掌握企业生产和库存变化情况，对突发情况采取有效措施，进行疏通和化解，保证了油田、炼厂、管道的安全生产和效益的实现。

1998 年由于炼厂成品油堵库，东部炼厂削减加工量，大庆油田库存和大庆油管道系统库存曾分别高达 75.54 万吨和 111.00 万吨（安全库存分别是 76.00 万吨和 113.00 万吨），油田生产和管道运行均达到安全极限。为减轻大庆油系统压力，销售总公司组织了原油促销小组，先后到大连、抚顺、沈阳、锦州、上海、南京、杭州等炼化企业，了解炼厂生产、销售和库存情况，尽可能增销大庆原油。在东北输油管理局和锦州石化公司的共同努力下，4 月 26 日开通了进锦州石化公司的大庆油管线，6 月下旬完成了大连石化公司管线的增输改造工程，仅此两项多销大庆油 40 万吨。为确保秦皇岛和大连两个港口大庆油装船计划的完成，6 月下旬石油、石化两大集团公司与交通部水运司召开了原油运输协调会，对原油水运计划的申报、运行程序做了调整。通过优化运行、降价促销、紧急出口和增加集团公司炼厂加工量等措施，保证了东部管线的安全运行，稳定了东部油田的生产。

西北地区受客观地理条件的限制，原油和成品油的铁路外运直接影响到西部油田的生产运行。7 月 13 日兰新线被洪水冲断 23 处，为保证疆内油田不关井，销售总公司及时与铁道部联系，把乌铁局管段内的四列罐车调往乌石化，抢运吐哈原油，在兰新线抢修期间新疆三个油田均未关井。为进一步开拓西部原油市场，9 月下旬召开了西部地区原油运输协调会，对年初以来出现的情况进行了探讨，得到了国家经贸委和铁道部领导的重视，紧急从东北、华北等地抽调了 500 辆罐车支援西北地区原油外运，使西北地区原油罐车保有量达到 4500 辆以上。10 月 6 日又开通了疆内原油铁路外运石家庄炼厂的专线。1998 年新疆、塔指、吐哈和青海四油田铁路外运完成 793.98 万吨。由于采取了及时有效的措施，在各方面的共同努力下，三季度以后油田、炼厂全部恢复正常生产。

1998 年油价低迷不振给原油出口带来很大压力。在原油出口执行过程中，我们把对日本政府间长期贸易出口及对朝鲜政府间援助出口作为重点来抓，很好地维护了中国政府的对外形象。同时把哈萨克斯坦份额原油运输和加工作为一项重点工作，搞好国外份额油和国内原油的统一协调，统一运作，1998 年共接卸哈萨克斯坦的份额原油 39.88 万吨。此外，销售总公司与中国联合石油公司就哈萨克斯坦原油串换俄罗斯原油从东北地区进口的问题做了可行性研究，对满洲里口岸原油接卸、换装及铁路运输能力进行了实地考察，并召集大庆地区炼厂研讨了加工俄罗斯原油的方案，为集团公司领导决策收集了翔实的第一手资料。

经过集团公司上下共同努力，1998 年原油生产 10737.97 万吨，比工作目标 10721.00 万吨增加 16.97 万吨。原油商品量完成 10218.49 万吨，同比增加 30.15 万吨。原油销售量完成 10230.07 万吨，同比增加 87.02 万吨，其中：供集团公司炼厂 6307.75 万吨，供石化集团炼厂 2271.00 万吨，出口原油 919.85 万吨。1998 年总运量完成 12825.54 万吨，同比增加 435.86 万吨，其中管输 9167.14 万吨，铁路运输 1705.46 万吨，水运 1952.94 万吨。1998 年平均每吨原油价格比 1997 年降低 73.65 元，全年实现销售收入 1009.43 亿元，同比减少 65.52 亿元。

（白晓彬）

【成品油销售】 1998 年成品油销售经历了两个阶段，上半年炼厂、省（区）、市石油公司、区域性公司各自为战，生产与销售环节严重脱节，区内储运设施得不到有效利用，源头失控，缺乏统一资源管理，各炼厂、销售企业为保生产，保企业自身的效益，用竞相压价的方法争夺区内市场，形成了工作区域内市场无序竞争，效益严重流失的局面；工作区域外设施不发育，无法形成自己的销售网络；地方炼厂所产成品油对工作区域内市场形成冲击。自 6 月份两大集团公司重组，给销售体制、销售队伍、资源结构、销售业务范围和工作任务都带来了深刻变化，同时油品市场出现了前所未有的不景气形势，使营销工作遇到了严峻的考验和挑战。但在集团公司销售系统广大干部职工的共同努力下，克服资源结构变化给工作造成的难度，克服洪涝灾害和市场低迷给我们疏散油品带来的困难，克服市场混乱和多头经营给我们造成的冲击，下大力气规范工作区域内市场，开拓工作区域外市场，使产销率不断提高，同时也保证了油田和炼厂的正常生产。1998 年石油集团共销售成品油 3542.75 万吨，汽油 1442.95 万吨、柴油 2099.8 万吨，其中：区内销售 1588.54 万吨（汽油 713.67 万吨、柴油 874.87 万吨）；区外销售 1954.21 万吨（汽油 729.28 万吨、柴油 1224.93 万吨）。

东北地区：1998 年共销售成品油 2226.76 万吨（汽油 866.1 万吨、柴油 1360.66 万吨），其中：区内销售 756.91 万吨（汽油 329.84 万吨、柴油 427.07 万吨）；区外销售 1469.85 万吨（汽油 536.26 万吨、柴油 933.59 万吨）。

西北地区：1998 年共销售成品油 1005.19 万吨（汽油 433.13 万吨、柴油 572.06 万吨），其中：区内销售 741.62 万吨（汽油 338.18 万吨、柴油 403.44 万吨）；区外销售 263.57 万吨（汽油 94.95 万吨、柴油 168.62 万吨）。

两大集团公司的重组，使集团公司内部形成上下游、产销、内外贸一体化的生产和销售体系，为开拓市场提供了体制和组织上的保证。石油销售总公司按照集团公司“规范区内，开拓区外”的营销战略，首先在东北地区实施了“资源统一配置，运输统一组织，价格统一制定，结算统一管理”的成品油销售“四统一”运行机制。同时大力开展了规范区内市场和开发区外市场工作，通过整顿生产和流通环节，开展销售效能监察，扭转了生产企业一味抢占区内市场、竞相压价、无序竞争的局面；在较好地完成外销成品油的同时，为1999年全面建立并形成稳定的区外营销网络做了大量的调查摸底等基础工作，完成了下海资源的网络布局方案，修改和完善了1999年成品油销售运行办法和价格形成机制。

区内市场以规范和整顿为重点，采取管住源头，炼厂不得自销；管住地方炼厂，使其资源纳入统一销售；管住直供用户，对其计划执行情况加强监控；管住资源渠道，严禁石油公司自采成品油等措施，在一定程度上控制了非正规渠道的资源流入市场，使省（区）、市石油公司在区内市场的成品油销售量不断增加，市场占有率明显提高。东北地区石油公司销量从7月份的31万吨提高到12月份的48万吨，市场占有率从7月份的36%提高到了年底前的89%；西北地区石油公司销量从7月份的37万吨提高到12月份的88万吨，市场占有率从7月份的54%提高到了年底前的90%以上。全年区内销售达到了1588万吨，平均市场占有率为66%。其中：省（区）、市石油公司销售成品油1184.89万吨（汽油587.08万吨、煤油8.5万吨、柴油589.31万吨）。

区外市场的开发，通过控股、参股、联营等多种方式，初步确立了较为稳定的成品油销售渠道。全年区外销售共完成1954万吨，其中：下海销售1021.35万吨（汽油355.6万吨、柴油665.75万吨）；进关销售448.5万吨（汽油180.66万吨、柴油267.84万吨）；东调216.29万吨（汽油78.78万吨、柴油137.51万吨）；进云贵47.28万吨（汽油16.17万吨、柴油31.11万吨）。华北地区销售220.79万吨（汽油98.07万吨、柴油122.72万吨）。

特别是在7月份东北炼厂全面告急、8月份东北地区遭受特大洪灾和西北炼厂后路告急期间，为疏通后路，销售总公司采取各种紧急措施，有效地组织了油品疏散，如：华东公司8月份拉运成品油126万吨，创月度下海销售量最高水平；四川省石油公司于7、8月份接收70#汽油超出计划配置量一倍左右，为缓解西北地区的紧张局面做出了贡献。

（杨景娟）

【天然气销售】 1998年，在集团公司“要开创天然气发展新格局”的指导精神下，天然气运销工作从管理、经营、下游市场开发等方面着手，加大销售力度，较好地完成了天然气销售任务。

1. 天然气销售保持持续增长

1998年集团公司天然气产量149.7亿立方米，销售天然气95.6亿立方米，为年计划87.96亿立方米的108.7%，比1997年增加4.9亿立方米。全年实现销售收入64.96亿元。1998年集团公司天然气销售情况详见表1。

表1 1998年集团公司天然气销售情况表

单位：亿立方米

油气田	1998年计划	1998年销售量	1997年销售量	为去年同期
集团公司销售量	87.96	95.63	90.69	105.44%

续表

油气田		1998 年计划	1998 年销售量	1997 年销售量	为去年同期
其中	供大化肥	39.05	42.68	—	—
	供民用	—	15.50	—	—
各油气田销售量	四川	64.46	69.112	68.552	100.82%
	大庆	6.00	8.033	7.561	106.24%
	辽河	6.50	5.582	5.736	97.31%
	华北	1.50	2.278	2.093	108.81%
	大港	2.70	2.622	2.910	90.10%
	吐哈	2.30	3.584	2.486	144.20%
	长庆	4.50	3.738	0.860	434.55%
	吉林	—	0.281	0.315	89.18%
	冀东	—	0.115	0.064	179.97%
	新疆	—	0.205	0.114	180.00%
	青海	—	0.016	0.001	1261.54%
	塔里木	—	0.062	—	—

集团公司天然气销售在全国的市场占有率为 62.9%，销售区域主要是京津地区、西南地区、东北地区、西北地区，共有大中小用户近 700 个。其中化肥年用气量为 57.49 亿立方米，用户主要有川化、泸天化、川天化、云天化、赤天化、建峰厂、大庆石化厂、辽河化肥厂、沧化、乌石化；化工年用气量为 11.72 亿立方米，用户主要有四川维尼纶厂、榆林化工厂等；城市年民用气量为 18.27 亿立方米，用户主要有北京市、天津市、重庆市、成都市等。全国天然气消费流向、集团公司天然气消费流向及占全国天然气消费的比例见图 1。

2. 加强销售管理

一是加强对向北京市供气的组织协调。由于北京市主要是民用和采暖用气，因而用气量的日波动、季节波动都很大，这就给输供气工作造成很大困难。为了保证平稳供气，使天然气产、运、销各个环节顺畅衔接，从 1998 年 7 月开始实行了向北京市供气生产调度协调月度例会制度，组织供用气各方（长庆油田、华北油田、集输公司、北京市天然气公司）对上月天然气生产净化、管线运营及用气情况进行通报，并对当月天然气的产、运、销、用进行预安排，从而切实保证了供气的安全、平稳。1998 年，确保了向北京市供天然气 3.78 亿立方米，日均达到 103 万立方米。二是建立、健全了天然气销售日、月、年报的报表制度。三是加强天然气销售的合同化管理，举办了首期天然气销售合同培训班，组织天然气销售人员重点学习了《中华人民共和国经济合同法》《天然气销售合同商务法律关键性条款》及天然气销售合同实例等。

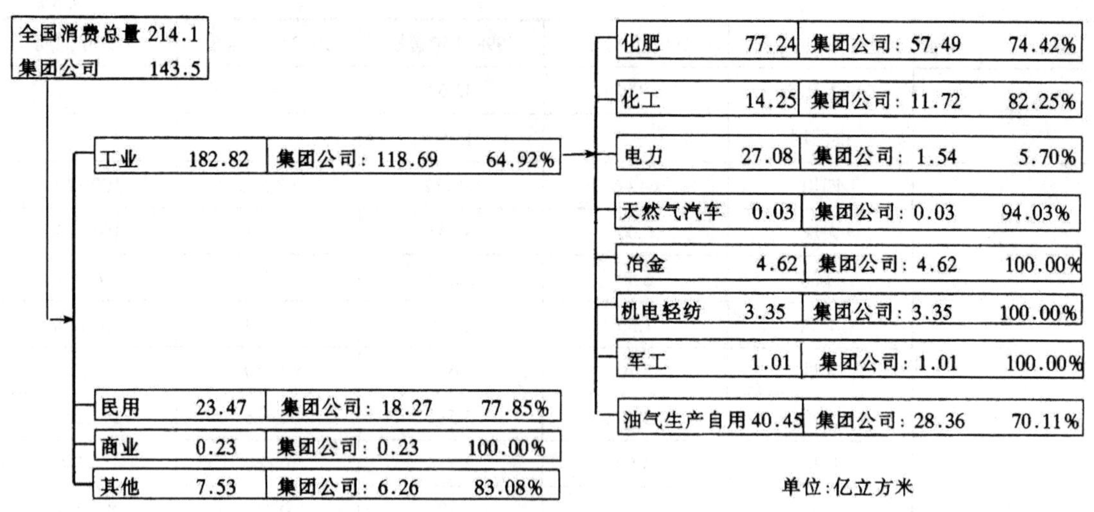

图 1　全国天然气消费流向、集团公司天然气消费流向及占全国天然气消费的比例

3. 天然气下游市场开发取得新的进展

1998 年，围绕国家计委组织的“全国天然气利用规划工作”，组成“天然气市场调研小组”进行下游市场开发，主要针对陕京线沿线地区、四川盆地和两湖地区、长江三角洲地区进行市场调研、落实新用户，取得了新进展。

（1）陕京线沿线地区，在保证向北京市安全供气的前提下，进一步与沿线有用气意向的用户磋商、谈判，陆续开发了新用户。1998 年，9 月 24 日朔州市开始用气，10 月 1 日天津市开始用气，燕山石化可于 1999 年 6 月下旬开始用气。

（2）四川盆地和两湖地区，通过实地考察，掌握了四川盆地天然气东输的资源和市场的情况，并进行了深入的分析，提出两湖地区是四川盆地天然气利用的又一新市场。在这一地区，我们已与武汉市、湖北化肥厂、荆门石油化工厂签订了供用气意向书。

（3）长江三角洲地区，经济发达、市场发育较好、气价承受能力高。通过调研和相互沟通，我们已与上海焦化厂、吴泾化工总厂等多家企业签订了供需意向书。

（公　禾）

【奥里乳化油销售】 根据中委两国政府的签约，从 1995 年秋开始，我们就经营进口委内瑞拉奥里乳化油，组织专门机构，开展了技术、市场、价格方面的调研工作，并组织考察小组赴委内瑞拉、英国、日本对奥里乳化油的产能、特性、储运、市场前景进行了实地考察。同时就经营引进奥里油的成本、燃烧热值、环境效益、改装费用、储运技术、国内市场等问题，向国家计委、国家经贸委、外经贸部作了汇报，征得国家有关部门批准同意后，我们从贸易入手，于 1997 年经营引进第一船奥里乳化油。先组织陶瓷、玻璃、炼钢等中、小用户试烧，待取得了经验后，再向发电厂等大用户逐步扩展。根据 BITOR 公司提供资料，委内瑞拉是世界重要产油国之一，原油产量居世界第八位。除常规原油探明储量 620 亿桶外，在奥里诺科地带还拥有长 700 千米、宽 70 千米丰富的天然沥青资源区域，平均井深 1000 米，探明储量为 2670 亿桶，超过产油大国沙特阿拉伯的石油储备。1988 年，委内瑞拉与英国石油公司联合研究了一种乳化开采这种重质原油的方法和技术，即：在蒸汽吞吐法热采时加入热水和添加剂，使重质原油稀释和一定程度地乳化，从而使之易于流动，增加采收率和热采收率，而后在专门处理厂中以大量的水和表面活性剂对其再度乳化并脱气、脱盐，形成有 70% 重质原油，30% 水和添加剂的新产品——奥里诺科乳化原油（特性参数见表 2）。

表 2　奥里乳化油的特性

项目		数据
含水		29.50%（质量）
密度		1.0113（克 / 立方厘米）（15 摄氏度）
黏度		700—1100（毫帕秒）（10 摄氏度）
		450—700（毫帕秒）（30 摄氏度）
		300—500（毫帕秒）（50 摄氏度）
		150—250（毫帕秒）（70 摄氏度）
表观黏度总热值净热值		560（毫帕秒）（30 摄氏度）
		30.2（兆焦 / 千克）
		28.1（兆焦 / 千克）
组分	硫	2.85%（质量）
	碳	60.1%（质量）
	氢	10.1%（质量）
	氧	26.1%（质量）
	氮	0.35%（质量）
	灰分	0.2%（质量）
金属含量	钒	310（毫克 / 升）
	钠	30（毫克 / 升）
	镁	370（毫克 / 升）
燃点		122 摄氏度
倾点		3 摄氏度
稳定时间		试验结果表明乳化时间可保持一年以上（有时可达两年以上）但到目前为止还未发生破乳现象
安全和健康性能		同常规重质燃料油基本类似

但是，由于奥里乳化油是水包油性质，油滴被表面活性剂形成的亲水界面薄膜包裹，一旦薄膜破裂，油滴就会重新聚集，乳化机理就被破坏了。因此，输送和应用过程中切忌使用产生剪切作用的设备（如离心泵、机械火嘴、涡轮流量计等）。并且，加热不能超过 80℃，不宜用蒸汽直接加热，一般要采用热水加热。

目前，委内瑞拉已建成一座生产能力为580万吨/年的乳化油厂，产量1993年为200万吨，1994年为270万吨，1995年计划为580万吨，成品全部用于出口。出口对象主要是英国。委内瑞拉还与加拿大签订了年出口40万吨的合同，与日本三菱商社组成了MC.Bitor公司，致力于开发亚洲业务。

国家有关部门提供的统计资料表明，国内燃料重油1998年产量839.9万吨，商品量600.2万吨，缺口很大。今后仍将是继续加大的趋势。其主要原因在于：一方面随着国民经济发展和环保要求的提高，燃料重油的需求逐年增长；另一方面，各炼油企业不断扩大原油深度加工规模，提高轻质油比例，燃料重油资源日趋减少。

我国燃料重油的消费集中在沿海的广东、福建、浙江、上海、江苏、江西、安徽、湖北七省一市，1998年需用量为1200万吨，国家分配的指标大致只有四分之一，其余四分之三需要自行采购或进口解决，另外广东地区的“三资”企业需求为530万吨，也需要进口，这就为我们经营奥里乳化油提供了广阔的市场。三年来，已从国外进口奥里乳化油7船次，共97.4万吨，有轧钢、有色、建材、玻璃、陶瓷等行业70多家企业试烧奥里乳化油。

（曹学忠）

1999年

【原油销售】 1999年原油销售商品量计划10129.9万吨，实际完成10156.49万吨，为年计划的100.26%。其中，供股份公司炼厂原油计划6264万吨，实际完成6765.05万吨，为年计划的108.0%；供中石化炼厂原油计划2310万吨，实际完成2146.76万吨，为年计划的92.93%；供地方石化原油计划186万吨，实际完成171.46万吨，为年计划的92.18%；供地方小炼厂原油计划329.8万吨，实际完成300.15万吨，为年计划的91.01%；原油出口计划750万吨，实际完成541.74万吨，为年计划的72.23%。原油销售收入完成1227.78亿元，与1998年1009.43亿元相比增加218.35亿元。原油的平均价格为1214.43元/吨（含税），比1998年原油的平均价格990.40元/吨（含税）增加224.03元/吨。

【原油运输】 1999年原油运输总量年计划11843万吨，实际完成运输总量12014.27万吨，完成年计划的101.45%。其中：管输年计划8658万吨，实际完成8862.70万吨，为年计划的102.36%；铁路运输年计划1622.30万吨，实际完成1755.03万吨，为年计划的108.18%；水运年计划1562.70万吨，实际完成1396.54万吨，为年计划的89.37%。

【计算机网络管理】 为了落实计算机2000年问题工作会议精神，针对原有系统存在计算机2000年问题的情况，需要及早采取措施，按新的要求进行管理，3月份与信息中心一起重新开发了原油运销管理系统，利用半年时间将原油日报、统计报表进行了需求分析、程序设计、编制，最后与油田进行试运行，并提早解决计算机千年虫问题。9月份对油田、管道的调度、运销统计人员进行了培训，从而保证了调度日报和统计月报数据采集的连续性，为集团公司经济效益的提高提供了“快、精、准”的数据，并使统计数据更具有权威性。

【**安全生产**】 在日常工作中，我们始终把安全生产放在首位，坚持 24 小时调度值班制度，密切关注市场动态，掌握生产、库存变化，合理有效的运行销售，做到上游不关井，下游有序加工，管道安全运行，对突发情况及时采取有效措施进行疏通。为了保证冬季低输量管线的正常运行，我们与大庆油田紧急协商，增加向管道的交油量，使铁秦线输量由每天的 4 万吨提高到 4.8 万吨，保证了管线的安全输油。在汛期即将来临时，东北输油局为了安全度汛，决定在嫩江两岸新阀室碰头动火，同时对铁岭等 19 座泵站的设备进行检修，庆铁、铁大、铁秦、铁抚等线停输 18 小时。这次动火的目的在于启用新流程，完成庆铁线的安全技术改造。为组织好这项工作，我们与大庆、吉林油田和管道局就停输的时间、交油量、油温等进行了认真的安排和衔接，在大家的共同努力下，提前完成了东北输油史上罕见的停输、动火、检修任务，保证了管线安全度汛。

（贺克奋）

【**成品油销售管理**】 1999 年，在集团公司“规范区内、开拓区外”的战略方针指导下，成品油销售工作全面展开，集约化经营初步形成，集团公司市场竞争力、市场控制力大大提高，全年销售汽柴油 4450 万吨，占国内消费总量的 45%；销售柴汽比 1.69，取得较好经营效益。

（1）完善销售体系，统一运作成品油资源，加大市场规范力度，推动区内价格到位。

继东北地区率先实施“资源统一配置、运输统一组织、价格统一制定、结算统一进行”的“四统一”运行方案后，于 1999 年 6 月 1 日实施了西北地区“四统一”运作方案。制定并下发了《集团公司成品油销售管理办法》，控制住源头，统一运作成品油资源，赋予省（自治区、直辖市）石油公司在区内的独家成品油批发经营权，改变了过去炼厂、社会批发单位、直供用户等多家单位参与成品油批发、竞相抢占市场的局面，理顺了内部运作体制，彻底根除了过去区内成品油流通秩序混乱的局面。同时，加强对直供用户计划执行的监督、改变结算环节、强化内部管理、加大对地方小炼厂的监管力度，将下海油交割点南移，有效地堵塞“回流”“倒流”和“短路”，大力规范了区内市场。1999 年末，省（自治区、直辖市）石油公司市场占有率达到 91%，比 1998 年上升 16%。

（2）进一步完善集团公司销售组织架构，保证成品油集约化经营战略的实施。

为实施集团公司成品油经营战略，实现规范、统一区内运作和有序开拓区外市场的目标，适应南方地区成品油经营对资源供应的需要，适应华北市场地理区域特点，1999 年，先后组建了华北公司和海运公司，形成了依托东北、西北两个大区公司规范区内经营、协调资源运作；依靠华东、华北、西南三个大区公司统一开拓区外市场；依靠海运公司保障成品油大流通战略实施，形成了较完善的销售运行体系。

对区内资源的统一运作，既增强了集团公司市场控制力，又保证了区外资源供应的有序组织；对区外营销行动的统一组织，保证了竞争力的提高和市场份额的形成，保证了区内生产经营的后路畅通，全面构建了集团公司实施集约化经营和可持续发展的经营战略的组织结构。在集团公司领导部署下，全力实现下海油大库集散、大船运输，交货点南移的经营战略，紧紧抓住在南方市场竞争中的主动权。实现交货点南移，不仅杜绝了“回流”现象的发生、降低了运行成本，而且使南方市场的一级集散库运转正常，起到了东北资源的“蓄水池”作用，更为开拓和占领南方市场提供了保证，同时稳定了集团公司在南方市场的销售价格，赢得了集团公司成品油经营的战略主动。

华北市场经营活动逐渐规范化，继东北进关油买断经营后，1999 年 8 月份买断西北地区进山西的资源，华北地区市场网络建设工作正抓紧进行，华北市场运营效果初步体现。实践表明，集团公司成品油经营大流通、大网络、大效益的战略正在逐步实现。

（杨景娟）

【成品油价格管理】 1999 年是进一步落实成品油价格改革的一年，也是集团公司深化重组、实行股份制改革的一年，面对着起伏跌宕的成品油市场，在价格管理上集团公司重点抓住了集约化管理的主线，加大工作力度，统一内部价格，提高了整体运作水平，促进集团公司产供销一体化经营与整体效益的提高。

1. 全面贯彻落实国家的价格方针政策

新年伊始，国家计委下发紧急通知，要求自 1999 年开始，有铅汽油的品质比率废止，有铅汽油执行同标号无铅汽油价格，标准品仍暂为 90# 有铅汽油。为实现国家抑制有铅汽油生产的目的，集团公司产销的 90# 汽油实行了有铅无铅同价。国家计委于 1999 年 11 月 1 日下发了《关于调整部分成品油价格的通知》（计电［1999］104 号），要求提高成品油销售价格。集团公司辖区内汽、柴油零售中准价均提高 5%，汽、柴油零售执行价每吨平均分别为 3005 元和 2604 元，均比中准价上浮 3.3%。国家计委“通知”中还规定，地方炼厂成品油收购价格按两个集团公司就近炼厂出厂价每吨加价 50 元确定，其中陕西省地方炼厂汽、柴油收购价格另行规定。对此，东北地区地方炼厂汽、柴油价格按计委明确规定执行。除陕西外的西北地方炼厂均按照高于国家规定加价金额出台。

2. 加强集团公司内部价格的统一管理

面对着成品油市场与价格依然低迷以及市场仍然较乱的状况，为了整顿规范成品油市场秩序，集团公司确定了成品油销售“资源统一配置、价格统一制定、运输统一管理、货款统一结算”的运作管理模式。东北地区于 1998 年下半年开始实施上述“四统一”，1999 年初开始，对东北地区汽、柴油出厂价进行了改进，加大了统一定价的管理力度。具体作价办法是，根据当月炼厂区内、区外销价加权平均确定下月出厂价格，月度测算滚动执行。从 6 月 1 日开始，西部汽、柴油销售也实施“四统一”运行。在出厂价的管理上，进一步强化了上述作价办法，明确提出了市场定价、综合加权、适时调整、统一结算的原则。东北、西北炼厂统一收购的出厂价格均由集团公司统一制定。“四统一”后，东北地区各炼厂汽、柴油出厂价格是统一的，西北地区各炼厂由于彼此相距甚远，各炼厂价格难以做到统一，仍为“一个炼厂、不分流向、出厂一价”即“一厂一价”。集团公司所属销售总公司东北公司与西北公司分别按集团公司制定的出厂价格统一向炼厂买断。销售公司内部调拨价根据市场与出厂价变动情况，由销售总公司统一制定。改进后的价格管理办法使汽、柴油价格既反映市场的变化，又保持相对稳定，摒弃了完全随市场波动定价的被动局面。

3. 进一步整顿规范成品油的市场秩序

针对石油集团区内地方炼厂多、资源过剩、成品油市场秩序一直较差的情况，1999 年集团公司加强了对地炼的规范和管理。7月下旬，在国家石化局领导的主持协调下，集团公司西北销售公司与陕西省延长集团及所属延安炼厂、延长油矿炼厂及榆林助剂厂（以下简称“陕西地炼”）签订了协议，从1999年8月份开始将其成品油销售纳入集团公司统一管理。其中，关于上述三炼厂汽、柴油收购价格，我们本着“公开、公平、合理”和不低于炼厂自销实际卖价的原则，在与延长集团及所属三个炼厂充分协商和达成共识的前提下，确定了三炼厂汽、柴油收购价及比价关系。陕西市场出现了明显好转。截至年底，集团公司区内市场汽、柴油批发零售价格普遍到位，特别是西北地区，改变了上半年汽、柴油批发价低于到位价几百元的状况。

4. 积极推动成品油价格逐步到位

根据国际市场原油价格不断回升及国家打击走私效果逐步显现等因素，从下半年开始，加快了成品油价格的调整节奏，从9月到年末，东北、西北汽、柴油出厂价提高了5次。截至年末，东北汽、柴油出厂价全年分别调整8次和10次，每吨为2350元和2090元，同比每吨提价金额分别为250元和190元。西北（兰州炼化公司）汽、柴油出厂价全年分别调整9次和5次，年末每吨为2270元和2075元，同比（98年末区内销售）每吨提价金额分别高达217元和140元。10月10日在中准价基础上将甘肃、青海、重庆等四省市汽、柴油零售价上浮5%，至此，集团公司区内汽、柴油零售价全部到位。全年区内调拨价东北调整了10次，汽、柴油分别由每吨1890元与1950元提高到2650元与2300元；西北调整了8次，兰州炼化公司的汽、柴油分别由每吨2053元与1935元提高到2285元与2050元。

东北、西北汽、柴油全面纳入统一定价后，运转基本正常，各方面效益十分明显。一是，集团公司掌握了源头，加强对资源的统一管理，改变了以往各家降价竞争的局面，整顿规范了成品油市场。二是，集团公司加大了对资源的调控与平衡力度，改变了区内资源过剩，价格长期明显不到位的状况。截至年底，东北、西北区内市场汽、柴油销售价格基本到位。三是，规范市场推动炼厂出厂价的提高。如12月份兰炼90#汽油平均出厂价2272元，比统一定价前的1—5月平均价每吨提高340多元。如上所述，东北炼厂全年汽、柴油出厂价每吨分别提高250元和190元。特别是一些地方炼厂，提价额更高一些。陕西地方炼厂纳入统一运作的当月，延安炼厂70#汽油收购价格即比上月每吨提高68元，比其1—7月份平均出厂价每吨高出近百元。仅在不到三个月的时间里，集团公司三次提高陕西地方炼厂收购价格，汽油每吨累计提价高达250元。四是，成品油纳入统一管理后，销售总公司承诺“先款后货”不拖欠炼厂货款，并帮助炼厂清理此前欠款，解决了困扰炼厂的货款问题，同时也减少了企业的销售费用。五是，增加了地方税收。从6月份西北各炼厂成品油销售陆续实行统一运作到9月份，因陕西省主要炼厂成品油收购价格提高增加的税收即达1200万元左右。

1999年集团公司成品油价格突出了集约化管理，汽、柴油价格基本实现了由国家具体管理向企业加强管理的转变，体现了成品油价格改革的原则，促进了集团公司产供销一体化的整体运作，在市场经济体制下深化企业价格管理起到了承前启后的作用。

【全国汽、柴油价格走势】 1999年全国成品油市场购销两旺，价格明显回升。

1. 1999 年成品油价格走势特点

受国内外宏观经济形势的制约，全国成品油市场低迷徘徊了一年多，截至 1999 年 2 月份，全国成品油市场批发价格仍在回落，全国汽、柴油（标准品，下同）批发价当月每吨平均为 2140 元和 2150 元，其中东南沿海仅为 1930 元和 2190 元。此后，成品油市场逐步好转，成品油价格回升的速度加快，呈现出下列特点：

（1）成品油市场价格总体上持续回升。在鱼汛、春耕等生产需求的拉动下，从 3 月份开始，先沿海后内地成品油价格出现两个月左右的季节性回升，每吨普遍上涨几十元到一百多元不等。此后，在各地成品油市场价格又出现短暂的回落后，从七月份开始，在国际市场原油价格回升的强劲拉动下，以东南沿海为龙头，全国成品油市场持续升温，价格明显上涨。截至 10 月份，各地汽、柴油批发零售价格普遍到位。12 月份，全国汽、柴油每吨平均批发价已涨至 2900 多元和 2600 多元。年末，西南地区汽、柴油批发价普遍高达每吨 3000 元以上，昆明市场汽油每吨达 3300 元。

（2）全年成品油价格涨幅大，且东中部地区明显大于西部地区。年末 12 月份同年初成品油价格低谷的 2 月份相比，西北省区汽、柴油批发价格每吨平均上涨 530 元和 280 元；东南沿海汽、柴油批发价每吨平均上涨 1030 元和 460 元，华北、中南地区汽、柴油批发价格每吨平均上涨在 900 元和 600 元以上。东中部地区市场较为开放、波动性大，价格的变动幅度明显高于西北地区。

（3）上半年价格涨幅小、价格水平低，下半年价格涨幅大、价格水平高。上半年全国成品油价格虽有所回升，但上涨金额较小，且年中又有小幅回落。而下半年从七月份开始，全国成品油市场价格持续上涨，汽、柴油下半年平均批发价格每吨比上半年分别高出 350 元和 160 元，其中东南沿海下半年每吨平均为 2610 元和 2380 元，比上半年高出 560 多元和 220 多元，其他地区的高出金额也都在几百元以上。

（4）全年汽油涨势较强，上涨金额较大。受国际市场油价回升、出口增加的影响，全年汽油市场形势好转更为突出。从时间看，年中，全国成品油市场出现暂时回落中，汽油普遍仅小幅下滑一个月后即开始反弹，柴油则普遍持续下滑了两个月以上。从幅度看，在年中成品油市场回落中，全国汽油平均每吨仅下滑了 15 元，柴油则下滑了 70 元，其中东南沿海汽油每吨下滑了 50 多元，柴油则为 210 多元。而且，东南沿海地区年初汽油批发价每吨低于柴油 200 多元，年底则已高于柴油 300 多元。由上可知，全年汽油的涨价金额也明显大于柴油。

2. 全国成品油价格走势特点的主要原因

一是，国际市场原油价格持续上涨，推动国内石油产品价格提高。1999 年 1 月份，米纳斯原油价格每桶 11.09 美元，12 月份每吨已达到 24.19 美元，上涨近 1.2 倍；国内大庆原油的供应价格则由年初每吨 686 元涨至年未每吨 1455 元（均不含税），上涨也达 1 倍多。成本的明显增大必然导致成品油出厂价格的提高。再有，国际市场汽油及其他一些化工产品价格的大幅度上涨，刺激国内汽油及化工产品出口，拉动了国内成品油市场价格。这也是全年汽油价格明显好于柴油的一个重要原因。

二是，两大集团规范市场经营，相互协作进一步加强。进入 1999 年后，围绕着共享市场加强合作，两大集团取得共识。在成品油资源配置与价格上，相互衔接配合加深，多次达成协议。特别是在联手推动市场价格方面，都采取了相应的具体措施，并在 8 月份由国家石化局牵头组织，联合进行了监督检查，取得了较为明显的成效。

三是，两大集团加强了自身经营行为的管理，加大了统一运作的力度。从 1998 年开始，石油集团已对东北地区成品油在“资源、运输、结算、价格”实行了统一管理。1999 年又进行了进一步的完善，并在此基础上对西北地区的成品油也进行了“四统一”，加强内部协调，避免了盲目竞争与不规范经营，较好地控制了成品油的源头。石化集团从下半年开始，也加强了内部的统一运作，同样取得了较好的效果。

四是，国家清理整顿成品油市场成效不断显现。自 1998 年以来，国家对清理整顿成品油市场一直十分重视，坚持不懈。不仅两大集团积极支持，认真贯彻执行，国家有关部门也都积极参与和配合，将此项工作不断引向深入。1999 年 5 月份，国务院办公厅转发了国家经贸委、国家计委、公安部、国家工商局等八部委《关于清理整顿小炼油厂和规范原油成品油流通秩序意见的通知》。对此，国家有关部门还多次组织检查落实。特别是打击成品油走私，从拦截大船到围堵小船，坚持不懈，有效地抑制了成品油猖獗的走私活动。

1999 年成品油市场价格总体持续上涨，是国际市场油价提高与国家加强国内成品油市场宏观调控的共同结果，它也预示了来年成品油市场的兴旺之势。

（吕东悦）

【非统配炼油产品销售】 非统配炼油产品是指集团公司所属炼化企业生产的除汽油、煤油、柴油、化工轻油、2# 燃料油以外的炼油产品。主要有：润滑油、基础油、溶剂油、液化气、燃料油、沥青、石蜡、石油焦、商品原料等。其中燃料油属于计划管理产品，由炼油与销售分公司根据国家国内贸易局下达的燃料油计划，结合炼厂的资源情况，安排炼厂计划，由炼厂负责执行；其他非统配炼油产品由炼厂自主经营。

1. 润滑油

1999 年润滑油生产量 244.8 万吨（含基础油 102.7 万吨）。其中，中高档比例占 57%。销售量 207.4 万吨，其中：东北地区销售量 49.72 万吨，占总量的 24%；西北地区销售量 26.01 万吨，占总量的 13%；西南地区销售量 15.05 万吨，占总量的 7%；华北地区销售量 28.42 万吨，占总量的 14%；华东地区销售量 61.66 万吨，占总量的 30%；中南地区销售量 26.55 万吨，占总量的 13%。在全国设润滑油销售网点 175 个。

2. 溶剂油

1999 年溶剂油生产量 39.39 万吨，销售量（43.79）万吨。其中：东北地区销售量 9.02 万吨，占总量的 21%；西北地区销售量 9.63 万吨，占总量的 22%；西南地区销售量 5.70 万吨，占总量的 13%；华北、华中地区销售量 15.08 万吨，占总量的 35%；华东、华南地区销售量 3.76 万吨，占总量的 9%。

3. 液化气（主要为民用液化气）

1999 年民用液化气生产量 261.44 万吨，销售量 248.04 万吨。其中：东北地区销售量

105.57万吨，占总量的43%；西北地区销售量44.85万吨，占总量的18%；西南地区销售量11.15万吨，占总量的5%；华北、华中地区销售量64.07万吨，占总量的26%；华东、华南地区销售量21.67万吨，占总量的9%。

4. 燃料油

1999年燃料油生产量561.1万吨，销售量560.4万吨。其中：东北地区销售量447.7万吨，占总量的80%；西北地区销售量79.6万吨，占总量的14%；华北地区销售量33.1万吨，占总量的6%。总体产销平衡，但在一、四季度供销矛盾比较突出，如大连地区产量只有6万吨，而需求量达到20万吨；同一时间在西北地区由于需求不旺，铁路运输困难等原因，兰州炼油厂又出现堵库现象。

5. 石油焦

1999年石油焦生产量151.5万吨，销售量137.57万吨，国内销售量88.09万吨，出口销售量49.48万吨。主要出口俄罗斯、日本等国。其中：东北地区销售量41.65万吨，占总量的47%；西北地区销售量28.62万吨，占总量的32%；西南地区销售量1.16万吨，占总量的1%；华北、华中地区销售量12.18万吨，占总量的14%；华东、华南地区销售量4.7万吨，占总量的5%。石油焦销售首先立足于国内，富裕资源部分组织出口。

6. 沥青

（1）沥青总量。1999年沥青生产量146.53万吨，销售量145.73万吨。其中：东北地区销售量32.23万吨，占总量的22%；西北地区销售量51.5万吨，占总量的35%；西南地区销售量3.43万吨，占总量的2%；华北、华中地区销售量55.82万吨，占总量的38%；华东、华南地区销售量1.02万吨，占总量的1%。

（2）重交沥青。1999年重交沥青生产量45.73万吨，销售量52.58万吨，在国内的市场份额已达2/3。其中：东北地区销售量17.30万吨，占总量的33%；西北地区销售量26.78万吨，占总量的51%；西南地区销售量1.33万吨，占总量的3%；华北、华中地区销售量9.35万吨，占总量的18%；华东、华南地区销售量0.18万吨。

7. 石蜡

1999年石蜡生产量82.65万吨，销售量83.32万吨，出口34.2万吨，国内销售49.12万吨，销售遍布全国各地。其中：东北地区销售量10.63万吨，占总量的22%；西北地区销售量1.72万吨，占总量的4%；西南地区销售量4万吨，占总量的8%；华北、华中地区销售量16.13万吨，占总量的33%；华东、华南地区销售量16.37万吨，占总量的33%。

非统配炼油产品属于炼厂的附属产品，收率不稳定，产量受成品油市场的影响较大。这些产品与成品油相比，市场基础比较薄弱，多数产品属于买方市场，用户结构比较零散，市场需求规模较小，少数产品地区性、季节性差异较大（如燃料油、沥青），运输难于组织，而且技术含量高，售前、售后服务复杂。在炼厂销售部门的努力下，非统配炼油产品销售工作进展顺利，在全国建起了非统配产品的销售网点、信息网点，为下一步非统配炼油产品的统一管理奠定了基础。

（关　玲）

第二部分

（2007—2017）

综述（2014—2017）

2014年

【概述】成品油、燃料油、润滑油、沥青以及其他炼油小产品的销售和成品油进出口业务的组织管理工作由中国石油天然气股份有限公司销售分公司（简称销售分公司，也称销售板块）负责。2014年，面对国内成品油价格“十一连降”，消费持续低迷、资源严重过剩、库存跌价损失巨大等一系列困难和挑战，销售系统干部员工在集团公司党组的坚强领导下，牢牢把握稳中求进的工作总基调，坚持“扩销降库、控本增效”方针不动摇，不畏难、不懈怠、不松劲，埋头苦干，主动作为，全力以赴保增长保效益，较好完成集团公司下达的扩销降库任务，取得符合预判、好于预期的经营业绩，为集团公司上下游产业链整体价值最大化做出了应有贡献。

【经营业绩】2014年累计销售成品油12271万吨，其中国内销售11648万吨，超预算445万吨；纯枪销售7678万吨，超预算133万吨；账面利润1.1亿元；国内市场份额42%。非油品收入98.8亿元，利润首次突破10亿元，分别超预算13.2亿元和1.6亿元。燃料油盈利13亿元，同比增加2.77亿元。润滑油盈利1.53亿元，同比增加1.33亿元。

（潘　峰）

2015年

【概述】中国石油的成品油、燃料油、润滑油、沥青以及其他炼油小产品的销售和成品油进出口业务由中国石油天然气股份有限公司销售分公司（简称销售分公司，也称销售板块）负责组织管理，销售分公司是股份公司直属专业分公司之一。销售分公司业务上归口管理33家销售企业以及中石油燃料油有限责任公司（简称燃料油公司）、润滑油公司和大连海运公司3家专业公司。2015年，国内经济发展放缓、油价持续走低、柴油消费转为负增长，油品加快质量升级、国家政策更加开放，销售业务增收控费创效、重塑企业形象任务艰巨。面对前所未有的复杂形势，销售业务认真贯彻“加大促销、突出纯枪、合理外采、降低库存”的要求，以保后路、创效益、稳增长、塑形象为发展主线，以满足顾客需求为努力方向，大力推进“产炼销储贸”一盘棋运作、“油卡非润”一体化营销，圆满完成集团公司下达的“稳增长”任务，为集团公司实现整体效益最大化做出积极贡献。

【经营业绩】2015年，销售成品油12613万吨，其中国内销售11570万吨，纯枪销售7434万吨；国内市场份额42%。实现非油品收入124.2亿元、利润14.5亿元，同比分别增长

25.6% 和 42.5%。销售燃料油 2430 万吨，同比增加 242 万吨。销售润滑油 122 万吨（表 1）。

表 1　主要经营业绩

指标	2015 年	2014 年	2013 年	2012 年	2011 年
炼油产品总销量（万吨）	14192	14159	14554	14383	13924
国内成品油销量（万吨） 其中，纯枪 批发	11570 7434 4136	11645 7450 4195	11771 7579 4192	11599 7296 4303	11454 7120 4334
燃料油销量（万吨）	2430	2188	2342	2293	2068
润滑油销量（万吨）	122	147	186	223	185
营业收入（亿元） 其中，非油品收入	7464 124	9789 99	10312 105	10383 81	9826 64
税前利润（亿元）	−39.6	0.5	31.4	103.4	144.5
资产总额（亿元）	2449	2522	2503	2471	2174

（赵　阳）

2016 年

【概述】 中国石油的成品油、燃料油、润滑油、沥青以及其他炼油小产品的销售和成品油进出口业务由中国石油天然气股份有限公司销售分公司（简称销售分公司，也称销售板块）负责组织管理。

2016 年是集团公司销售工作自 1998 年重组以来运行最为艰难的一年。成品油资源供大于求持续加剧、油价跌破“地板价”至近年新低、消费结构深度调整、市场争夺空前激烈、极端天气多发频发、油品升级任务紧迫等多重因素相互交织，企业增收创效面临空前压力。面对“酷冬”考验，销售工作坚定创新发展、提质增效中心任务不动摇，咬住保后路、增效益、固份额的责任使命不放松，协调推进五大业务，统筹抓好五大工程（物流优化、网络提质、控本提效、管理创新、素质提升），努力防范五大风险（安全环保、资金运行、质量计量、合规管理、舆情舆论），经营业绩符合预期。

2016 年营销工作积极主动成效好于预期，物流组织有效保障产业链顺畅运行，网络建设超计划完成全年任务，零售业务创效潜力加快释放，非油品业务保持高效快速增长势头，燃料油、润滑油业务盈利能力稳定提升，企业内部运行平稳有序，安全环保风险总体受控，成本费用保持连续下降，产品及服务质量管理上新台阶，信息化建设积极有效推进，合规管理不断引向深入，销售企业形象进一步彰显。

【经营业绩】 2016 年，销售成品油 12343 万吨，其中国内销售 11220 万吨，纯枪销售 7544 万吨；国内市场份额 42%。实现非油品收入 143.6 亿元、利润 17.1 亿元，同比分别增长

15.7% 和 17.1%。销售燃料油 3336 万吨，同比增加 906 万吨。销售润滑油 117 万吨（表 1）。

表 1　主要经营业绩

指标	2016 年	2015 年	同比增减
炼油产品总销量（万吨）	14637	14192	445
国内成品油销量（万吨）	11220	11570	–350
其中，纯枪	7544	7434	110
批发	3463	4136	–673
燃料油销量（万吨）	3336	2430	906
润滑油销量（万吨）	117	122	–5
税前利润（亿元）	55.1	–39.6	94.7
营业收入（亿元）	6892	7464	–572
其中，非油品收入	143.6	124	19.6
资产总额（亿元）	2637	2449	188

（赵　阳）

【“十三五”规划要点】 到 2020 年，成品油国内销量 1.34 亿吨，市场份额 41.6%；纯枪销量 8605 万吨，纯枪比例 70.2%；运营加油站 2.26 万座，年均开发 440 座，运行油库 1716 万立方米；人均纯枪销量 506 吨。

（蔡德洪）

2017 年

【概述】 中国石油成品油、润滑油、燃料油、沥青以及其他炼油小产品的销售和成品油进出口业务由中国石油天然气股份有限公司销售分公司（简称销售分公司，也称销售板块）负责组织管理。销售分公司是中国石油天然气集团有限公司下属专业分公司，业务归口管理 31 家省级销售分公司、2 家大区销售分公司，以及昆仑好客有限公司、润滑油公司、燃料油公司和大连海运 4 家专业公司。

2017 年，销售分公司围绕提质增效、稳健发展主线，坚持面向市场、面向未来、面向基层、面向客户，统筹抓好精细营销、外采集采、网络开发、零售提质、拓展非油品、油气互促、信息集成、降本控费、规范管控、建强队伍“十件大事”，保上游后路责任有效履行，精细营销运作不断深入，零售运行质量持续提升，非油品、燃料油、润滑油业务成为效益提升的动力源和稳定器，投资与网络建设取得新突破，改革创新发展扎实深入，企业基础管理总体平稳受控，安全环保工作保持良好态势，党建引领与队伍支撑作用更加突出，企业形象进一步提升，整体工作呈现出欣欣向荣的良好局面。2017 年开发加油站 623 座，建成投运 463 座，新增零售能力 379 万吨。截至 2017 年底，集团公司国内运营的加油站总数达到 21399 座。

【经营业绩】 2017 年，国内成品油销量 11413 亿吨，同比增加 93 万吨；非油品业务实现收入 186 亿元、利润 20.6 亿元，同比分别增加 42 亿元、3.6 亿元；加油卡售卡总量 1.23 亿张，沉淀资金超过 300 亿元；燃料油业务实现销量 3390 万吨、同比增加 55 万吨，润滑油业务实现销量 142 万吨、同比增加 26 万吨（表 1）。

表 1　2017 年销售分公司主要经营业绩

指　标	2017 年	2016 年	同比增减
炼油产品总销量（万吨）	14874	14637	237
国内成品油销量（万吨） 　其中，纯枪 　　　　批发	11321 7486 3835	11220 7544 3675	101 –58 160
燃料油销量（万吨）	3390	3335	55
润滑油销量（万吨）	142	116	26
税前利润（亿元）	36.3	55.1	–18.8
营业收入（亿元） 　其中，非油品收入	7928 186	6892 144	1036 42
资产总额（亿元）	2552	2637	–85

注：不含大连西太平洋石油化工有限公司自销。

【中石油昆仑好客有限公司挂牌运营】 销售分公司把握油气零售行业发展大趋势，挖掘零售网点资产价值，坚持市场化运作、专业化运营，推动设立中国石油非油品专业公司——中石油昆仑好客有限公司。2017 年 7 月，中国石油天然气股份有限公司正式发文，批准设立中石油昆仑好客有限公司，机构规格为局级，纳入股份公司直属企业序列，由销售分公司归口管理，作为销售分公司非油品业务的运营管理与合资合作平台，实行独立运作。销售分公司非油品业务处并入中石油昆仑好客有限公司，开展非油品业务一体化运营管理。中石油昆仑好客有限公司兼具非油品业务管理与经营职能。2017 年 7 月 19 日，销售分公司召开中石油昆仑好客有限公司成立大会，同年 12 月 7 日，中石油昆仑好客有限公司在北京正式揭牌运营。

成品油业务（2007—2017）

2007 年

【概述】 2007 年，中国石油天然气股份有限公司销售分公司（以下简称销售公司）以规范管理、科学发展、提高水平为主题，优化运行组织，落实受控管理各项要求，并积极实施“五抓一创”（抓责任、抓发展、抓管理、抓安全、抓队伍建设，创一流业绩）工作思路，克服市场波动频繁、油价倒挂、资源持续紧张等诸多困难，努力稳定市场供应，积极转变增长方式，着力加强基层工作，圆满完成了各项任务。

全年销售成品油 8565 万吨，比 2006 年提高 10.2%，其中国内销售 8280 万吨，比 2006 年提高 10.03%；市场份额达到 43.4%，比 2006 年提高 0.4 个百分点；零售量达到 5383 万吨，比 2006 年增长 15.6%；零售比例 67.5%，比 2006 年提高 1.3 个百分点；资产型加油站单站日销量达到 8.58 吨，比 2006 年增加 0.6 吨，创历史新高；新投运加油站 804 座，新增零售能力 444 万吨。燃料油、润滑油、沥青、溶剂油、馏分油的销量分别达到 688 万吨、205 万吨、308 万吨、39 万吨和 145 万吨，成为销售公司增加收入和利润的重要来源，其中燃料油公司实现利润 10.8 亿元。非油品经营业务稳步发展，有 2940 座加油站开展了便利店业务，全年非油品经营实现销售收入 6.6 亿元，利润 1.1 亿元。2007 年，销售业务完成销售收入 4363 亿元，约占股份公司总收入的 54%；实现利润 59 亿元。

坚持“把握大局，稳定供应，保证质量，诚信服务”工作方针，积极履行社会责任，保障市场供应。特别是进入四季度以后，全面落实集团公司的部署，与股份公司所属相关部门协同努力，建立产运销应急协调机制，增产成品油 20 万吨，挖库 25 万吨，收购地方炼厂及其他渠道外采成品油 135 万吨，进口柴油 63.5 万吨，并及时组织投放市场，为缓解国内资源紧张局面发挥了重要作用，得到地方政府的充分肯定，树立了中国石油的良好形象。

完成未上市企业的 431 座加油站的划转工作，推进了成品油销售专业化管理。出台《成品油销售企业股权管理规范》，进一步夯实了股权管理工作基础。加快信息化建设步伐，成品油批发业务、一次物流、二次配送、ERP 等系统完成试点建设并初见成效。深入开展“安全环保基础年”活动，推进 HSE 管理体系建设，进一步夯实了安全管理基础。在油库全面推行新版操作规程，完善了沿江、河、湖、海及高坡油库、加油站水污染防控设施，提高了库站安全运行水平。

继续加强队伍建设，23 个党组织、28 名党员、24 名党务工作者受到集团公司表彰奖励；创建集团公司标杆班组 17 个，先进班组 149 个；1 人当选集团公司“十大杰出青年”，12 人入选“百名优秀青年”；39 个基层工会获得省级以上“职工之家”称号，200 座加油站被评为集团公司“青年文明号”；板块层面举办各类培训班 27 期，培训管理人员和业务骨干

2172人次，队伍素质不断提高，精神风貌进一步改观。

（王利军）

【成品油销售】 2007年，面对上半年销售不畅、下半年资源紧张等困难，成品油销售系统，全力以赴，直面挑战，采取有力措施，切实抓好成品油销售，全年完成销量8565万吨，其中国内销售8280万吨，零售5383万吨，实现了区内确保、区外无大面积脱销断档发生，树立了中国石油的形象。

（1）加强市场预测，做好总量平衡。进一步加强市场分析预测，针对不同时期的资源和市场情况，先后采取淡储旺销、最大限度占有资源、抓住相对低价时机果断进口、控制节奏、有序投放资源和区内确保、区外跟随等营销策略，实现了保供、推价、增效的目标。

（2）及时调整营销策略，力保市场稳定供应。认真落实"区内确保，区外与石化共同承担保证供应责任"要求，努力控制销售节奏，强化组织运行协调，保证自有加油站和重点机构用户供应。不断优化营销策略，严格控制批发，确保零售。对不同位置、不同类型的加油站，实行不同的供应策略。积极与中国石化串换资源，既调剂了品种，保证了供应，又节约了运费，增加了效益。及时调整销售品种结构，进一步降低销售柴汽比，缓解柴汽比低的矛盾，提高效益。针对"两会""春耕""三夏""十七大""南方夏季水灾""四季度资源紧张"等特殊阶段和特殊时期，提前制定保供措施，并与地方政府进行有效沟通，做到积极主动，特事特办，赢得了地方政府的赞誉。

（3）多方筹措资源，努力满足市场需求。一是针对资源不足的情况，加大了外采量。二是积极组织进口汽油、柴油，补充区外资源，保障份额供应。三是与山东地区的东明、京博和红润三家炼厂以及东北地区的黄金带炼油厂、沈阳蜡化厂等地方炼厂签订了收购成品油的协议。全年外采成品油673万吨，比2006年增长30%，为市场份额贡献3.6个百分点。

（4）加强销售业务管理，提高管理效率。召开销售企业座谈会和业务经理座谈会，及时通报资源情况，调整营销策略，制订应急预案，安排部署保供工作；组织调查组赴现场检查市场情况，了解市场供应情况；组织柴油销售专项检查，总结资源紧张情况下的保证供应经验。下发外采油品、机构用户与再流通管理办法，规范管理行为。

（5）根据北京市政府的要求，协调安排京Ⅲ、京Ⅳ油的产、销、储计划，确保了北京市场的成品油供应。

（6）推进成品油批发信息系统建设。华东销售公司通过了试点验收，重庆销售、吉林销售和大连销售公司开展了试点，为销售ERP的全面推广奠定基础。

（杨景娟）

【成品油调度运输】 2007年共完成汽油、柴油调出总量7375万吨，运输总量达到13828万吨，其中一次、二次运输量分别为8555万吨和5273万吨。

（1）强化总体平衡。严格按照月度配置计划，均衡组织发运，密切掌握生产、销售、库存、管线、罐车、船舶运行以及气象等情况，提高应急反应能力，确保了产运销的总体平稳运行。

（2）科学协调运力。加强与铁路部门的工作协调，西北日均排入路车226车，比2006

年增加 27 车，西北铁路日均装车 775 车，比 2006 年增加 58 车。针对广州局和其他限制流向，共申请部令 30 个 /135 列。加强与交通部和国内航运企业的合作沟通，争取运力支持，全年水运运量达到 2949 万吨，其中 1 月份下海运量达到 205.79 万吨，创历史新高。

（3）组织好关键时期、特殊区域的资源调运。克服困难，多方协调，确保区内、北京、上海、广州等地区以及春运、国庆、党的十七大期间的重点品种和重点地区资源供应。在水灾、雪灾、台风等自然灾害面前，及时启动应急预案，加强疏导，确保了调运工作总体平稳运行。

（4）积极降低运输费用。通过提高铁路单车装载量、开展自备车动态联网跟踪管理、加开龙组运输、提高短途管线管输量和炼厂地付量、提高炼厂直接下海量和一次直达目的港比例、加强月度运费监督与考核等措施，按可比口径实现降费 2.5 亿元以上。

（5）加强公路运输管理，规范第三方承运。组织制定《成品油公路运输管理办法》，下发《成品油二次物流优化方案编制的指导意见》，组织各地区公司制订二次物流优化方案，指导油库建设发展和配送工作。

（6）做好新储运设施投运工作。精心组织，及早筹划，注意协调解决运行中出现的问题，确保了港枣管线 6 月 1 日顺利投产，当年累计输油近 32 万吨。新增下海渠道取得进展，3 月份顺利完成大连新港搬迁及过渡工作，同时新增鲅鱼圈港中转国Ⅲ油品下海渠道。新购置 1295 辆铁路自备罐车，在一定程度上缓解铁路罐车极度紧缺的局面，提升了铁路运力。兰州西固油库新建 18 万立方米成品油储罐项目于 12 月 18 日投用，巩固了兰州地区的成品油集散中心地位，增强调控能力。

（7）加快推进成品油物流体系建设。制订成品油物流体系建设规划方案，开展物流信息化前期工作，全面启动物流优化工作。

（李石大）

【固定资产投资】 2007 年，销售企业固定资产投资继续按照“统筹规划、合理布局、注重质量、积极有效”的方针，继续优化网络结构，在提升竞争能力上下功夫，不断改善销售质量和结构。

（1）规划研究工作。组织编制 2008—2010 年销售业务滚动发展计划，根据内外部环境变化，对“十一五”后三年的目标和部署进行调整，建立了销售业务规划数据分析体系。围绕销售业务发展的重点问题和难点问题，组织和协调开展了《成品油物流体系规划建设方案研究》《炼厂成品油区域管网规划研究》《宁波油库整体规划研究》等专项规划及课题研究工作。出台《关于开展销售企业 2008—2010 年滚动发展计划编制工作的通知》，组织各地区公司按照规划编制模板和指标体系的要求完成规划编制工作。

（2）投资项目管理。继续认真执行加油站建设标准、选址模型、后评价办法和可研报告编制规定等各类规章制度；坚持科学规范的决策程序，注重项目开发的程序、法律、审计、资产评估等环节；坚持项目严格把关，项目前期论证以规划为依据，严格按照项目论证审批程序，对板块审批权限内的项目加强与咨询单位沟通，不断提高项目的评估质量；进一步强化加油站项目核准制度。2007 年共审查批复油库项目 19 个，审查限上加油站项目 59 个、批复23个，核准限下加油站项目781个、核准通过698个，核准通过率为89.4%，通过核准的加油站中，一类、二类加油站596座，占85.4%，确保了项目质量。同时，积极配合股份公司有关部门继续加快成品油管道沿线油库的构建与优化，加快锦州—郑州、兰州—郑州—长沙、大港—济南—枣庄成品油管道沿线配套油库的可研编制与评审工作。

（3）投资计划管理。继续做好资金与工作量的总体平衡，重点安排销售网络建设项目、安全隐患改造项目和信息化建设项目，严格控制非生产性投资项目，掌握和检查工作进度，确保全年网络建设任务的完成。2007年共下达投资计划112.85亿元，全年实际完成投资102.51亿元。其中油库完成投资17.44亿元，共开发油库20座，库容61.3万立方米，扩建油库7座，库容21.43立方米。加油站完成投资56.84亿元，开发加油站548座，共新增年零售能力372.6万吨。坚持正确把握投资方向，以零售能力建设和优化网络布局为重点，优化投资结构，先后4次召开网络开发工作会和投资分析会，调动地区公司积极性，坚定网络开发信心，突出开发大中城市、城市中心和高速公路加油站，进一步提高高效加油站比例。全年共新开发加油站548座，其中高效站188座，占34%。以成品油仓储设施建设为重点，推进沿海、沿江、沿线油库建设，全年安排建设油库37座，其中建成投运油库15座，库容44.7万立方米，为物流体系建设进一步奠定基础。

（陈　倩）

【工程建设】 全年建成14座油库，新增库容40万立方米，另有38座油库正在顺利实施中。完成华北销售油气回收项目试点改造，其他油库和加油站改造已全面铺开。完成加油站改造和新建项目888座。

（1）进一步完善管理制度和技术标准。下发《关于加强加油（气）站和油库工程招标投标及有关工程管理工作的通知》；组织有关部门和单位开展油库和加油站标准设计体系编制；编制《监理招标标准文本》《设计招标标准文本》和《施工招标标准文本》三个标准型文本，统一设计、监理和施工招标文件格式和内容，规范招标管理。

（2）严格初步设计审批，优化设计。共组织完成西北销售公司西固油库扩建工程、华南销售厦门油库及山东销售济南油库等19个重点项目的初步设计审查和批复工作，新增库容81.6万立方米、投资12.44亿元，优化了设计，控制了投资。

（3）严格物资采购管理，降低成本。与地区公司共同组织完成加油站液位仪商务谈判工作，各供应商在2006年实际采购价格的基础上，均有进一步优惠；与地区公司共同组织完成油库液位计入围招标工作，优选供应商，降低采购价格，统一技术要求和售后服务标准；完成16座油库的设计、监理和施工招标方案和招标结果的审批工作。

（4）严格工程质量管理，强化协调。组织开展2007年加油站和油库工程管理和工程质量检查，以及加油站工程建设标准执行情况的专项检查工作；协调指导华北销售油气回收项目的实施；现场管理重点抓好油库建设协调和投产工作；组织山东销售湖屯油库投产条件检查，确保顺利投产；组织四川销售公司成乐支线配套油库现场调研，优化总图布局和工艺流程，既方便生产管理，又节省投资。

（朱华锋）

【质量管理】 2007 年，国家对车用汽油产品的质量监督抽查，共抽取中国石油 10 个销售分公司（华东、华北、华中、内蒙古、四川、新疆、青海、甘肃、宁夏、陕西）的 52 个样品（90 号 8 个，93 号 31 个，97 号 13 个），合格率 98.1 %。国家质检总局未正式公布 2007 年的抽查结果。

股份公司组织的质量监督抽查，石油产品共抽查 733 批次，合格率 98.91 %，其中车用汽油合格率 98.74 %；轻柴油合格率 99.73 %。

组织两期销售企业化验员培训班，对 206 名销售企业的技术人员进行了岗位培训工作。

【计量管理】 修订并下发了《炼油与销售分公司成品油计量管理规范》，为规范炼油与销售企业的成品油计量管理工作提供了依据。

参与了大港—枣庄成品油管线投产的准备工作。组织华北销售公司、山东销售公司及板块的有关处室对沿线各分输站进行了调研，了解了管线的基本情况和管道投产及运行后的质量、计量管理的情况，提出了管线投产和运行后质量管理和计量交接的建议。组织大港石化公司、华北销售公司、山东销售公司对计量交接协议进行了认真研究并与管道公司签署了计量交接协议。针对销售企业的特点，对华北销售公司、山东销售公司的计量人员进行了质量流量计技术培训，保证了管道的顺利投产。

对交接计量员进行资质审核，核发交接计量员证 2874 个。

【标准化管理工作】 参与并协调国家标准《车用汽油》、北京地方标准《车用汽油》《车用柴油》等标准的修订。

（顾惠明）

【加油站管理】 截至 2007 年年底，股份公司共拥有加油站 18648 座，比 2006 年净增 441 座，增加 2.42 %，零售比率达到 66.2 %，比 2006 年提高 3.7 个百分点，国内成品油零售市场占有率为 37.0 %，比 2006 年提高 2.3 个百分点，零售总量连续六年保持 16 % 以上的增幅。其中资产型加油站 17352 座，比 2006 年年底净增 446 座，净增率为 2.64 %，特许 1296 座，比 2006 年底净减 5 座，净减少 0.38 %。

通过加强规范管理、推动品牌营销、改造设施设备以及开展促销活动，加油站资产不断得到优化，吨级站培育工作取得较大进步。截至 2007 年年底，中国石油 3000 吨级以上加油站达到 5748 座，比 2006 年增加 705 座，增幅达到 13.98 %。其中，万吨级加油站 855 座，比 2006 年增加 173 座；5000 吨级加油站 1896 座，比 2006 年增加 263 座；3000 吨级加油站 2997 座，比 2006 年增加 269 座。

1. 制定调控策略、采取有力措施，全力抓好均衡销售

2007 年上半年，面对国际油价大幅下跌、地方炼厂资源增加、市场观望气氛浓厚、销售极为困难的严峻形势，组织开展为期 3 个月的“迎奥运送平安”的高标号汽油促销和以“挖潜力，促销售，比贡献”为主题的零售竞赛活动，加大零售促销力度，实现了上半年“时间过半，任务过半”的目标，渡过了难关。

针对下半年国际油价不断攀升、国内成品油市场供求矛盾突出状况，制定有针对性的营销策略，力保区内市场、逐步放开区域内市场供应；采取市场跟进、运行优化、客户细分和

政府公关等策略，配合中国石化陆续放开部分重点城市和高速公路的油品供应；保证重点，重点做好确需保证、时效性强的重点工程、公共交通、城市鲜活产品运输、城市菜篮子工程以及农业收割用柴油用户的资源保证工作，努力保障 IC 卡用户和长期固定用户用油；与政府建立联动供应机制，通过政府协调新闻媒体做好正面宣传，维护了中国石油的形象。以有力的保障措施、科学的营销决策，为中国石油履行三大责任做出贡献。

2. 强化规范执行、提升管理水平，完善基础管理体系

组织修订完善了《加油站管理规范》和《细节管理手册》，充实操作性更强的运作内容，使加油站业务流程更具科学性，归并、简化加油站账表册到 20 种，完善加油站安全管理体系和检查稽查管理体系，建立了安全运作零报告制度。8 月份组织 8 个检查组对 10 家单位加油站进行了综合检查，形成了《2007 年加油站综合检查案例汇编》；开展安全预案数字仿真训练系统研究，完成了火灾预案系统的编制工作，组织开展了《加油站高端客户消费趋势研究》《加油站客户满意度体系研究》和《加油站定置化标准研究与设计》三项研究；围绕中油 BP 经验，狠抓零售经验总结，认真总结中油 BP“业绩导向、程序至上、注重执行、效率优先”的运作模式；研究出台了《关于进一步提升加油站经营管理水平的若干意见》，明确了当前及今后一个时期加油站经营管理工作的指导思想、工作定位和目标任务。

3. 抓好重点项目、提高自动化程度，大力推进技术进步

举办“2007 中国国际加油加气站高新技术与设备暨非油业务博览会”，得到与会代表和社会各界的较高评价和媒体的广泛关注；推进重点地区自助站建设，完成了北京地区自助加油站建设方案的审定工作，目前华北销售公司已经开工；参与推进加油站管理信息系统建设和 IC 卡系统完善升级，配合有关部门完成了系统业务需求报告和需求整体框架的编写与审定工作。配合有关部门组织了华北地区 IC 卡的系统升级，2008 年一季度华北地区 IC 卡联网运行将实现初步上线。

（冯　欣）

【石油价格走势回顾】 在世界经济发展态势依然良好及一些不确定、不稳定因素难以消除的大环境下，2007 年国际油价明显反弹，强劲高涨，国内市场启动缓慢，日渐加热，资源与供应紧张不断加剧。

1. 国际油价继续保持强劲上涨势头，不断创出历史新高

全年 WTI、布伦特与米纳斯原油平均价分别为 72.26 美元 / 桶[❶]、72.52 美元 / 桶和 73.5 美元 / 桶，比 2006 年分别提高 6.26 美元 / 桶、7.38 美元 / 桶和 8.33 美元 / 桶；新加坡、鹿特丹及纽约三地市场（以下简称三地市场）汽油、柴油现货平均价每桶分别为 86.27 美元 / 桶和 88.58 美元 / 桶，分别比 2006 年提高 8.65 美元 / 桶、7.94 美元 / 桶。其主要特点如下：

（1）价格自低谷反弹，涨势持续强劲。2007 年下半年油价不断刷新历史纪录。年初国际市场主要原油价格有跌破 50 美元 / 桶的可能。但在 2007 年 1 月 23 日美国宣布补充战略石油储备的推动下，自 2 月份开始明显反弹，持续上涨。进入 7 月份，开始创出历史新高。11

❶ 1 桶 =0.15898806 立方米≈ 159 升。

月 23 日 WTI 原油 1 月期货结算价收于每桶 98.18 美元，不仅再度刷新历史纪录，而且也达到全年高点。

（2）各种因素并存，油价大幅震荡。2007 年年初年末原油价格相差达 38 美元 / 桶。从年度对比看，主要表现在上半年油价水平明显低于 2006 年同期和下半年，如 WTI 原油现货价下半年比上半年高 21.46 美元 / 桶。全年油价震荡最突出表现在每日价格的变化上，特别是 9 月份之后，主要原油每日价格涨跌互现超过 2 美元 / 桶的情况十分普遍。

（3）美国经济放缓迹象笼罩市场，伴随其经济指标的起伏，WTI 原油价格变动异常。2007 年上半年拖累油价、2007 年下半年推动油价，全年 WTI 油价高于布伦特原油的差价进一步缩小，以至出现相反情况。WTI 原油价格由年初高于布伦特原油价格逐步变为低于布伦特原油价格。但是，2007 年下半年 WTI 原油价格领涨的作用一直持续到年底。

（4）受美国夏季汽油需求的强劲拉动，汽油价格上涨相对较大。相对于上半年沉陷的油价，二季度后汽油价格的强劲上涨对全年整体油价的上涨，起到了承上启下的支撑与推动作用。同 2006 年相比，2007 年上半年三地市场汽油价格不仅没有降低，且还略有提高。

（5）炼油瓶颈的制约，使成品油与原油之间的毛利差价继续扩大。全年三地汽油、柴油现货平均价同 3 种主要原油现货平均价之间的毛利差价分别为 13.51 美元 / 桶和 15.82 美元 / 桶，比 2006 年同期分别提高 1.32 美元 / 桶和 0.62 美元 / 桶。

（6）需求强劲和装置滞后，使轻质油比价普遍继续扩大。2007 年米纳斯原油同杜里原油的差价由 2006 年的 9.77 美元 / 桶上升到 13.96 美元 / 桶；布伦特原油同迪拜原油的差价由 2006 年的 3.64 美元 / 桶上升到 4.15 美元 / 桶。

2. 需求继续大幅增长，供应不断吃紧，是国际油价上涨的主要原因

2007 年国际油价继续高涨，主要是世界经济继续呈现良好态势带来的石油需求的强劲增长，市场对石油供应的可持续性疑虑加重，从而又推动了市场的炒作。

（1）单纯供求的市场面因素。世界经济发展态势依然良好，石油需求依然强劲，是构成油价上涨的主要市场基本面因素；炼油生产滞后、炼厂事故频发且愈演愈烈，成品油供应存在着瓶颈；世界石油库存也不乐观，国际能源机构 2007 年 10 月份报告，2007 年 8 月经合组织国家石油库存减少 2100 万桶，下降至相当于 53.5 天需求量的水平，低于五年均值，供应还将在冬季吃紧；在石油需求不断增长而石油勘探开发难度不断提高的情况下，原油生产增长的边际成本明显提高。

（2）发展不平衡带来的社会因素。石油消费国与生产国发展的不平衡，导致生产国保护本国利益、限制石油生产的思潮和行动不断提高，其中欧佩克的限产保价政策最为明显；一些石油生产国的资源保护意识不断提高，袭击、干扰石油的事件有增无减（如尼日利亚反政府武装袭击外国石油公司的事件不断发生）；发达国家环保要求的日益提高，致使炼油工业准入门槛也不断提高。

（3）大国霸权带来的地缘政治因素。伊朗及中东地区仍不稳定，明显支撑着国际油价。伊朗与西方在其核问题上的僵持，不论从主观上还是客观上，都牵动着世界石油市场的供应。土伊边境动荡，增加了对石油供应的担忧，是四季度国际油价继续强劲上涨的一个重要

因素。

（4）强势利益集团驱动的炒作因素。美元的不断贬值也是推动全年油价上涨的重要原因；借助石油金融化，一些基金公司恶炒油价；金融市场的动荡，促使投资资金向油市转移；美国不断强调补充战略石油储备，也是忽悠国际油价不断走高的一个因素。此外还有针对中国、印度消费需求增长的炒作。

综上所述，2007 年国际油价的高涨，既有客观因素，也有主观因素，谁主谁次较难理清。

3. 国内成品油市场消费启动迟缓，来势强劲

2007 年的国内成品油市场亦随着国际油价的巨大沉浮，出现了由冷到热直至供不应求的局面，最终呈现出全年市场价格走势的两极化格局，即上半年价格低迷、下半年高涨；区内市场稳定、区外市场混乱；汽油价格先高、柴油价格后高；价格由低迷不到位转变为不断高涨、超价的情况。

（1）受国际油价与市场需求变化影响，价格先跌后涨。2007 年 1 月 14 日零时起，国家下调了汽油销售价格，一季度国内成品油市场观望徘徊、价格低迷有增无减，下半年国内成品油市场才逐步加热。自 2007 年 11 月 1 日起，国家将成品油中准价均提高 500 元 / 吨，至 11 月下旬，南方市场汽油、柴油实际批发价普遍在 6500—7000 元 / 吨不等，比年初分别提高 1000 元 / 吨和 1700 元 / 吨左右。

（2）市场启动十分缓慢，上半年价格低迷、不到位，与 2006 年相比形成较大反差。2007 年上半年全国汽油批发价不到位平均在 80 元 / 吨左右，柴油基本到位。

（3）下半年以汽油为先导，市场资源紧张不断加剧，在市场抢购、断档脱销的推动下，价格低迷的情况彻底改变，价格大幅高涨、超价面不断扩大、超价金额不断提高。11 月下旬，东南沿海柴油批发价涨至 6800 元 / 吨，超价达 1100 元 / 吨左右。

2007 年全国成品油市场汽油、柴油批发价分别为 5740 元 / 吨和 5370 元 / 吨，分别比 2006 年提高 140 元 / 吨和 450 元 / 吨。如果没有 2006 年以来国家明显的控制，全年油价的整体水平还应再高。

4. 国内市场价格高涨的原因分析

2007 年后期国内油价的高涨，主要有两方面原因：一方面是国民经济发展继续加快对国内市场的推动，另一方面则是国内成品油定价严重背离了原油价格接轨国际市场的机制，造成国内成品油资源不断收紧。

（1）国内成品油价格严重扭曲，持续打压了国内生产及资源调入。

（2）国民经济不仅继续保持快速发展的态势，而且还呈现了加快发展的势头。

（3）国内市场沉浮的巨大反差及价格扭曲，造成下半年国内资源的扭曲，从而也推动了国内市场油价的不断高涨。

（4）汽车工业的迅速发展和汽车拥有量的不断扩大，是近几年成品油消费增长的重要因素。

（5）加工贸易禁止燃料油进出口的新政策，抽紧了国内柴油资源。2007 年以来，新加

坡燃料油市场一直不是十分振奋，因此也有一定关系。

（吕东悦）

【炼油小产品及润滑油销售管理】 2007 年汽油、煤油、柴油、化工轻油以外炼油产品销售量为 3277.08 万吨，增幅 3.9 %。沥青等统销炼油小产品及润滑油产销总体运行平稳，已经建立起炼油小产品销售运行体系。统销优势和效果明显，沥青、润滑油、燃料油市场份额比 2006 年平均增长 4 %，溶剂油、馏分油等要求规范受控的产品产销量明显减少。

（1）提高业务运行效率，规范销售行为。根据产品市场化程度高的特点，进一步理顺了内部管理运作流程，明晰板块和大区公司、大区驻厂分公司、炼化企业业务界面，明确职责，运行效率大幅提高；强化计划管理，规范销售渠道，提高销售计划执行兑现率，销售行为得到规范。

针对 2007 年沥青销售存在的矛盾和遇到的困难，加大了产运销运行的协调管理力度，现场研究和协调，形成沥青销售当期的指导意见，有效地扭转了沥青销售的困难局面，保证了产销平稳运行。充分发挥价格杠杆的作用，使溶剂油、馏分油最大限度地转化为汽油、煤油、柴油等成品油。

（2）以效益优先为原则，加大市场开发力度。积极推动统销炼油小产品由单纯销售向市场营销转变，密切与用户联系，组织召开三次沥青区域订货会，对稳定主渠道起到重要作用。把握市场，以效益为中心，适时抽紧沥青资源，转产燃料油。辽河石化和克拉玛依石化沥青产品顺利获得交通部的首批认证，提升“昆仑”品牌影响力。

（3）不断完善润滑油经营业务管理。根据股份公司对润滑油业务发展的部署和要求，润滑油公司完成了内部品牌整合，“昆仑”润滑油品牌的认知度和美誉度不断提升，实现了从资源供应向品牌经营的转变。加大添加剂的生产和研发能力。组织和推动 4 个基础油生产基地的布局和规划建设。完善独立调配中心和整体的物流体系。积极拓展多渠道的海外业务。

润滑油公司积极开发直供用户及行业用户，调整产品结构，提高包装油销量，加大终端销售；抓住机遇，扩大销量，抢占市场，市场份额达 40 %，比 2006 年增长 6 个百分点。

（4）进一步强化对其他非统销炼油产品的销售管理协调。加强对液化气、石蜡、石油焦等未纳入统销产品的销售协调和指导，取得良好效果。

（周　丹）

2008 年

【概述】 2008 年，面对国内成品油市场经历从价格上涨、供应紧张到价格下跌、供过于求两种截然不同的市场环境，面对遭遇雨雪冰冻灾害、四川汶川地震、北京奥运防恐保供等一系列特殊事件，销售系统认真落实中国石油天然气集团公司、中国石油天然气股份有限公司的总体部署，按照“五抓一创”（抓责任、抓发展、抓管理、抓安全、抓队伍建设，创一流业绩）要求，精心组织，多方协调，积极应对，战胜了重重困难，经受住了各种考验，全面完成了各项任务，较好地履行了经济、政治和社会三大责任。面对南方罕见的雨雪冰冻灾害以及汶川地震，迅速启动应急预案，建立产运销协调机制，协调炼厂满负荷生产，组织管道、铁路、公路、水路超常规运输，派工作组现场抗灾保供，有效保障了冰冻灾区和地震灾区资源供应，用“冰封雪冻油不冻”“山塌路断油不断”的精神和行动，展示了销售队伍的应有风采，得到了各级政府和社会各界的充分肯定，树立了中国石油诚信负责任的大公司形象。华中销售公司、西南销售公司党委被国务院国资委评为抗击雨雪冰冻灾害先进单位，5名员工被国务院国资委评为抗击雨雪冰冻灾害先进个人，四川销售公司荣获全国抗震救灾英雄集体荣誉称号。奥运期间，把奥运供应作为保供重点，在大力实施“奥运微笑服务年”活动、加强安全管理的基础上，提前准备资源，强化调运组织，加强市场监控，始终保证奥运举办城市资源高库存，高质量地满足了奥运用油需求。针对四季度出现的市场低迷、需求下降、销售不畅局面，一方面及时调整营销策略，基本实现了区内市场销量、效益、份额“三不降”，区外市场竞争力进一步增强；另一方面通过加强海运组织，协调增加铁路运力，增加管输量和炼厂地付量，开展油库租赁和代储等有效措施，最大限度地保证了炼厂后路畅通。同时，集团公司党组、股份公司管理层决定上划山西、浙江、江苏、安徽、江西、湖南、河南、福建、贵州、广西10个省公司，销售业务管理体制进一步理顺，销售公司业务归口管辖企业由过去的24家扩大到34家，为更好地打造“效益领先、规模发展、管理科学、品牌优良”的国际先进石油销售企业创造了有利条件。

（王利军）

【经营业绩】 积极筹措资源，做好总量平衡。加强市场分析预测，关注宏观经济、油价变化对资源、销售和运行的影响，跟踪各地市场动态，尤其是地方炼厂资源和价格变化，做好市场走势分析，及时调整资源平衡方案和配置计划，努力实现平稳运行。针对不同时期的资源和市场情况，先后采取了有序投放、淡储旺销、组织进口、保证重点等一系列措施，在资源不足的情况下，加大成品油进口和组织地方炼厂委托加工力度，全年外采成品油同比增长33%，实现了保供、增效的目标。

加强市场监控、及时调整营销策略。各销售企业在密切关注市场动态的同时，按照“区内确保，区外与中国石化共同承担保供责任”的要求，努力控制销售节奏，强化组织运行协调，保证自有加油站和重点机构用户供应。针对批发和零售两个不同业务环节特点制定不同的营销策略，运行中严格控制批发销售，确保零售资源供应。积极与中国石化合作，实行资源串换策略，有效节约了运费，增加了效益，调剂了品种，保证了供应。分品种制定营销策略，进一步降低销售柴汽比，缓解资源柴汽比低的矛盾，同时促进效益提高。

2008年国内成品油销售8281万吨；资产型零售量5956万吨，同比增加706万吨；销售收入同比增加787亿元，占股份公司营业收入的44.3％。

（杨景娟）

【资源调运】 2008年，面对运力不足、产需矛盾突出、企业库存高涨、调运均衡难度大、南方冰冻雨雪灾害、四川抗震救灾、奥运保供等复杂形势，精心组织，优化运行，强化协调，不仅确保了产运销总体平稳运行，而且圆满地完成了重大社会和政治事件的油品供应任务。

1—8 月，国内市场需求旺盛期间，通过严格月度配置计划，超前谋划，优化运行，均衡组织发运，优先组织难点地区和重点品种的调运供应等措施，计划兑现率达到 100.1 %，有效保障了市场的稳定供应。

9—12 月，受国际金融危机影响，国内经济增长明显放缓，成品油市场需求大幅下降，炼厂库存达到历史高位，生产后路告急，运行面临前所未有的严峻考验。调运系统多措并举，千方百计保障炼厂生产后路。一是密切与生产板块的衔接，及时掌握炼厂生产、库存动态，在协调生产适销对路油品的同时，灵活制订运行预案，加大油品外调疏导力度；二是加强运力组织，协同增加外贸大船航次和运量、铁路空车排入数量以及炼厂地付量；三是明确重点、有序疏导，对大连石化、大庆炼化、抚顺石化、兰州石化、乌石化、大港石化、华北石化等企业，在运行困难状态下应急处置，并分别制订月度和日调出方案；四是油库租赁和代储油品数量创历史最高。

年初南方遭遇罕见冰冻雨雪灾害后，在灾区多条铁路、公路运输陷于瘫痪的严峻形势下，协调铁道部利用有限的铁路运能重点安排成品油运输，及时下达供华中部令 37 列，增加湛江铁路罐车排空 360 车。同时组织公路运力，配备防滑沙、防滑链等装备，并从新疆抽调具有丰富冰冻路面驾驶经验的司机，灵活改变配送路线，送油上高速，送油到灾区。2 月份华中、华南、西南计划兑现率分别达到 107 %、106%、109%，在春运、灾害条件影响下均创造了历史同期最好水平。

5 月 12 日四川汶川发生里氏 8 级特大地震，西北地区成品油铁路、公路、管道进川运输全面告急。为保障抗震救灾用油和灾区生产生活用油，紧急从华北、内蒙古、甘肃等地抽调车辆，组织油品公路进川；协调铁道部下达部令保证进川成品油运输；开辟下海进江保川渝成品油运输通道，抢运油品入川；及时增加兰成渝管道四川分输量。5 月份调四川油品量创历史最高水平，有力缓解了灾区油品供应压力。

为保障奥运期间安全、稳定供应北京及周边地区油品，先后三次召开北京奥运保供会议，制订了详细运行保供方案；加强与生产板块京Ⅳ油生产的协调工作，取得了资源上的保障；全面检查进京公路罐车安全运行体系，确保安全配送；采取秦皇岛中转、开通进京专列等多种调运手段，确保北京油品供应。奥运期间北京地区成品油库存一直保持在 11 万吨以上，达到了北京市政府关于奥运安全保供的要求。

成品油物流体系建设稳步开展。销售公司总调度室调度中心硬件建设全部按期完成，软件调试工作也正在有条不紊地进行，一个集调度指挥、运行监控、应急管理功能于一体的成品油调度指挥中心已基本建成。

（李石大）

【加油站管理】 截至 2008 年年底，拥有加油站 1.8 万余座，零售比率达到 74.6 %，国内成品油零售市场占有率为 37.5 %，零售总量连续 10 年保持 10 % 以上的增幅。吨级站培育工作取得较大进展，截至 2008 年年底，中国石油 3000 吨级以上加油站数量同比增加 23.9 %。单站日销量同比增加 1.16 吨。

保供应、促销售，狠抓平稳运营。一是沉着应对突发事件，全力保障应急供应。南方冰雪灾害、汶川地震发生后，加强组织领导，及时开展隐患排查检修，第一时间恢复油品供应；汶川地震后 3 小时，四川地震重灾区 351 座加油站即恢复供油；抗震救灾期间，在加油站开辟绿色通道，全力支持救灾工作。二是顺应市场形势变化，调整零售营销策略。在三夏和奥运前夕把握销售节奏，与政府部门共同维护经营秩序，将保障农业用油放在首位，重点保证高速公路、中心城市、城市出口加油站资源供应，满足政府关注、涉及国计民生的用油需要及固定客户的需求；资源充裕时期，积极稳价促销；明确客户开发维护责任，发动片区和加油站全力促销；开展便民、特色服务。

融奥运、重现场，狠抓微笑服务。出台并宣传贯彻《奥运微笑服务手册》，开展“奥运微笑服务 2008”活动，产生了 15 名“奥运微笑服务明星”和 16 名“明星加油站经理”强化安全管理，8 月至 9 月在涉奥地区公司 24 小时值班，逐站编制、演练防恐怖袭击应急预案，根据重要等级派驻武警、保安，建立社区联防体系，为重点加油站安装 HAN 装置；奥运前夕对 6 个奥运举办城市和区域内加油站开展了“迎奥运、抓服务、保安全、树品牌”专项检查，确保了奥运期间加油站安全平稳供应。

抓两头、带中间，狠抓网络优化。通过出台《关于低效站优化工作的指导意见》《关于精干加油站用工的指导意见》等措施，加大优化低效站工作力度，优化站日销量大幅度提高；出台万吨站培育指导意见，从站内、站外两个方面，客户、市场、管理、服务、质量 5 个角度，制定 30 项培育措施，进一步加大万吨站培育力度，万吨级加油站数量同比增加 219 座；印发《关于加快清理整顿、规范加油站特许经营的通知》，进一步清理了一批特许及参股站。

编题库、定标准，狠抓制度建设。编写了覆盖初、中、高和技师四个级别的加油站操作员技能鉴定教材及题库；编制中油 BP 经验电视教学片，落实股份公司领导“培训要做到有声有影”的要求；编制《加油站经理汇报模板》、零售月、周、日报及分析模板，规范了汇报模式；编制《暴雪条件下加油站罩棚坍塌原因分析及安全运营预案》《地震条件下加油站安全运营预案》《加油站安全预案火灾数字模拟仿真系统》，以及奥运期间《加油站防恐怖袭击应急预案》，完善安全管理制度。

（冯　欣）

【石油价格走势回顾】 2008 年，国内石油市场大起大落。上半年国内市场总体上呈现强劲上涨的趋势，尤其是柴油价格高涨到 8000 元 / 吨以上；下半年，市场价格直线下滑，柴油价格降到 5000—5500 元 / 吨，最低价格跌破 5000 元 / 吨。年初，由于受冰冻灾害的影响，安徽、湖南、湖北以及西南部分地区道路交通严重受阻，原油供应量缩减，汽柴油产量下降，出货情况也受阻碍，终端需求也因气温骤降而呈现低迷。

2 月份，受春节影响，各地工程基本停工，汽柴油需求更加低迷，成交清淡，大部分地区价格出现下滑。华中市场两大集团乙醇汽油价格每吨最多下调约 200 元、柴油价格跌幅每吨高达 400 元左右。华南市场两大集团因出货困难而纷纷降价。

3 月份，是国内成品油市场行情的转折期，农业生产、工矿企业、工程施工等都开始启动，柴油消费进入旺季，柴油需求明显上升。与此同时，国际原油价格达到 110 美元 / 桶的历史新高，更给国内市场带来较强的提振，国内各地方炼厂在成本不断上升的情况下，出货价格疯狂上涨，带动周边市场气氛逐渐活跃。因原油价格的不断上涨，国内炼厂亏损严重，市场调价传闻不断，投机性需求骤增。与此相反，炼厂亏损日益严重，生产积极性严重受挫，开工率有所下降，导致市场资源供应日益吃紧。在种种因素的推动下，3 月上旬国内成品油市场价格强势上涨，其中华北地区 3 月份 90 号汽油平均上涨 260 元 / 吨左右，柴油更是大幅上涨 600 元 / 吨以上；华南地区汽油价格上涨 100 元 / 吨左右，柴油价格上涨 500 元 / 吨左右。且两大集团因资源趋紧而大多控制销售甚至停止批发。

4 月份，国内成品油市场需求稳步增长，农业进入春耕季节，渔业也处于旺季；各地工程施工、交通运输均渐进旺季，部分地区奥运工程用油量较大；铁路部门对粮食、化肥、农药、种子、农机具等重要物资运输优先，调减了部分炼厂的运油计划；铁路第六次提速运行后，铁道部要求淘汰不符合提速要求的罐车，使得部分炼厂因罐车不足而发运滞后，资源流动受到较大的制约，市场资源供应总体紧张；再加上各炼厂进入常规检修季节，开工率相对降低，4 月份资源投放有所缩减，市场资源进一步趋紧。中旬以后，国际油价继续大幅攀升，国内炼油行业成本压力日益加大。面对炼厂的巨大亏损和国内市场需求的不断上升，国家采取了一系列宏观调控措施。

5 月份，国际油价继续高位震荡徘徊，2008 年 5 月 21 日纽交所原油期货价格突破 130 美元 / 桶，创历史新高。国内炼厂亏损局面进一步加剧，主要炼厂平均开工率下滑至 76.32%，而国内市场需求则处于旺盛时期。一方面，随着气温的上升，汽车空调使用率提高，汽油终端需求量增加明显；另一方面，农业需求旺季到来，农业机械用油上升较快，而且工程用油量较大，柴油需求继续上升，资源供需缺口较大。

6 月份，国际原油市场继续高位震荡，2008 年 6 月 27 日原油期货收盘价格首次突破 140 美元 / 桶。国内炼厂因亏损而开工率不高，另外由于进口成本高涨导致两大集团进口资源无追加计划，市场需求则仍猛增不减，人们对资源供应状况更加担忧，对调价预期进一步增强。国内各地方炼厂因生产成本居高不下，出货价格借机大幅上扬，山东地方炼厂柴油主流出货价格达到 8000 元 / 吨以上的新高。在两大集团严格控销和社会中间商囤积意愿不断增强的情况下，成品油资源供应形势严峻，国内部分地区油站限量情况严重，局部地区甚至出现脱销。为了减轻炼厂亏损，缓解国内成品油供应紧张的矛盾，并逐步理顺价格关系，国家发改委 6 月 19 日宣布，自 6 月 20 日起将汽油、柴油价格每吨提高 1000 元，航空煤油价格每吨提高 1500 元。调价文件下达以后，各地汽柴油批发价格均相应上涨。但由于柴油价格已经较高且严重批零倒挂，使得价格涨幅小于汽油，与 5 月份相比，6 月末国内汽油价格平均上涨 800 元 / 吨左右，柴油价格平均上涨 200 元 / 吨左右。

7 月份，国际原油缺乏强劲支撑，价格开始走低，市场则在中准价刚刚调整、需求疲软等因素的影响下，价格下行，特别是柴油跌势明显。主要原因：一是中准价调整后随即而至的物价检查，各地纷纷降至零售到位价附近，最主要是检查之后各地相继放开零售供应，低价资源大量流入市场，对批发直销形成较大冲击，价格下跌在所难免。二是国际原油下行拖累地方炼厂，代加工价格高企难撑行情。以上主要是在北方表现比较多，南方市场则受到台风、强降雨等天气的影响，需求受到一定的抑制，当月国内汽油呈现上行趋势，柴油价格则持续下跌。7 月末国内 90 号汽油平均价格 7514 元 / 吨，93 号汽油平均价格 7945 元 / 吨，柴油平均价格 7470 元 / 吨。

8 月份，国际原油市场价格持续跳水，22 日创下单日最大跌幅，达 6.59 美元 / 桶。国内市场也由前期的卖方市场转入买方市场，库存高涨，价格下滑，90 号汽油平均价格约 7200 元 / 吨，93 号汽油平均价格约 7600 元 / 吨，较 7 月末均跌 300 元 / 吨以上，柴油平均价格约 7350 元 / 吨，较 7 月末跌 120 元 / 吨左右。

9 月份，国内市场持续低迷，销售压力较大，完成任务情况普遍不好，各地价格全面走低。9 月末，国内 90 号汽油平均价格 7317 元 / 吨，93 号汽油平均价格 7709 元 / 吨，柴油平均价格 7068 元 / 吨。批零价差也逐步缩小，月初时各地批零倒挂幅度依然在 300—400 元 / 吨左右，月末有所缓解，幅度已缩小到 100 元 / 吨左右，部分地区价格批零一价。

10 月份，国内原油加工量得到集中性的恢复。进入第四季度，各炼厂开始为完成全年生产指标做准备。山东地方炼厂装置检修再度进入高峰期，开工率逐步走低，常减压开工率从月初的 30 % 以上跌破了 20 %。10 月末各地价格普遍走低，90 号汽油平均 7000 元 / 吨，93 号汽油平均 7400 元 / 吨，柴油平均 6350 元 / 吨，均低于 9 月份。

11 月份，国内市场走势纷呈。先是受国际油价大幅下滑以及市场需求持续低迷的打压，用户看跌心态较浓，价格下滑。中旬前后，燃油税出台的消息刺激市场价格大幅上扬，特别是华东地区，柴油价格上涨幅度较大，但此番行情时间非常短暂，随着燃油税方案的日益明朗，市场炒作气氛逐渐减退，价格重新跌到前期水平，当月行情呈现先抑后扬再抑态势。

12 月份，影响市场的因素较多。国际油价持续下滑；国内成品油定价机制改革有了新突破，国家发改委根据新定价机制于 12 月 19 日调整了国内汽柴油零售价格；国内市场需求因经济滑坡持续低迷，资源供应与数月前相比出现逆转。在这些因素的影响下，国内成品油市场波动频繁，汽柴油价格总体呈现下滑趋势。月初华南地区柴油价格由 6250—6300 元 / 吨降到 5750 元 / 吨；华东地区柴油也降到 5800 元 / 吨左右。12 月 19 日国内零售价格下调之后，市场跌势迅猛，至月末，国内 90 号汽油均价 5977 元 / 吨，93 号汽油均价 6365 元 / 吨，柴油均价 5230 元 / 吨，与 11 月末相比，汽油跌 700 元 / 吨左右，柴油跌 850 元 / 吨以上。

（吴海泉）

2009 年

【概述】 2009 年是近年来销售形势最复杂、运行最困难的一年。销售系统立足于确保中国石油天然气集团公司整体利益最大化，以建设国际水准销售企业为目标，采取积极灵活有效的营销策略，加强营销组织，推进网络建设，大力挖潜增效，深化基础管理，强化队伍建设，顶住国内成品油市场需求不旺、价格低迷、竞争激烈、库存高企、销量波动频繁等一系列压力，积极应对金融危机影响，保证市场平稳供应，取得了良好的经营成果，成品油销量、市场份额、销售收入等主要经营指标提升幅度明显；积累了应对复杂形势、做大做强销售业务的重要经验。

（王利军）

【经营业绩】 加强市场分析研究、及时调整营销策略。2009 年，受国际金融危机和国家价格机制改革影响，国内成品油市场呈现供大于求、波动加剧的局面。面对激烈的市场竞争，销售业务强化市场分析和研究，及时调整营销策略。采用座谈会和视频会等形式，统一经营指导思想，提高销售企业的市场应变能力和运作能力。各销售企业按照总部部署，坚持量价互动，努力提高销量和效益。一季度针对需求萎缩、库存高企的局面，以促销增量、降低库存为主要任务；二季度抓住市场回暖和需求上升时机，多次联手稳价推价，实现扭亏为盈；三季度坚持量效兼顾、强化终端销售，千方百计扩销增效；四季度继续实施积极营销策略，保持较高销售水平，有计划摆布库存，保障了冬季产运销平稳运行。

积极筹措资源，做好总量平衡。针对不同时期的资源和市场情况，及时调整资源平衡方案，有效实施淡储旺销策略。加强直属炼厂资源的产销衔接，引导生产适销对路产品，有效协调了沪Ⅳ油品推广等工作。积极开展同业合作，与中国石化、中国海油串换资源，有效节约了运费。加强外采资源控制，密切跟踪地炼资源及价格变化，按照“完成直炼、多销多采、确保效益”的原则，组织地区公司在严格执行直炼配置计划、确保炼厂后路的同时，按计划开展外采工作，弥补了云贵、川渝、内蒙古等地区资源的阶段性缺口，实现了增销、增效的目的。

全年销售成品油 9323 万吨，其中国内销售 8876 万吨，资产型零售量 5751 万吨，国内市场份额 42.8 %。

（杨景娟）

【资源调运】 2009 年，按照“服务上游生产、保障市场供应、降低运行成本”的要求，克服运能运力不足、产需矛盾突出、调运均衡难度大等困难，精心组织，优化运行，统筹协调铁路、管线、公路、水运运力，千方百计外调资源，累计调出汽油、柴油 7215 万吨，运输总量达到 14617 万吨，其中一次、二次运输量分别为 9109 万吨和 5508 万吨，产调率 100.1 %，为保证上游正常生产和满足市场供应发挥了重要作用。

优化物流运行，提升综合创效能力。优化东北、西北地区炼厂资源调出流向，提高铁路单车装载量，开展自备车动态联网跟踪管理，加大短途管线管输量和炼厂地付量，增加炼厂资源直接下海量和一次直达目的港比例，强化车船接卸组织，加强月度运费监督与考核。通过实施上述一系列措施，按可比口径降费 3 亿元以上。

强化业务管理，夯实提高调运保障能力的基础。启动成品油公路配送优化工作，制订《成品油公路配送优化方案》，按照“三统一、三规范”的要求，稳步开展公路配送优化工作；编制《成品油调度手册》，规范了调度管理与作业流程。

（李石大）

【加油站管理】 截至2009年底，共拥有加油站17262座，其中3000吨级以上加油站6948座，零售比率达到68.4 %，国内成品油零售市场占有率为38.2 %，零售总量比年度计划超额4%。

出台《关于加强小额配送工作的实施意见》，加大开发小型机构用户力度；在市场竞争激烈的区外的大中城市新建橇装加油站，拓展终端销售新渠道；在需求量大的省区增配流动加油车，主动送货上门；深入开展劳动竞赛，发挥榜样的带动和影响力，激发员工增销增效的积极性，多措并举提升零售能力。

努力提高零售服务能力。加快加油站管理系统上线应用，指导并支持3个试点地区和第一期、第二期15家推广单位5000座加管系统的上线应用。加快推进加油卡业务，制订了《推广阶段加油卡业务推进方案》，积极开展加油卡营销策划，在部分地区顺利实施了新旧卡转换，同时完成了加油卡门户网站建设工作。全年制卡245万张，发卡转卡20余万张，进一步完善了零售手段。

持续提升加油站规范管理水平。通过在加油站实施"卡片学、伙伴学、师带徒"等活动，组织加油站管理知识竞赛，研发并推广"十三步曲动画宣教片"，将"深入学规范、打造精品站"活动不断推向深入。坚持不懈地开展加油站安全运营检查，出台诸如加强雨雪天气条件下加油站安全管理与服务管理办法等制度，确保加油站安全平稳运行。拍摄《走进中油BP》电视教学片，组织与BP公司营销实践交流会议，以先进的管理理念影响和教育员工自觉执行规范。

稳步推进加油站规范达标。全年安排规范达标改造项目1307个、总资金12.86亿元，着重加大中心城市、重点区域、重要道路吨级站培育力度。

举办了第3届中国国际加油加气站高新技术与设备及便利店业务博览会，在规模、展览内容、参展厂商数量、观众数量及新技术、新设备应用方面都有新突破，是亚太地区同类展会中规模最大的一次。

（冯　欣）

【石油价格走势回顾】 受国际金融危机影响，2009年中国成品油需求增速降至11年来最低，主要用油行业复苏情况各异，各油品消费涨跌互现，汽油消费保持较快增长、柴油消费下降、煤油消费大幅提升。国内炼油工业逆势上扬，成品油产量增长较快，全年走出一波由低到高的走势，成品油市场由国际金融危机前的"供需偏紧"转为"供需宽松"。国家推出新的成品油价格形成机制，国内、国际油价联动更为密切，供需关系对价格产生明显影响。

（1）经济增长呈"V"形复苏，投资为主要驱动力。受国际金融危机的影响，中国经济从2008年下半年起增速开始回落，一季度GDP同比增速降至近10年的最低点6.1 %。

（2）成品油需求增速降至11年来最低。在国际金融危机的冲击下，国内宏观经济和主要用油行业增速放缓，导致成品油需求增速明显下降，全年成品油表观消费量2.21亿吨，同比增长2.5 %，远低于2000—2008年8.4 %的平均增速，为亚洲金融危机以来最低。

（3）成品油产量较快增长，全年呈现由低到高的走势。国内炼油工业逆势上扬，全年共建成5套大型炼油装置，新增原油一次加工能力3950万吨/年，总产能达到4.77亿吨/年，居世界第二位。

（4）成品油市场供需总体由偏紧转为宽松。2008 年 9 月国际金融危机爆发以后，国内成品油市场供需关系发生转变，由于需求（尤其是柴油需求）低迷，而供应快速增长，成品油市场由危机前的“供需偏紧”转为“供需宽松”。2009 年成品油产量增幅（9.4 %）远高于成品油消费量增幅（2.5 %），全年产量超过表观消费量 700 多万吨，国内成品油由 2008 年净进口 672 万吨转为净出口 739 万吨。

（5）新的成品油价格形成机制成功推出，国内、国际油价联动更为密切。2009 年中国推出新的成品油价格形成机制，国内成品油价格进行了 8 次调整，5 升 3 降，基本与国际价格变化趋势一致，调价频率前所未有。

（吕东悦）

2010 年

【概述】 中国石油天然气股份有限公司销售分公司（以下简称销售公司）是股份公司直属专业分公司之一，负责成品油、润滑油、燃料油、沥青以及其他炼油小产品的销售和成品油进出口业务的组织管理工作，业务上归口管理 34 家销售企业和中油燃料油公司、润滑油公司和大连海运公司 3 家专业公司，机关下设 16 个处室。2010 年是销售业务取得丰硕成果的一年。一年来，销售公司紧紧围绕建设国际水准销售企业的目标，持续扩大销售规模，提升销售质量，实施精细化管理，推进网络开发，各项工作稳步推进，主要工作实现新突破：成品油销量突破 1 亿吨，同比增加 15.5 %；零售量突破 7000 万吨，同比增加 19.6 %；利润突破 100 亿元，同比增加 40.7 %；加油站开发和投运突破 1000 座；资产型油库库容突破 1000 万立方米；信息化建设实现新突破，基本实现“一卡在手，全国加油”，发行加油卡 500 余万张。销售业务“十一五”规划目标全面实现。

（亓敏霞）

【经营业绩】 2010 年，国际原油价格持续震荡走高，国内成品油市场先松后紧，局部地区柴油出现紧张的局面。面对复杂多变的市场形势，中国石油高度关注宏观经济、国际油价、竞争对手策略等变化情况，建立周营销视频例会制度，坚持月度经营活动分析制度，强化市场分析和研究，灵活调整营销策略和运行方案，提高营销工作的前瞻性和主动性。各销售企业坚持量价互动，努力提高销量和效益。一季度按照季节规律，超前研判，合理安排涨库；二季度开展主题销售、借势推价等，加大销售力度；三季度坚持量效并举、突出质量和效益，着力改善销售结构；四季度继续实施积极营销策略，保持较高销售水平，保障冬季产运销平稳运行。

针对资源和市场情况，及时调整资源平衡方案，有效实施淡储旺销策略。加强直属炼厂资源衔接，引导生产适销对路产品、紧缺产品。积极开展同业合作，与中国石化、中国海油开展资源串换，努力节约运费。按照“完成直炼、多销多采、确保效益”的原则，组织地区公司按计划开展外采工作，弥补了云贵、川渝、内蒙古等地区资源的阶段性缺口，实现了增销、增效目标。

（杨景娟）

【资源调运】 2010年，克服运能运力不足、产需矛盾突出、自然灾害频发等困难，认真落实“两保一降”要求，精心组织，优化运行，有效保障产销总体平稳运行。

周密组织，充分保障炼厂生产。加大油品外调疏导力度，炼厂产调率同比增加3.3%，年末生产企业库存同比下降60万吨。先后召开7次现场协调会，研究配套油库、管道建设，保障庆阳石化和广西石化顺利开工，在管线未投用的情况下，保障炼厂平稳运行3个月。

加强油品调控，市场供应及时到位。国内配置计划兑现率98.8%，同比增加3.9%。增加区内炼厂地付量，缓解整体铁路运输压力，发挥大船装运能力，下海累计完成2249万吨，高效保障区内油品供应。通过固定新疆、兰州铁路专列，充分利用兰成渝管道，加大外运力度促进管增输量等措施，做好华中、西南等难点地区资源供应。

优化物流运行，提升综合创效能力。进一步优化东北、西北地区炼厂资源流向，提高铁路平均单车装载量和自备车周转率，加大管道沿线分输油库辐射范围，提高直接下海比例，扩大炼厂地付，优化炼厂地付半径，增加管输地付量和直接配送进站比例。吨油运费同比下降0.91元/吨，全年节约运费7.3亿元。

应急调运及时有序。青海玉树地震等自然灾害发生后，及时启动应急预案，有序组织海运、铁路、管道、公路等运力，有效协调炼厂资源，确保了救灾及生产生活用油供应，切实履行了中国石油的社会责任。

基础工作扎实推进。编写《成品油物流优化研究》《地罐交接实施办法和方案》等，规范调度管理与作业流程。加快物流信息化建设，完成一次、二次物流信息化业务对接。

（李石大）

【加油站管理】 紧密围绕客户，持续优化服务，灵活营销策略，零售能力、零售质量持续提升，零售量同比增加19.6%，零售市场份额同比增加1.4%；汽油同比增长14.7%、柴油增长20.7%；累计单站日销量同比增加1.4吨；3000吨级以上站占比提高6.3%，万吨站增加385座。昆仑加油卡全年发卡500余万张，基本实现了“一卡在手，全国加油”。

突出市场客户，零售规模持续扩大。努力做到稳步提量，统筹兼顾。一季度召开客户座谈会，适时开展促销；二季度开展以保障“三夏”农业用油为主题的优惠促销活动，组织以“防范新闻危机、防范人身伤害、防范资金风险、防范数质量事故”为内容的自检活动；三季度引导错峰加油，优化销售结构，科学排班，努力提高零售效益；四季度抓平稳运行，逐步敞开加油站柴油供应。

微笑服务，零售运行平稳有序。组织开展“世博微笑服务”和“微笑服务亚运”主题活动，做好农业用油保障工作。在加油站发放《麦收·加油》的宣传册，设置送油服务热线，提供为农机手引路服务，受到农业部高度评价；在10个粮食主产区开展“中国石油麦收加油队在行动”，选取服务“三夏”网点4500余座，开辟农机用油绿色通道，引起广泛好评。

规范执行，管理工作日渐精细。抓好加油站管理规范落实，做好加油站写实，调整运营模式、优化业务流程、强化运维保障、提高工作效率。

突出系统应用，IC 卡业务持续推进。加油站管理系统历经试点上线、推广发卡，完成加油卡营销顶层设计，制定加油卡业务管理制度，扩大机构用户和个人客户持卡率，年底在 1.6 万座加油站应用。

2010 年，加油站及员工取得了一系列荣誉：辽宁销售王萍、青海销售尚丽群被评为全国劳动模范，云南销售张本荷被评为集团公司特等劳动模范，青海销售才仁吉藏（春花）被评为集团公司劳动模范，北京柳荫加油站被评为集团公司先进集体。王萍加油站和尚丽群加油站位列集团公司以班组长命名的十大班组，吉林百里花加油站被评为集团公司十大标杆集体，上海杨思、昕鑫、徐浦三座加油站获得上海市“工人先锋号”称号。

（冯　欣）

【石油价格走势回顾】 世界经济持续复苏，中国经济实现平稳较快增长，成品油需求持续增长，柴油供应从宽松到偏紧，全国成品油价格大幅度上涨。

石油需求强劲反弹，石油对外依存度继续提高，推动国内成品油价格不断上调。全年石油表观消费量 4.49 亿吨，同比增长 12.2 %。石油进口量大幅增长，全年石油净进口 2.76 亿吨，同比增长 14.7 %，对外依存度达到 54.8 %。按照现行国内成品油接轨国际市场的价格形成机制，国家四次调整成品油价格。

成品油需求持续增长，柴油供应从宽松到偏紧，市场价格大幅度上涨。随着工业、交通运输等主要用油行业企稳复苏并持续向好，国内成品油市场供需两旺。柴油供求逐渐趋紧，从 9 月开始部分省市实施拉闸限电，柴油发电用油激增，四季度国际油价震荡上扬，加剧了柴油供需矛盾。

市场竞争主体增加，终端竞争更趋激烈，成品油市场价格仍然存在不到位现象。国内油气市场多元化格局更为显现，终端市场竞争更趋激烈。七八月华北以南市场柴油批发价平均不到位仍在 180 元 / 吨以上。零售领域的价格竞争频繁出现，加油优惠、让价及送礼品、积分奖励等各种促销措施不断，个别地区汽油零售让价甚至达到 0.5 元 / 升以上。

（吕东悦）

2011 年

【概述】 中国石油天然气股份有限公司销售分公司（以下简称销售公司）是股份公司直属专业分公司之一，负责成品油、润滑油、燃料油、沥青以及其他炼油小产品的销售和成品油进出口业务的组织管理工作。2011 年是近年来销售形势较为复杂的一年。销售公司以建设国际水准销售企业为目标，全面落实“发展、转变、和谐”的要求，扩大销售规模，提升销售质量，强化网络建设，推进精细化管理，保障市场平稳供应，取得了良好的经营成果，成品油销量、市场份额、销售收入等主要经营指标提升幅度明显，积累了应对复杂形势、做大做强销售业务的重要经验。

（江书程）

【经营业绩】 2011 年，销售公司强化市场分析和研究，及时调整营销策略。以每周营销工作视频例会为载体，加强宏观经济和市场走势分析，及时通报业务运行情况，统一经营指导思想，提高销售企业的市场应变能力和运作能力。针对不同阶段市场特点，做到提前准备，制定各类运行方案，提高营销工作的前瞻性和主动性，继而提高了市场竞争能力；各销售企业围绕建设国际水准销售企业的目标，认真贯彻落实精细化管理会议和营销工作会议精神，加强市场和营销策略研究，科学把握销售节奏，实现销量大幅提高、销售结构明显改善、经济效益大幅提升，全面完成了 KPI 指标。

2011 年完成柴油由国Ⅱ标准向国Ⅲ标准的升级换代；完成对全国两会、“三夏”“亚运”等特殊时期用油的保障供应，很好地履行了三大责任。积极筹措资源，满足销售业务增长的需要。针对不同时期的资源和市场情况，及时调整资源平衡方案，有效实施淡储旺销策略。加强直属炼厂资源的产销衔接，引导生产适销对路产品、紧缺产品。积极开展同业合作，与中国石化、中国海油开展资源串换，有效节约运费。平衡好外采与直炼资源的关系，组织地区公司在严格执行直炼配置计划、确保炼厂后路畅通的同时，按计划开展外采工作，实现扩销增效的目的。抓住油价波动低点的有利时机，进口成品油 33 万吨，促进了国内资源和效益的双增长。全年销售成品油 11837 万吨，其中国内销售 11496 万吨，资产型零售量 8305 万吨，国内市场份额 46.03 %。

（杨景娟）

【资源调运】 2011 年，紧紧围绕“夯基础、提质量、创效益”，严格按照“两保一降”的要求，认真贯彻落实中国石油成品油物流工作会议和油品销售精细化管理工作会议精神，积极推进各项工作，产销总体运行平稳，物流体系建设取得初步成效。全年成品油运输总量达到 1.9 亿吨，自 1999 年以来年均增长 11 %，其中炼厂调出完成量 9130 万吨，同比增加 652 万吨，产调率 100.3 %。吨油运费同比降 4.2 元。

保炼厂生产后路畅通。一是提高反应速度，强化应急调运组织，有效应对突发事件后的油品外调工作。二是保障庆阳石化、宁夏炼化等扩能改造新开工炼厂后路畅通。三是对千万吨级炼厂制定专门调出方案，细化运输安排，促进上游稳定生产。四是对仓储调节能力较弱的炼厂优先调运组织安排。五是协调国Ⅲ柴油生产置换，提前安排油库空容，组织好运力，确保置换期平稳过渡。

保市场资源有序供应。一是加强公路运力组织，继续扩大炼厂地付范围，缓解铁路运输制约，炼厂地付量同比增加 329 万吨。组织公路罐车，送油到灾区、到农田，树立中国石油良好形象。二是强化下海运力组织，优化船型结构，下海运输量同比增加 371 万吨。三是密切协调各级铁路部门，请批车、装卸车作业保持顺畅，各流向总体保持稳定运行，铁路运量同比增加 524 万吨。四是管道增输低凝点柴油、组分汽油。顺利开通兰郑长管道郑武段管输汽油，储运能力进一步增强。管输量同比增加 86 万吨。五是做好难点地区和特殊品号的油品保供。

优化运行降低物流成本。一是加强装卸作业管理，提高效率，减少车船滞期，节约滞期费 2000 万元以上。二是合理安排现有船型结构，提高海上运输直达比例，节约运费 1100 万元，直接下海比例提高 2 个百分点，节约进港费用 3800 万元，合理安排大、小船运输比例，节约运费 4190 万元。三是管道增输上量，同比增加 86 万吨，节约运费 8000 万元。四是将炼厂、管道分输库和大区公司油库地付纳入一次送货范围，节约运费 1.3 亿元。五是开展内河二次转运补货及送货试点，海上送货得到进一步延伸，节约运费及其他物流费用 900 万元。六是统筹安排东北、西北资源，优化交叉运输流向运输组织，节约运费 6200 万元。七是二次公路配送平均运距同比下降 2 千米，节约运费 8500 万元。八是铁路自备车运行效率同比提高 0.05 次 / 月，节约运费 1100 万元。

明确物流发展方向和主要工作。2011 年 3 月在济南召开中国石油成品油物流管理工作会议，全面部署国际水准成品油物流体系建设。会议清晰描绘国际水准成品油物流管理体系蓝图，部署今后一个时期的重点工作：明确各层级职责、持续优化物流运行、全面实行地罐交接、推进油库集中管理、进一步加强计量质量管理、强化一次和二次物流信息系统建设和应用、切实加强承运商管理、不断夯实管理基础。

全面推进地罐交接工作。一是制定地罐交接管理办法与实施方案，明确各个环节的职责和标准流程。二是地区公司全面开展地罐交接试点及推进工作。全年已实施地罐交接的加油站达到 9226 座，占加油站总数的 50 %。三是地罐交接效果明显，损耗平均下降 2 个千分点，单次配送时间节省 20 分钟左右，作业效率明显提高，用工得到优化，成本控制能力进一步加强。

（李石大）

【加油站管理】 紧密围绕客户和服务，灵活运用营销策略，零售能力不断扩大，零售质量继续提升，基本实现了“一卡在手，全国加油”。截至 2011 年底，实现零售量同比增加 19.7%，零售市场份额同比增加 0.8 个百分点；汽油同比增长 14.9 %、柴油增长 22.1 %。累计单站日销量同比增加 0.1 吨；3000 吨级以上加油站增加 468 座。

围绕服务提量，精细运营，细化客户维护。建立客户服务责任制，印发《关于完善和落实加油站服务责任制建设的意见》，在全系统建立完善 4 项制度，推动管理重心向基层下移，疏通上下沟通渠道，促进基层压力向动力的快速转变。编写《加油站前庭微笑服务标准沟通问答百例》，总结加油站前庭常见问题，拟形成加油站前庭微笑服务标准沟通手册，为服务体系打造奠定基础。

围绕管理提量，精益求精，细化程序设计。强化模板应用，强化加油站安全风险 6 个关键点的危机处理演练和员工情绪看板的应用。围绕防洪抗汛的安全工作要点，组织开展加油站应对各种极端恶劣天气的应急演练。推进系统应用。系统上线率 100 %，BW 表单进一步完善，数据通过报表和图形等形式展示，系统运行维护、培训、设备能够得到基本保证，实现了全范围部署、全口径覆盖、全需求优化、全数据展示、全配套保证。

围绕品牌提量，精准定位，细化营销策划。精心安排月度工作主题，在 4 个季度分别组织开展基础管理季、营销服务季、客户管理季等主题月、主题季活动，充分调动基层工作积极性，规范管理水平稳步提高。深入开展“为民服务，创先争优”，夯实加油站营销基础。所属销售地区公司全部开展服务公开等系列活动，因地制宜推出便民利民服务项目。加油站现场全面开展“三亮”“三比”活动，员工亮身份、现场亮标准和服务承诺，比技能、比服务、比业绩。

围绕机制提量，精巧谋划，细化运行优化。开展加油站现场效率写实工作，在北京地区选择加油站，对加油站快速通道、加油机设置、管线布局、人员配备进行数据采集和分析，形成分析报告，并出台《关于加油站合理画线的指导意见》《加油站科学排班的指导意见》。2011 年 3 月组织课题研究工作课题成果评审，评选课题成果一等奖 5 名、二等奖 10 名、三等奖 15 名、优秀奖 18 名，开展新一轮 27 个课题研究，推进了加管处长论坛建设。

围绕激励提量，精锐打造，细化跟踪考评。组织加油站“八个提量”研究及销售案例分析汇编；研究加油站“三核定”管理办法，出台加油站单站模拟核算模板，推动加油站效率效益提升机制建设。加强跟踪任务目标落实情况，每周发布各地市公司月计划完成进度及月计划超欠情况，督促地市分公司紧盯年度任务目标，指导各单位将劳动竞赛与日常经营工作、任务目标相结合，群策群力，确保完成各项经营任务。

（冯　欣）

【石油价格走势回顾】 2011 年国际油价几经起伏，总体先升后降。布伦特年均油价超过 110 美元 / 桶，创有史以来最高水平。国内石油消费增长也呈放缓态势，根据统计局数据，全年石油总需求约为 4.7 亿吨，同比增长 4.5 %，较 2010 年涨幅下降近 8 个百分点；石油和原油对外依存度双双突破 55 %，保障能源安全的重要性凸显。成品油（汽油、煤油、柴油）需求约为 2.6 亿吨，同比增长 7 %，较 2010 年涨幅下降 3.2 个百分点。在供应、需求、价格和舆论关注等多方面因素共同作用下，四季度出现了局部的、短时间的柴油供应紧张。

偏紧的供需基本面支撑国际油价走强，加之地缘政治等重大突发事件频发，市场投机相对活跃，全年国际原油价格高位震荡，波动幅度与频率都比 2010 年有所加大。前 4 个月，在经济复苏预期向好与中东、北非事件持续升级的共同影响下，国际油价大幅攀升。其后，虽然受宏观经济减速的影响，下半年油价略有回调，但跌幅很小。2011 年全年布伦特原油均价为 111.23 美元 / 桶，涨幅为 39.9 %，均价创历史最高，WTI 原油均价为 95 美元 / 桶，涨幅为 19.6 %。全年 WTI 原油价格波动范围为 75.3—113.7 美元 / 桶，波幅达 51 %；布伦特波动范围为 93.7—126.5 美元 / 桶，波幅为 35 %。

国际油价总体走势及价差表现出以下几个特点：一是布伦特原油年均价创石油工业诞生以来的历史最高纪录，WTI 原油年均价是仅次于 2008 年的第二高点。二是 WTI 原油与其他主要油种价格走势分化，与布伦特原油的逆价差创 30 美元 / 桶的历史新高。三是中东高硫原油与低硫直燃原油之间价差持续扩大。四是 WTI 油价对经济反应更为敏感，布伦特油价对中东北非局势反应强烈。

（吕东悦）

2012 年

【概述】 中国石油天然气股份有限公司销售分公司（以下简称销售分公司，也称销售板块）是股份公司直属专业分公司之一，负责成品油、燃料油、润滑油、沥青以及其他炼油小产品的销售和成品油进出口业务的组织管理工作。2012 年，面对国内成品油市场需求增速放缓、油价波动频繁、市场竞争加剧的严峻形势，销售分公司按照集团公司的总体部署，坚持量效兼顾、效益优先，加强营销组织，强化网络建设，深化精细管理，取得良好业绩。

（江书程）

【经营业绩】 2012 年，销售分公司深化市场分析研究，提升整体运作水平。坚持每周日的市场和营销研讨会和每周一的视频会，推动地区公司建立市场营销决策小组，及时分析研判市场，整体部署营销策略。针对不同阶段市场特点，制定突出有效性和及时性的各类运行方案，提高营销工作的前瞻性和主动性，继而提高市场竞争能力。加强高效产品销售组织，提高经济效益，通过对资源向高效市场配置和内部调拨价格调整，优化销售结构，引导地区公司多销售厚利产品；建立与炼化板块和用户三方的定期会商机制，加强航煤营销力度。通过召开直销和客户经理座谈会，下发《关于加快直销客户经理队伍建设的指导意见》等相关措施，建成直销业务体系，提升客户服务能力。各销售企业围绕建设国际水准销售企业的目标，认真贯彻落实中国石油总部的各项管理要求，加强市场和营销策略研究，科学把握销售节奏，实现销量大幅提高、销售结构明显改善、经济效益大幅提升，全面完成 KPI（关键业绩指标）指标。

2012 年努力提升资源运作水平，满足销售业务不断增长的需要。针对不同时期的资源和市场情况，及时调整资源平衡方案，有效实施淡储旺销策略。加强直属炼厂资源的产销衔接，制定《交货计划从量从价实施细则》，推动汽柴油出厂比价关系调整，平衡产需差异。强化中国石油总部和大区运作，提升外采集中度，完成大区公司对延长集团和辽通化工集团的统一采购。继续深化同业合作，与中国石化、中国海油开展资源串换，有效节约运费。平衡好外采与配置资源的关系，组织地区公司在严格执行配置计划的同时，按计划开展外采工作，实现增销、增效的目的。全年销售成品油 11978 万吨，其中国内销售 11662 万吨，资产型零售量 8673 万吨，国内市场份额 46 %。

（杨景娟）

【资源调运】 2012 年，成品油调度运输工作按照“保障炼厂生产、保障市场供应、降低运行成本”的要求，克服产需矛盾突出、调运均衡难度大、自然灾害频发等困难，统筹安排，密切协调，精心组织，优化运行，保障了产销总体平稳运行。2012 年度运输总量达到 18844 万吨，同比增加 1165 万吨；其中一次、二次运输量分别为 11806 万吨和 7038 万吨，同比增加 726 万吨和 397 万吨。

1. 强化调出组织，保障炼厂生产后路畅通

关注5个方面，密切产运销协调，强化油品调出组织，保障上游稳定生产，2012年成品油调出总量9510万吨，同比增加330万吨，产调率平均达到100.1 %。（1）关注炼厂生产，定期召开产调协调会，密切沟通信息，促进炼厂生产适销对路油品，及时根据生产调整调出策略，单月最大调出量达到850万吨。（2）关注炼厂库存，建立炼厂库存预警机制，针对吉林、大庆、大连、独山子等难点炼厂制定专门库存输转方案，努力保持220万—280万吨整体合理库存水平。（3）关注调出节奏，根据价格趋势和供需情况，合理把握调运节奏，灵活调整库存结构，提高整体效益。（4）关注炼厂开工，克服管道未能按计划投产、产需品号差异矛盾等困难，安排人员现场办公，全力协调铁路和公路外运，确保呼和浩特石化公司投产后路安全。（5）关注突发事件，克服台风、冰冻、暴雨、大雾等各种恶劣天气影响，积极协调铁路、港务等部门，组织好特殊条件下的应急调运组织。

2. 强化产销衔接，保障市场资源稳定供应

把握5个要点，精心组织，均衡发运，保障市场资源稳定供应，2012年配置计划完成总量9737万吨，同比增加389万吨，配置计划兑现率98.8 %。（1）做好特殊环节调运，完善调运应急预案机制，做好春耕、三夏、抗旱、抗洪抢险油品特调；做好京Ⅴ、国Ⅳ、低凝点柴油、97号汽油等特殊品号、置换品号等重点调运组织；在均衡发运的基础上，强化难点地区流向的运行调控，川渝、华中、西南、内蒙古等运输难点地区保障有力。（2）做好管道运输，密切管道运输衔接，合理安排管道运输批次计划，努力增加输量，降低管道运输柴汽比，强化管道分输库二次起运管理；实现西部管道和兰成渝管道97号汽油管输常态化。（3）做好铁路运输组织，密切协调各级铁路部门，请批车、装卸车作业保持顺畅，东北进港、进关，西北东调，川口、内蒙古等流向总体保持稳定运行；协调铁道部下达限制运输流向部令（38个）79万吨。（4）做好水路运输组织，强化下海运力调控，优化船型结构，调配大船，安排破冰船，确保北部港口冬季油船安全运行；每月制订大船运行方案，灵活安排大船配载，提高下海运输保障能力。（5）做好公路运输组织，以300千米地付半径为参考，加强公路运力组织，继续扩大炼厂地付范围，缓解铁路运输制约，稳步提高一次进站运量。

3. 优化物流组织，降低运行成本

开展5个优化，节约运费8亿元。（1）运输流向优化，优化西北炼厂与广西石化、东北炼厂与大港、华北石化运输方案，优化延长、华锦、东明、新海等地炼与直属炼厂运输流向，充分发挥管道分输库功能，统筹安排郑州、武汉、大厂、南京、宁波等大区中转油库二次起运量和辐射范围。（2）运输结构优化，增加管道运输量75万吨；直接下海比例78 %，同比提高2个百分点；提高炼厂地付量和炼厂至省市公司油库短管道输量105万吨。（3）业务流程优化。对湖南、湖北、江西、安徽、江苏、浙江6省统一开展海进江送货，2012年累计完成260万吨；合理安排大船运输比例，减少二次转运量37万吨；合理安排0号柴油、低凝点柴油收储，优化库存布局，调控出库节奏。（4）物流作业优化。铁路自备车运行效率3.05次/月，同比提高0.05次/月；铁路单车装载量46.84吨/车，同比提高0.09吨/车；加强装卸作业管理，提高效率，减少车船滞期，节约滞期费。（5）开展公路配送优化。公路

罐车标准周转率2.21次/日，同比提高0.46次/日；二次公路配送平均运距97千米，同比降低4千米。

4.强化业务管控，不断提高物流精细化管理水平

（1）地罐交接全面推进。已实施加油站1.54万座，占总数的85%，其中29家单位已全面实施。配送环节综合损耗率0.21%，降幅105%；库站作业时间平均减少20分钟；简化计量交接环节，促进油库、加油站的用工优化。

（2）承运商管理进一步规范。公路罐车单车标准日运行次数达到2.35次，同比提高0.24次。承运商管理制度进一步完善，重点开展对运输车辆的排查，严格车辆、司乘人员准入标准。合署办公机制逐步建立，30家单位已开始与中油运输公司合署办公。公路罐车整体状况有所改善，在用公路罐车单车平均载重达到了20.82吨，多仓罐车比例达到57%，罐车下装改造完成近70%。车载视频监控陆续推广，截至2012年底，19家单位已使用，车载视频监控系统安装完成38%。

（3）物流基础工作进一步规范。建立定期上报《物流简报》和月度通报机制，梳理了信息化条件下的一次运输、二次配送业务流程，编写《调运系统测时写实》和《成品油调度管理手册》。组织制定《成品油运输车辆、船舶滞期管理细则》《海上二次中转跨区送货管理办法》《成品油海上运输船舶准入管理暂行规范》《成品油内河运输船舶准入管理暂行规范》《成品油运输船舶备案管理暂行规范》《成品油物流优化研究》6项管理办法和发展规划。

（4）物流信息化建设加快推进。一次物流系统运输优化、调度指挥、计划管理3个模块进入调试阶段，运行管理模块基本开发完成。二次配送系统已在32家省市公司全部上线，省公司集中配送优化、统一配送组织的公路配送管理模式基本建立。

（李石大）

【加油站管理】 2012年，围绕“效率、效益、品牌”的目标，紧盯国际水准，全面提升零售营销能力，深入开展现场优化、持续推进制度完善，以业绩增长作为零售精细化的中心任务和检验的主要标尺，实现加油站零售指标上台阶，管理工作上水平。截至2012年底，实现零售量同比增加1.5%，零售市场份额同比增加0.1%，3000吨级以上站增加389座。

1.结合汽油上量，提升零售运营质量

强化高标号汽油销售，打造纯汽油站，开展城市站专营汽油的试点和推广工作，优化加油站320座，下发《97号等高标号汽油促销指导意见》，汽油零售达到3013万吨，增加350万吨，同比增幅达到13.1%，高标号汽油销量同比增长36%。零售柴汽比达到1.90，同比降低0.35。

2.结合创先争优，全面提升服务水平

结合“机关围绕基层转，领导围绕员工转，员工围绕客户转，全员围绕效益转”的整体服务理念，一是完善加油站服务体系建设工作，持续开展微笑服务，规范加油站前庭微笑服务标准问答，形成加油站前庭微笑服务标准沟通手册；开展党团员挂牌服务。二是深入落实挂点承包制，2012年挂点站达到2300座，平均单站日销量同比提高1.02吨。三是强化加油

站服务环境优化，推进服务监督和稽查工作，推进神秘顾客访问和 95504 评价，客户满意度达到 97.5 %。四是持续推进客户大普查工作，建立电子化的客户档案。分级评定客户，实施价格、资源、结算、信用等方面的差异化服务，实施客户三级开发。

3. 结合新版规范，进一步强化规范化管理

结合加油站管理流程优化，完成 2012 版《加油站管理规范》的修订工作；打造和复制标准站 520 个，初步实现每个地市分公司都有标准站的要求；规范《加油站月度经营分析模板》，实现加油站规范性的量费利经营分析；集中优秀加油站经理的做法，编制完成《加油站经理手册》，指导加油站经理日常工作；总结各销售企业零售上量提效的具体案例，并进行科学评价和解析，形成《八个提量案例汇编》。

4. 提升加油站现场效率、做好小站提量增效

（1）下发了《优化交接班》《削高峰办法》2 个指导意见，全面提升加油站现场效率，截至 2012 年底，2776 座加油站已经实施削高峰办法，5475 座加油站实施优化交接班办法，单站日零售量提高 2.19 吨，交接班平均用时减少到 16 分钟，平均锁枪时间减少到 6 分钟。

（2）做好小站提量增效工作。制定下发《小站承包经营的指导意见》，狠抓落实，截至 2012 年底，已经开展小站承包加油站 2743 座，承包站日均销量增加 0.82 吨。

5. 结合样板站培育，打造国际水准加油站

（1）打造“规模发展、效益领先、管理科学、服务优良”的国际水准销售企业。以秦皇岛分公司为代表，对比国外先进模式找差距，确定国际水准地市分公司的定义和标准、明确国际水准销售企业的指标体系、建立地市分公司高效运作模式，完成方案制定、运作框架建立，有效提升对外品牌形象，促进效率、效益的提升。

（2）开展多种支付模式的应用，开展室外刷卡、室内支付和室内主控模式的应用，为顾客提供更多元的选择，研究不同类型加油站的自助模式。完成卡机连接加油机、大流量加油机、监控设备的更新方案，推进设备管理水平提升。当年改造卡机联接加油机 1408 座，完成 3100 套监控设备更新方案。

6. 结合经理人大会，提升队伍综合能力

（1）强化培训工作，完成加油站管理系统站级表单升级培训；通过“师傅带徒弟”，打造 145 人内训师队伍，2012 年组织西部支教培训 4 次，地市公司现场培训 20 余次。

（2）做好优秀加油站经理服务经验的选树和推广，在加油站经理人大会上，选树明星加油站经理 166 人，归纳总结 5 名优秀经理代表经验进行经验交流。通过会议宣贯形式形成示范效应。

（冯　欣）

【石油价格走势回顾】 2012 年全球经济缓慢复苏，世界石油供需重现宽松，国际油价高位宽幅震荡。受宏观经济增速放缓、投资低位增长、进出口形势持续低迷的影响，交通运输、工业生产和建筑业等主要用油行业增速放缓，国内石油需求增速随之放缓，同比略有提高。2012 年我国石油表观消费量 4.92 亿吨，同比增长 5.0 %，同比增速仅提高 0.7 个百分点。成品油（汽油、煤油、柴油）表观消费量 2.77 亿吨，同比增长 5.2 %，同比增速下降 2.3 个百

分点。全年成品油市场供需形势较为宽松。

1. 世界石油供需重现宽松，国际油价高位宽幅震荡

世界石油供需出现逆转，呈现自 21 世纪以来首次宽松。2012 年全球石油需求为 8966 万桶 / 日，同比仅增长 70 万桶 / 日，增速为金融危机以来新低。全球石油供应量为 9090 万桶 / 日，同比增长 250 万桶 / 日，创近年新高。宽松的供需基本面不支撑油价走高，但地缘政治和市场投机局部炒高油价，导致油价大起大落，高位运行。2012 年布伦特和 WTI 原油现货均价分别为 111.58 美元 / 桶和 94.16 美元 / 桶，同比基本持平。分季度看，呈一涨、二跌、三反弹、四回落走势。受伊朗制裁、中东非洲等地部分国家持续动荡，以及市场担忧供应中断的影响，导致 2012 年一季度和三季度的国际油价大幅上涨，拉高了全年平均油价，出现应跌不跌的现象。地区供需不平衡，不同基准油价继续分化。代表轻质原油的布伦特油价和代表重质原油的迪拜油价之间的价差大幅收窄，年均价差从 2011 年的 5.1 美元 / 桶缩至 2.6 美元 / 桶。

2. 石油消费与宏观经济基本同步，全年先降后企稳回升，石油和原油对外依存度继续攀升

受宏观经济和主要用油行业运行情况影响，国内石油消费增速总体呈现先降后回升格局。2012 年国内原油表观消费量 4.76 亿吨，同比增长 5.0 %，同比增速提高 1.7 个百分点。2012 年国内原油产量约为 2.07 亿吨，同比增长 1.9 %。由于国内原油产量增速低于石油消费增速，石油进口量进一步增加。2012 年石油净进口量 2.84 亿吨，同比增长 7.3 %，同比增速降低 0.2 个百分点。石油对外依存度达 57.8 %，同比上升 1.3 个百分点。2012 年全年我国原油净进口量达到 2.69 亿吨，同比增长 7.5 %，同比增速提高 1.6 个百分点。原油对外依存度达到 56.4 %，同比上升 1.3 个百分点。原油进口量持续攀升，国际原油价格高位震荡，给国内炼油企业带来巨大的成本压力。

3. 国内成品油消费量增速总体放缓，柴油消费增速大幅下降，汽油、煤油增长较快

2012 年国内成品油需求增速总体放缓，柴油消费量增速大幅下降，汽油消费刚性较快增长，煤油消费平稳增长。全年炼厂开工率呈先降后升走势，市场资源较为宽松，进出口贸易活跃度降低，柴油从净进口转为净出口，从而出现 2007 年以来汽油、煤油、柴油全面净出口的局面。价格机制更为制度化。全年国际油价波动频率高、幅度大，但国家价格调整较为及时，为价格机制改革以来首次实现年内降价和调价基本同步。

（1）成品油消费量增速总体放缓，宏观经济形势主导季度消费先降后升。2012 年国内宏观经济增速总体放缓，工业生产较为低迷，物流景气指数不断下降，致成品油消费增速放缓。分季度看，一季度在春耕用油及国际油价高位开年的影响下，成品油表观消费量为 6782 万吨，在 2011 年同期基数较高的基础上同比增长 5.8 %，同比增速降 6.4 个百分点；二季度受宏观经济继续放缓及国际油价三连跌主导，几大公司纷纷降低库存，成品油表观消费增速继续走低，二季度表观消费量 6748 万吨，同比增长 4.4 %，同比增速降低 3.1 个百分点。三季度，宏观经济形势出现企稳向好迹象，推动成品油消费小幅回升。三季度成品油消费量为 6884 万吨，同比增长 4.6 %，同比增速降低 2.6 个百分点。受 2011 年基数较低和国内经济回升影响，四季度成品油表观消费量增至 7250 万吨，同比增长 6.1 %。

（2）欧洲车市库存倾销、汽车补贴政策等因素共同拉动汽油消费刚性增长。2012 年以来欧洲车市积压库存大量转移至中国低价销售，高端车销量增长较为迅速，加之政府年中开始出台一系列“惠民汽车补贴”等消费刺激政策，拉动汽车销量增速低位回升。2012 年乘用车累计销售 1549 万辆，同比增长 6.9 %，同比增速提高 1.4 个百分点，其中高端车销售量保持 20 % 以上的增速。但受国家节能补贴政策影响，小排量汽车销量继续提升，综合估计单车油耗仍在下降，将对汽油消费形成一定的抑制。此外，2012 年天然气汽车等替代能源呈较快发展趋势，加上调和油对国标油的替代共同抑制汽油消费。综合上述作用，全年汽油表观消费量 8684 万吨，同比增长 12.3 %，同比增速提高 4.3 个百分点。

（3）柴油消费增速大幅下降，远低于近 10 年的平均增长水平。2012 年受全球经济复苏放缓和国内需求持续低迷的影响，企业利润大幅减少，生产动力明显不足。2012 年夏天迎峰度夏期间各地各行业基本都未出现错峰用电的情况，加之高位震荡的国际油价，工业柴油需求更为低迷。国际贸易低迷、工业生产不旺导致货运需求减少，物流企业整车出车率大幅下降，商用车销量同比负增长，交通运输用柴油消费量同步下行。建筑业用油受房地产调控政策影响，上半年逐季走低；三季度后国家稳增长政策效果逐步显现，在基建用油拉动下建筑业用油有所回暖。2012 年柴油表观消费量 16972 万吨，同比增长 1.5 %，同比增速下降 6.1 个百分点。由于汽油消费增长相对较快，国内消费柴油汽油比进一步下降，2012 年国内消费柴油汽油比为 1.95，低于 2011 年同期 2.16 的水平。

（4）国内航空运输增长支撑煤油消费，煤油消费量稳步较快增长。2012 年以来全球经济复苏乏力，国际商务和贸易活动减少，2012 年民航国际航线周转量 193.0 亿吨 · 千米，同比下降 0.5 %，同比增速下降 1.0 个百分点。国际航空运输需求的低迷给煤油消费增长带来一定的负面影响。但随着国内居民收入持续提高、通胀水平逐步回落以及国家促内需政策逐步见效，国内旅游需求旺盛，民航国内航线运输需求稳步增长。2012 年国内航线周转量 415.2 亿吨 · 千米，同比增长 9.5 %，同比增速下降 0.3 个百分点。综合来看，2012 年国内煤油消费增速总体较为平稳，2012 年煤油表观消费量 2007 万吨，同比增长 9.5 %，同比增速提高 4.7 个百分点。

4. 成品油供需总体宽松，汽油、煤油、柴油 2007 年以来首次全面净出口

2012 年国内需求不旺，加上国际油价高位震荡，国内主营炼厂亏损严重，炼厂开工率受到影响。三季度以来，随着宏观经济形势有所好转，国内炼厂开工率降幅有所收窄。2012 年中国石油和中国石化炼厂开工率分别为 87 % 和 88 %，同比分别下降了 1 个百分点。地炼开工率为 37 %，同比下降 2.4 个百分点。2012 年原油加工量 4.68 亿吨，同比增长 3.7 %，同比增速下降 1.2 个百分点；全国炼厂平均开工率由 2011 年的 87 % 降至 85 %；成品油产量 2.82 亿吨，同比增长 5.5 %，同比降低 0.4 个百分点。其中，2012 年煤油产量突破 2000 万吨达到 2131 万吨，同比增长 13.7 %，同比增速上升了 3.6 个百分点；汽油产量为 8976 万吨，同比增长 10.3 %，同比增速上升 4.2 个百分点；柴油产量为 1.71 亿吨，同比仅增长 2.3 %，同比增速下降 3.1 个百分点。

尽管 2012 年国内成品油产量增速总体有所下降，但相比于增速放缓的成品油消费，全

年国内成品油市场供需仍略为宽松。2012 年成品油净出口 508 万吨，其中，汽油、煤油与 2011 年一样同为净出口，分别净出口 292 万吨、124 万吨；柴油则由 2011 年的净进口 41 万吨变为净出口 92 万吨。

5. 成品油价格调价较为及时，煤油价格市场化试水效果明显

2012 年以来国内成品油价格调整较为频繁，全年国内成品油定价参考的国际 3 种原油平均价格共有 8 次价格变动率超过 4 %，国家均相应调整了国内成品油价格，4 次上调，4 次下调，成品油价格调整机制更为制度化。从调价次数来看，2012 年国内成品油价格调整次数近年来首次与成品油调价窗口开启次数一致；从调价及时性来看，2012 年成品油价格调整窗口开启时间和实际调价时间的平均时差最短，较为及时。但是从调价幅度来看，国内成品油价格调整仍然存在上调欠量、下调过量的问题，始终保持调整后的成品油出厂价对应的国际原油价格低于三地原油价格 22 日移动平均值。

煤油价格市场化改革效果较为显著。2011 年 7 月国家发改委发布《关于推进航空煤油价格市场化改革有关问题的通知》，明确规定航空煤油出厂价将逐步实行市场化定价。2012 年国际油价高位震荡凸显价格市场化优势。由于煤油价格变动较国内现有定价机制更为及时、到位，炼厂煤油生产积极性大幅提高。2012 年煤油产量突破 2000 万吨达到 2131 万吨，同比增长 13.7 %，同比增速上升 3.6 个百分点。

6. 消费税改革范围扩大至调油原料，将有效抑制隐性资源

2012 年 11 月 20 日，国家税务总局发布《关于消费税有关政策问题的公告》，将从 2013 年 1 月 1 日起，统一对液体石油产品征税，征缴范围扩大到除沥青以外包括甲基叔丁基醚（MTBE）、芳烃、混合芳烃等用于调油和化工原料的所有液体石油产品。截至 2012 年底，调和油市场规模在 400 万—500 万吨 / 年的水平，全国约有数千家调油商，主要集中在山东、河北、河南、江苏等地，且其批发价一般低于国标油 500—1000 元 / 吨。消费税政策调整将极大降低部分地方炼厂和调油企业的避税空间，经销调和油的民营加油站价格优势将明显降低，长期来看有利于市场规范。然而近期内消费税新政引发 2012 年四季度相关企业抢购芳烃、混合芳烃等调油原料市场，使市场短暂火爆，2012 年中国混合芳烃全年进口量突破 200 万吨。但 2013 年初后，若消费税政策执行到位，国内调和油需求量与产量都将大幅减少，2013 年汽油净出口量或将减少乃至扭转。

（吴春芳）

2013 年

【概述】 中国石油天然气股份有限公司销售分公司（简称销售分公司，也称销售板块）是股份公司直属专业分公司之一，负责成品油、燃料油、润滑油、沥青以及其他炼油小产品的销售和成品油进出口业务的组织管理工作。2013 年是销售业务充满挑战的一年。面对成品油资源供大于求、油价频繁调整、企业库存高企等不利形势，销售企业认真贯彻中国石油天然气

集团公司的工作部署，以转变发展方式、提升发展质量为主线，以营销创效、降本增效、管理提效为抓手，努力扩大销售规模，提高销售质量，深入推进精细化管理，强化基础建设，做了大量艰苦而富有成效的工作。

（江书程）

【经营业绩】 2013 年，销售分公司继续深化市场分析研究，提升整体运作水平。坚持每周日的市场和营销研讨会和每周一的视频会，及时分析研判市场，整体部署营销策略。在国家成品油价格新机制实施以来调价频繁；国内油品质量升级步伐加快；车用汽油、柴油全部达到国Ⅲ标准；“营改增”政策全面实施；集团公司推行工效挂钩机制的情况下，有效把握国家调价时机，坚持量价并举，细化营销方案，分段细化部署工作方案。通过发挥研究优势，预判市场走向，准确制定营销策略；在销售运行中，根据市场实际情况，利用视频会动态调整营销策略，及时调整营销计划，保证了市场、策略和计划的统一性，做到掌控有序、运行平稳。通过与炼化板块和用户三方的定期会商机制，加大航空煤油营销力度。各销售企业克服国内外经济环境较为复杂，国际油价高位震荡，国内需求增长乏力等不利因素，认真落实销售分公司的部署要求，千方百计扩销增效，较好地完成了销售任务。

2013 年努力提升资源运作水平，满足销售业务不断增长的需要。针对不同时期的资源和市场情况，及时调整资源平衡方案，有效实施淡储旺销策略。加强直属炼厂资源的产销衔接，加大直炼资源接卸力度和降低自有库存，坚持低库存运行，有效防范风险。平衡好外采与配置资源的关系，坚持“多销多采，欠销不采”的策略，严格控制外采，尤其是加强对客存较高单位的督导。继续深化同业合作，与中国石化、中国海油开展资源串换，有效节约运费。

全年销售成品油 12253 万吨，其中国内销售 11833 万吨，资产型零售量 8730 万吨，国内市场份额 43 %。

（杨景娟）

【资源调运】 2013 年度成品油运输总量达到 22078 万吨，同比增加 920 万吨，其中一次、二次运输量分别为 15062 万吨和 7016 万吨，同比分别增加 780 万吨和 140 万吨，达到历史最高水平。

（1）总体运行平稳有序。继续按照“两保一降”的总体工作要求，克服市场整体需求不旺、产需矛盾突出、均衡组织难度大、自然灾害频发等困难，统筹安排，密切协调，精心组织，优化运行，全年直属炼厂国内产调率达到 101.2 %，配置计划兑现率 98 %，保障了产运销总体平稳运行。

（2）突出做好特殊时期、重点区域的资源调运工作。一是在部分储运设施未同步投用、冬季销售需求下降、大雪封路等诸多不利因素影响下，仍保持呼和浩特石化稳定生产。二是在克服千米桥油库改造、南疆管线停输导致铁路、下海调出完全停止的不利影响，千方百计保障大港石化正常生产。三是在全年 19 家炼化企业集中检修，炼油装置非计划停车近百次的情况下，灵活调整调出方案，保证市场供应。四是面对渤海冰冻、东北暴雪、雅安地震、四川洪水、华东高温以及“菲特”“天兔”等 14 个强台风过境等自然灾害，加强应急调运组织，实现应急常态化，保证特殊时期安全有序运行。五是在铁路运力紧张、运输方向受限以及炼厂生产调整不同步的情况下，统筹资源和储运安排，保障川渝、西南、华中等难点地区资源供应，完成汽油、柴油升级置换工作。

（3）全方位开展物流优化，降低运行成本。2013年吨油运费177.72元，比预算低8.26元，按可比口径节约运费10亿元以上。一是突出管道运行，持续改善一次运输结构，首次实现西部管道-35号柴油进线及港枣线12月输送0号柴油，促进兰郑长管道全线贯通，管输比例同比上升1.9 %，四条主要长输管道输量同比增加78万吨。二是持续流向优化，区内直炼资源配置比例增加2.1 %，远距离一次运量减少56万吨，河南等11家单位平均公路运距同比降低8千米。三是深入推进公路运输优化工作，31家单位、95 %的加油站实行地罐交接，库站作业时间平均减少20分钟，简化计量交接环节，促进库站优化用工，公路标准配送次数达到2.17次，同比提高0.34次，北京等11家单位的车辆全部安装视频监控，公路配送环节综合差量降至0.19 %以内，降幅达到55 %以上，使用中油运输公司公路罐车9447辆，同比减少419辆。四是全面建立海上及江运船舶的勘验、准入、备案体系，备案船舶778艘/446万载重吨，对使用年限、船体结构不符合规范要求的船舶全部进行了清退。

（刘　矢　赵天诚）

【零售管理】 2013年零售管理处围绕效率、效益、品牌，推进精细化工作，落实低销低效站治理，推进以零售为核心的机制创新；坚持以量效齐升作为零售的中心任务和检验的主要标尺，不断提升加油站的品牌影响力和客户满意度，增强加油站的竞争能力和盈利能力，实现零售指标上台阶，管理工作上水平。

截至2013年底，实现零售量同比增加0.2 %，零售市场份额同比增加0.1个百分点，汽油同比增长11.2 %，3000吨级以上站增加355座。

1. 突出纯枪，提高单站销售能力

一是加强对标分析，紧盯竞争对手，加大竞争对手数据采集和策略研究，建立快速反应机制；二是加大对高销、高效站的关注力度，要紧盯现场效率提升，进一步挖掘销售潜力；三是重点针对高标汽油销售能力的提升，要求各单位结合区域和客户消费习惯开展主题促销工作，落实促销上量措施和激励机制。截至2013年底纯枪销量完成7603万吨，同比提升3.9%，单站日销量达到11吨。

2. 加快推进低销量低效益加油站治理工作

围绕低销量低效益加油站（简称“双低站”）的治理，召开两次“双低站”治理推进视频会，安排“双低站”治理工作，明确治理目标及措施。开展“双低站”治理工作普查，建立“双低站”治理档案。细化研究“双低站”治理单站优化具体措施，加大对“双低站”的政策帮扶力度。以小站目标责任制作为重要抓手，将小站经营目标责任制工作进度和质量纳入劳动竞赛考核指标，持续监督、持续改进。截至2013年底，有8256座“双低站”得到治理，日销量同比增加0.32吨，增幅7.9 %。

3. 全面部署全流程诊断与优化工作

2013 年上半年在北京销售公司试点的基础上，深入北京北苑、安燕、新景都市站 3 座加油站，查摆问题，完善全流程诊断与优化体系的研究，量化分析全流程标准时间、拥堵指数、加油高峰期指数、现有服务能力、加油枪效率、潜在销售能力等关键指标，并在全系统开展加油站全流程诊断与优化工作。下发《全流程诊断与优化工作指导意见》，推进各单位对照落实。截至 2013 年底，完成每省至少试点 10 座站，全国超过 300 座站的目标。

4. 全面研究以零售为核心的体制机制建设

结合云南地市公司工作会议筹备安排，开展"以零售为核心的体制机制建设"的专项研究。配套出台《关于有序有效推进自助加油的指导意见》《优化加油站经营管理指导意见》和《关于推进加油站经理人队伍建设的指导意见》3 个征求意见稿。

进一步完善《加油站管理规范》，提出《加油机胶管设置建议》和《加油站现场用扩音设备实施方案》。

（谢 伟 冯 欣）

【成品油市场特点与变化】 世界石油供需基本面相对宽松，国际油价高位窄幅震荡，略有回落。2013 年受国内宏观经济增速放缓影响，交通运输、工业生产等主要用油行业增速放缓，国内石油需求增速随之放缓，石油消费接近 5 亿吨，但增速为新世纪来最低。2013 年我国石油表观消费量 5.00 亿吨（国家统计局，下同），同比增长 2.2 %，增速较 2012 年低 2.8 个百分点；国内原油表观消费量 4.89 亿吨，同比增长 3.2 %，增速较 2012 年降 1.8 个百分点；成品油（汽油、煤油、柴油）表观消费量 2.86 亿吨左右，同比增长 2.9 %，增速较 2012 年降 2.3 个百分点。全年成品油市场供需较为宽松。

1. 供需基本面连续第二年宽松，国际油价高位窄幅震荡

2013 年，世界石油供需基本面相对宽松，国际油价高位窄幅震荡，略有回落，WTI 与其他基准油价差总体收窄。布伦特原油现货年均价为 108.66 美元 / 桶，同比下降 2.92 美元 / 桶，WTI 原油现货年均价为 97.89 美元 / 桶，同比上升 3.73 美元 / 桶。

（1）供需基本面连续第二年宽松。2013 年，世界石油供应富余 48 万桶 / 日，低于 2012 年 96 万桶 / 日的水平。全球石油需求为 9117 万桶 / 日，同比增长 120 万桶 / 日，增幅与 2012 年基本持平。非 OECD 国家仍是世界石油需求增长的主要动力，同比增长 125 万桶 / 日；发达国家石油需求下降 5 万桶 / 日。值得关注的是，自 2011 年以来一直在下滑的美国石油需求 2013 年转而增长 20 万桶 / 日。全球石油供应量为 9165 万桶 / 日，同比增长 70 万桶 / 日，增量远低于 2012 年 220 万桶 / 日的水平。其中，欧佩克石油供应较 2012 年下降 70 万桶 / 日，非欧佩克石油供应较 2012 年大幅增长 140 万桶 / 日。

（2）国际油价高位小幅回落。2013 年的市场环境与 2012 年较为相似，基本面使油价承压，但受伊朗、叙利亚、埃及、利比亚、尼日利亚、苏丹及南苏丹等国家和地区的局势动荡，发达国家持续宽松的货币政策，投机资本的炒作等非基本面因素的影响，国际油价仍然维持高位。布伦特、迪拜现货价格在 100—120 美元 / 桶和 95—115 美元 / 桶之间波动，全年均价分别为 108.66 美元 / 桶和 105.52 美元 / 桶，下降 2.92 美元 / 桶和 3.55 美元 /

桶。WTI 与国际主要基准油价下跌走势不同，受美国经济复苏好于预期、石油需求结束连续数年下降势头、库欣地区原油运输瓶颈略有缓解等因素影响，现货均价同比上升 3.73 美元 / 桶，达到 97.89 美元 / 桶，与布伦特的价差由 2012 年的 17.42 美元 / 桶缩减至 10.77 美元 / 桶。

（3）美国原油产量增长迅猛，石油自给率大幅提升。随着美国页岩油气革命的爆发，2009 年美国原油产量持续回升，扭转 1985 年以来一直下降的局面。2013 年，美国原油产量大增 15 %，由 2012 年的 649 万桶 / 日上升至 750 万桶 / 日，其中，11 月美国原油产量达 770 万桶 / 日，创下 25 年来同期最高纪录。美国原油产量的提高主要得益于页岩油的开采，2013 年美国页岩油产量增长 80 万桶 / 日，达到 250 万桶 / 日，占原油总产量的 1/3。供应的增加直接影响美国原油的进口。2013 年美国原油进口量下降 5 %，至 760 万桶 / 日。其中，10 月美国原油产量自 1995 年以来首次超过进口量。石油自给率由 2005 年的 39.7 % 升至 2013 年 65.4 %。

2. 全年国内石油消费达到 5 亿吨，但增速为新世纪最低

2013 年受国内经济转型、内需增长不快、全球经济复苏缓慢等一系列因素的共同影响，中国经济增长区间下移，全年增长 7.7 %。受经济下行拖累，交通运输业、工业、电力行业较为低迷。2013 年石油消费增速继续放缓，全年石油表观消费量 5.00 亿吨，同比增长 2.2%，增速较 2012 年低 2.8 个百分点，为 21 世纪以来石油消费最低增速，甚至低于 2009 年增速（3.3 %）。由于国内石油需求不振，2013 年国内原油消费增速也呈放缓态势，全年原油表观消费量 4.89 亿吨，同比增 3.2 %，增速较 2012 年降 1.8 个百分点，比当年石油表观消费量增速高 1.0 个百分点。

3. 国内原油产量稳步增长，石油对外依存度小幅上升

2013 年我国油田开发形势稳定，开发程度不断加深，主力油田稳产、上产形势良好。全国原油产量稳步增长，达到 2.08 亿吨，同比增长 1.65 %。塔里木、鄂尔多斯和四川等西部盆地和海上油田在我国油气储产量增长中的作用越来越明显。大庆油田在创造 27 年稳产 5000 万吨后，又实现连续 11 年稳产 4000 万吨。长庆油田实现油气当量产量 5000 万吨目标，建成“西部大庆”。

石油进口继续增长但增速回落，2013 年石油净进口量 2.92 亿吨，同比增长 2.6 %，增速比 2012 年降低 4.7 个百分点。2013 年我国原油净进口量达到 2.81 亿吨，同比增长 4.4 %，增速比 2012 年下降 3.0 个百分点。全年石油和原油对外依存度分别为 58.4 % 和 57.4 %，比 2012 年小幅上升 0.3 和 0.6 个百分点。

4. 我国成品油需求增速放缓，三大油品增长迥异，柴汽比降至低位

2013 年国内宏观经济增长放缓、工业生产低迷，物流景气度低，导致成品油消费增速放缓，2013 年全年成品油表观消费量 2.86 亿吨左右，同比增长 2.9 %，增速较 2012 年下降 2.3 个百分点。受乘用车市场向好、旅游出行增多、调和油减少等因素带动，汽油消费保持较快增长态势，全年表观消费量达到 9364 万吨，同比增长 7.8 %；受经济增长放缓和结构调整、转型升级双重抑制，柴油消费低迷，全年表观消费量达到 1.70 亿吨，比 2012 年小幅下

降 0.6 %。航空运输增长支撑煤油需求，全年表观消费量 2261 万吨，同比增长 11.3 %。自 2012 年以来成品油消费增长开始由柴油拉动转为汽油拉动，2013 年柴汽比降至 1.82，创 21 世纪以来最低水平。

5. 炼油能力突破 6 亿吨 / 年，市场供需宽松，净出口大幅增加

2013 年我国原油一次加工能力整体保持增长，全年新增 3310 万吨，同比增长 5.6 %，其中地方炼厂占三分之二。炼油能力首次突破 6 亿吨 / 年，达 6.27 亿吨 / 年。全年原油加工量 4.84 亿吨，同比增长 3.8 %，较 2012 年下降 2 个百分点。受国内需求影响，全国炼厂平均开工率由 2012 年的 85 % 降至 83 %，连续两年下滑。全国平均炼油毛利明显改善，由负转正。全年成品油产量 2.96 亿吨，同比增长 4.4 %，增速较 2012 年略有减缓。其中：汽油产量 9833 万吨，同比增长 9.5 %；煤油产量达到 2510 万吨，同比大幅增长 16.4 %；柴油产量 1.73 亿吨，同比仅增长 0.3 %。

炼油能力增速快于油品需求增速，成品油近三年来供过于求，且供需富余程度不断扩大。2013 年全年成品油供大于求 969 万吨，比 2012 年增加 362 万吨。特别是在以往易发生油荒的第三季度首现资源富余状况。由于国内成品油市场供需宽松，三大油品继续全面净出口，且同比增幅显著。全年成品油净出口 969 万吨，同比增长 90.9 %。

6. 价格机制进一步完善，调价频率加快，炼厂毛利明显改善

2013 年 3 月 26 日国家发改委出台《关于进一步完善成品油价格形成机制的通知》，新机制对调价周期、挂靠油种及 4 % 限制均做了修改。新机制实施以来，国家调价频率明显加快，年内成品油调价 15 次，七下八上。新定价机制使得炼厂的整体炼油毛利持续呈上升趋势，国内主营炼厂逐步扭亏为盈。四季度随着国际油价的下滑，炼油毛利将进一步上升，炼厂效益的变化将促使炼厂调整原油加工量和各产品的收率比例。同时，新机制使国内投机需求被削弱。

7. 成品油销售景气指数前降后升，批发市场尤为低迷

为了反映国内成品油市场景气程度，把握市场需求的变化趋势，通过对全国 671 家销售分公司销售部门进行问卷调查，构建了成品油销售景气指数系统（MBI，Market Boom Index）。从景气指数走势看，年初受春节和国际油价高位震荡带动，国内成品油市场购销气氛较旺，景气指数位于 50 以上。二季度成品油消费整体上较为平淡，销售景气指数持续回落，并跌至荣枯线下方。三季度以来，受经济逐步企稳、工业生产加速、柴油消费步入旺季、国家上调成品油价格等因素带动，成品油市场呈现好转迹象，销售景气指数明显上升，持续处于荣枯线上方。从分项指数看，2013 年以来，由于国内市场供大于求，市场购销气氛不旺，批发销量指数大部分时间处于荣枯线下方，年初以来均值为 43，反映机构用户需求低迷，批发销售压力仍较大。受终端刚性需求支撑，零售情况好于批发，零售销量指数年初以来均值为 51，好于批发销量指数。年初以来汽油价格指数均值为 50，柴油价格指数均值为 49。

（董　海）

2014 年

【成品油销售】 2014 年，销售分公司继续深化市场分析研究，提升整体运作水平。坚持以市场为导向，加强趋势研判，把握价格走势，采取灵活的营销策略和积极的价格机制，努力抢占先机、扩销上量。通过营销视频会，定期通报市场信息。健全快速反应机制和奖惩激励机制，科学组织营销，有效发挥调拨价杠杆作用，指导地区公司快速反应，经受住了市场剧烈波动的考验，保持了市场竞争主动权。优化销售结构，提高经营创效能力，增加 97 号汽油销量，开展高端油品试点工作，扩大航空煤油销量和 -35 号柴油单品种运行区域。柴油质量升级置换顺利完成，车用汽柴油全部达到国Ⅳ标准，做好价格协调工作，争取优质优价。制订差异化竞争措施，强化全员客户开发责任制，积极推进直批业务体系建设。各销售企业克服消费持续低迷、资源严重过剩、油价急速深跌、库存跌价损失巨大等困难和挑战，认真落实销售分公司的部署要求，千方百计扩销增效，较好地完成销售任务。

2014 年继续强化产销衔接，引导炼化企业生产适销对路产品，不断优化直炼资源配置。在炼油厂检修、市场季节性变化等特殊时段，超前谋划，合理安排，保持资源均衡稳定供应。在强化直炼资源销售的同时，有效组织外采，通过外采低价资源置换高价库存，努力提升竞争和盈利能力，实现量效齐增。继续深化同业合作，与中国石化、中国海油开展资源串换，有效节约运费。

（董珊珊）

【资源调运】 2014 年，成品油运输总量 21727 万吨，其中一次运量 13793 万吨，二次运量 7934 万吨，同比基本持平。

总体运行平稳有序。继续按照"两保一降"（保市场供应、保后路通畅、降低运费）的总体工作要求，积极适应新常态，克服市场整体需求不旺、产需矛盾突出等困难，处理炼油厂后路告急报告 776 次，为了保障生产后路畅通做出了贡献。2014 年，直属炼油厂国内调出资源 9489 万吨，同比增加 231 万吨，出口 661 万吨，同比增加 149 万吨，国内产调率 101.7%，配置计划兑现率 98 %，较好地保障了集团公司产业链总体平稳运行。

突出做好特殊时期、重点区域的资源调运工作。（1）通过及时组织彭州油库公路付油，协调铁路临时开通柴油装车、及时解除停装限制，促进注入支线顺利投产，从湖北等地调拨 158 台车辆保证配送等措施，保障四川石化顺利开工投产运行。（2）采取将加权运距增加至 300 千米，最远运至 650 千米，协调增加配送车辆 199 台，超需求多接低凝点柴油等措施，保障呼和浩特石化稳定生产运行。（3）建立早晚计划沟通机制，铁路、海运相结合，加大汽油外输力度，保障华北石化生产后路畅通。（4）协调中国铁路总公司加大对流向与运力支持，川口运量同比增长 58 %，创历史最高，保障四川石化检修期间西南资源供应。（5）千方百计采取措施，确保北方干旱、南方水灾、西南多次地震、台风"海贝思""威马逊""麦德姆”等灾害期间各地的救灾用油充足供应。

深入开展全方位物流优化。2014 年，运费同比减少 2.72 亿元，比预算减少 14.85 亿元，剔除铁路运价上涨影响实际减少 25 亿元；吨油运费同比减少 0.39 元，比预算减少 15 元。

（1）管道输量大幅提高，一次运输结构持续改善，兰成渝等 4 条主要成品油管道输量同比增加 616.8 万吨，增长 39 %，总体管输负荷率 73 %；积极推动并实现兰郑长各汽油支线、兰成渝彭州注入支线、吉林—长春管线、呼包鄂管道顺利投产。（2）建立下海运输联动工作机制，保证自有船舶与期租船舶的连续高效运行；开展诚信交接试点工作，2014 年船舶运输综合差率 0.102 %，明显好于平均水平，装卸效率大幅提升。（3）推进公路运输优化。截至 2014 年底，26 家省区公司实现省级配送中心统一配送，16 家省区公司完全或初步实现主动配送，所有单位全面推行地罐交接，实施加油站比例达到 95 %；与运输公司共同成立“公路运输高级别联合工作小组”，通过定期召开联席会议，深入研究公路运输存在的突出问题和未来发展方向。（4）铁路运输协调更加顺畅。2014 年，累计协调下达运输困难流向部令 60 余列，取消或缩短停限装命令 30 次以上；建立定期双向通报机制，共享业务数据，简化川口流向计划审批等业务流程；协调延长技改自备车使用期限至 30 年，为集团公司减少投资 25 亿元。

（赵天城）

【零售管理】 零售核心创新能力得到进一步发挥，为销售业务可持续发展提供了有力支撑。截至 2014 年底，零售市场份额同比增长 0.2 个百分点，汽油增长 8.1 %。

围绕优化运营，持续开展全流程诊断优化及“双低站”治理。全面开展全流程诊断与优化工作，研究制订多仓同时卸油、卸油不停枪试点方案；召开“双低站”治理经验交流视频会议，出台治理策略，交流治理经验，组织开展“双低站”治理征文，调动各方力量积极献计献策活动，推动“双低站”治理工作不断走向深入。

围绕提升服务，完善访问制度，增进与消费者互动。制定卫生间环境卫生、运行管理标准，2014 年 11 月下旬开展综合整治，12 月底组织专项督查，卫生间管理和面貌达到一个新水平；完善《神秘顾客访问细则》，统一量化评分，组织销售分公司各处室带队开展节日期间常态化暗访检查，督促加油站提升现场管理水平。

围绕资源整合，推进“油卡非润”一体化运作。落实以零售为核心的体制机制，提出“油卡非润”一体化理念，以油带非、以油提润、以非促油、以卡为媒，一体运营；制定《关于建立加油站“油卡非润”一体化营销模式和运作机制指导意见》，明确建立以客户为中心的“一体化”营销模式，建立以加油站为载体的“一体化”运作机制。以“油卡非润”一体化为抓手，加强零售部门之间以及零售部门与职能部门之间的融合。

围绕零售创效，打造“贺岁迎春”“金秋送爽”促销品牌。2014 年上半年和下半年分别组织开展“贺岁迎春”及“金秋送爽”主题促销活动，发布活动方案及开展要求，并对开展情况进行通报及总结。

（冯　欣）

【市场特点】 2014 年，国际油价呈先“震荡小幅上升”后“深度下跌”走势。WTI 原油期货年均价 92.91 美元 / 桶，同比下降 5.14 美元 / 桶；布伦特原油期货年均价 99.45 美元 / 桶，同比下降 9.25 美元 / 桶。布伦特与 WTI 原油期货价差平均为 6.54 美元 / 桶，同比收窄 4.11 美元 / 桶，二者价差最高点出现在 1 月 13 日，为 14.95 美元 / 桶，最低点出现在 10 月 16 日，为 1.77 美元 / 桶。

2014 年，国内汽柴油规定价格调价窗口共 25 次，实际调整 19 次，其中 14 次下调，4 次上调，1 次因增加消费税未下调，6 次未达到调整幅度。剔除国Ⅳ汽油规定价格加价因素（93 号汽油 307 元 / 吨），国内 93 号汽油和 0 号柴油规定价格分别较年初累计下调 2173 元 / 吨和 2205 元 / 吨。与 2013 年相比，2014 年国内实际调价次数增加 4 次，93 号汽油和 0 号柴油调价幅度分别扩大 2168 元 / 吨和 2190 元 / 吨。从 2014 年 7 月 22 日到 12 月 27 日，国内成品油规定价格出现“十连降”，93 号汽油和 0 号柴油分别累计下调 2337 元 / 吨和 2355 元 / 吨。扣除消费税提高因素，实际应为“十一连降”，93 号汽油和 0 号柴油分别应下调 3095 元 / 吨和 2809 元 / 吨。

成品油消费低速增长，消费柴汽比创历史新低。2014 年，我国经济进入经济增速换挡期、结构调整阵痛期和前期刺激政策消化期的三期叠加阶段，GDP 同比增长 7.4 %，同比增速放慢 0.3 个百分点，连续第 4 年回落。成品油市场同步出现显著调整，需求增速不断放缓，消费柴汽比持续走低。国内三大类成品油（国家发改委统计口径，下同）表观消费量 2.69 亿吨，同比增长 2.0 %，增速同比下滑 3.1 个百分点。消费柴汽比降至 1.60，为历史最低水平。

各品种需求变化差异较大，柴油近 20 年来首次负增长。2014 年，全国汽油表观消费量 9460 万吨，同比增长 8.3 %，高于近 10 年 7.5 % 的平均增长水平。受经济转型力度加大影响，柴油需求出现萎缩。柴油表观消费量 1.52 亿吨，同比下降 1.5 %。煤油表观消费量 2243 万吨，同比下降 0.2 %。

炼油能力稳步提升，供需过剩压力加大。2014 年，国内先后有四川石化和泉州石化两座千万吨级炼油厂建成投产，同时石家庄石化、扬子石化等炼油厂也有扩能，全行业新增炼油能力接近 3000 万吨 / 年。根据国家发改委统计数据，2014 年国内炼油厂生产成品油 2.85 亿吨，同比增长 4.4 %，生产增速快于消费增速 2.4 个百分点，产需差 1611 万吨，显著高于 2013 年 888 万吨的水平。

成品油进口量明显减少，出口量大幅增加。2014 年，国内成品油进口量同比下降 32.8%，出口量同比增长 17.3 %；成品油净出口 1484 万吨，同比增长 53.3 %，国内成品油出口压力明显增大。近年来汽油一直为净出口；煤油 2010 年以前以进口为主，此后表现为净出口；2012 年以来柴油连续 3 年净出口。

地方炼油厂（简称地炼）成品油出厂价格大幅领跌，市场价格严重不到位。受资源过剩压力加大、地炼亏损程度加剧等因素影响，2014 年地炼开工率总体走低，地炼成品油出厂价格大幅下滑，带动整个成品油市场批发价格严重不到位，成为全国市场的价格风向标，市场价格竞争日趋激烈。

（董　海）

2015 年

【成品油销售】 2015 年，坚持以市场为导向、以客户为中心、以效益为目标，继续深化市场分析研究，提升整体运作水平，加强趋势研判，把握价格走势，努力抢占先机、扩销上量。健全快速反应机制和奖惩激励机制，科学组织营销，有效发挥调拨价杠杆作用，指导地区公司快速反应，经受住了市场剧烈波动的考验，保持了市场竞争的主动权。优化销售结构，提升经营创效能力，努力加大高标号汽油、航空煤油、低凝柴油等高效产品销量，稳步推进 98 号等高端油品上市。发挥产业链优势，扩大出口规模，缓解国内供需矛盾，开发大洋洲、美洲等高端市场，促进集团公司效益增长。提前完成东部地区 11 个省市质量升级，车用汽油、柴油全部达到国 V 标准。积极推进直批业务体系建设，探索产融结合业务模式，强化客户开发与管理。克服消费持续低迷、资源过剩等困难和挑战，千方百计扩销增效，取得良好的业绩。

继续强化产销衔接，引导炼化企业开展定制化生产，不断优化直炼资源配置，努力保持资源平衡。针对炼油厂检修、市场季节性变化等特殊时段，超前谋划，合理安排，保持资源均衡稳定供应。认真落实集团公司要求，在强化直炼资源销售的同时，通过合理外采低价资源置换高价库存，努力提升竞争和盈利能力，实现量效齐增。继续深化同业合作，与中国石化、延长石油开展资源串换，实现节约运费与提升效益双重目标。

（董珊珊）

【资源调运】 2015 年，开展“物流优化年”专题活动，千方百计保障集团公司产业链平稳运行，努力提升调运组织与优化水平，较好完成各项降本增效工作的目标。2015 年成品油运输总量 21963 万吨，其中一次运量 14161 万吨、二次运量 7802 万吨；成品油运费总额（含大连海运公司）202.53 亿元，同比减少 5.46 亿元，比预算低 19.15 亿元，吨油运费 175.05 元，同比减少 3.56 元，比预算低 10.74 元，连续两年实现运费总额、吨油运费同比双下降（表 1）。

表 1　2015 年成品油调运情况

项　目	2015 年	2014 年	同比增减（%）
成品油运输总量（万吨）	21963	21727	1.09
其中，一次运量	14161	13793	2.67
二次运量	7802	7934	−1.66
成品油运费总额（亿元）	202.53	207.99	−2.63
吨油运费（元）	175.05	178.61	−1.99

精心组织，保障集团公司产业链总体平稳有序。继续按照“两保一降”的总体工作要

求，积极适应新常态，克服市场整体需求不旺、产需矛盾突出等困难，及时向上下游传递产销信息，合理调整品种结构，引导产品适销对路，并通过适时收储等措施合理调节炼油厂库存、现场办公逐船落实海上运力、多次组织铁路部门召开协调会增加运力和流向、对运输困难的炼油厂实行“一厂一策”重点保障等措施，千方百计满足直属炼油厂生产需要。2015 年直属炼油厂油品调出 9270 万吨，国内产调率 100.5 %。

细化对接，确保各地市场稳定供应。（1）针对西藏地震、南方暴雨、数次台风等灾害期间的抢险救灾用油和社会用油需求，加强资源组织，合理调配运力，保证供应充足稳定。（2）超前谋划，合理安排提前涨库，保障新疆、四川炼油厂检修期间相关省（自治区）稳定供应。（3）通过积极协调属地炼油厂增产、利用进港回流自备车装运、及时组织外采 -35 号柴油等多项措施，确保北方地区冬季低凝点柴油稳定供应。（4）为保障西藏地区油品供应，积极协调铁路总公司及时开通拉萨西到站油品接卸，并于 2015 年 6 月开通由云南清华洞油库至西藏察瓦龙乡的跨区配送。（5）克服山高路远、高寒缺氧等困难，积极协调政府开辟绿色通道，历时 21 天分五批完成援尼泊尔 1000 吨 93 号汽油任务。（6）保障全国“两会”、春耕、三夏、春运、暑运、纪念抗战胜利 70 周年庆祝活动等特殊时期，全国各地区成品油市场充足稳定。

全面开展“2015 物流优化年”专题活动，分别在沈阳、济南召开两次全系统的物流优化专题会议，统一思想、明确目标，优化水平再上新台阶。（1）建立起销售板块牵头，大区、省区公司和项目组共同参与的 DPO 模型优化机制，应用水平显著提升，运输结构与流向持续优化，2015 年节约运费 3.1 亿元。（2）启动大区主动配送试点，6 月正式在吉林率先开展，并逐步扩大至辽宁等其他地区。（3）强化铁路运输管理，车辆装载率 93.7 %，降费 1728 万元；退租自备车 1499 辆，减少租金 1.1 亿元；取消或减少部分路局服务费、保价费等，节约费用 1.2 亿元。（4）推动下海联动工作机制，直接下海比例 92 %，海进江同比减少 37 万吨；资产型船舶运行增加 18 个航次 /45 万吨，节约成本 4700 万元，同时通过及时跟踪燃油价格变动趋势，四次调整租船价格，节约成本 8700 万元。（5）公路运输管理不断加强，所有省区公司均实现省级配送中心统一配送及主动配送，整体主动配送率 97 %；二次配送系统平均上车率 59 %，比 2015 年初提高 23 个百分点，9 家单位达到 70 % 以上；将地罐交接按标准流程纳入库站“6S”管理标准，公路运输综合差量为 0.9‰，同比下降 23.7 %。（6）坚持理论研究与创新，“中国石油成品油物流管理研究与应用”项目获集团公司 2015 年度科学技术进步奖二等奖。

（赵天城）

【零售管理】 2015 年，运营加油站 2 万余座，完成零售量 7803 万吨，同比增长 0.8 %；自营纯枪销量占比超过 96 %，同比增长 0.2 %，汽油销量同比增长 12.2 %；低销站摘帽比例 22.7%，净减少 1.8%。

四季主题日渐成体系。为更好地宣传企业形象，提升顾客体验，下发并实施四季主题宣传方案，要求各单位结合季节特点，科学组织、精准营销，达到促销效果最大化。

卡销比稳步提高。以卡为媒，提高卡销比，丰富营销手段，提升销量；开展加油赠积分活动，提高客户黏性；灵活应用多种储值、支付和圈存方式，提高现场效率，提升客户体验；发行联名卡，合作共赢，宣传品牌形象。2015 年卡销比同比增长 2.3 个百分点，其中汽油销量同比增长 2.1 百分点，柴油销量同比增长 5.9 个百分点。

油非转换率逐步提高。为满足顾客个性化需求，引导顾客消费，提高顾客黏性，放开卡积分兑换便利店商品，实现对油品和非油品的双向提振作用。启动“柴油纯枪与柴油机尾气处理液互动促销活动”和“百天柴油—润滑油大联促”活动，油非转换率同比提高 1.5 个百分点。

开发自驾旅游线路。与车厂和汽车俱乐部合作开发旅游线路，深入了解客户需求，提供个性化服务，提前布局新兴市场；深入了解加油站服务功能，力求提供周到服务，增加品牌黏性；加强车企交流合作，建立长期伙伴关系，树立良好品牌形象。

开发行业客户。与跨平台客户合作，开发行业客户，实现关联行业客户互换和资源共享。与航天科技的合作已在北京、河北、陕西、安徽、山东、辽宁等 6 省市开展，安装航天科技车载终端可享受“航天北斗车联网服务 + 平安保险优惠 + 加油卡 +ETC 打折”联合优惠。

全流程诊断与优化见到实效。2015 年开展诊断率 62.2 %，占自营站点总数的 30.2 %；优化率 88 %，优化站点单站日销量同比增长 4.8 %，非油品收入同比增长 20.3 %，发卡量同比增长 10.2 %，卡销比同比增长 7.8 %，单站用工同比下降 4.2 %。

“双低站”治理有序推进。在销售分公司网站设立“双低站”治理平台，月度通报排名、分享会议资料、交流治理经验等，实现业务数据和财务数据的系统对接，完善了加管系统自动取数功能，2015 年低销站有效运营天数比例 96 %，摘帽率 22.7 %。

开口营销激发销售热情。组织所属各企业积极研究开口营销技巧，完善服务标准规范，制定开口营销考核机制，大幅提高开口营销的积极性和成功率。32 家单位均开展以开口营销为主题的劳动竞赛，通过有效组织，层层选拔，32 家单位的 192 名选手参加“中国石油 2015 开口营销服务技能竞赛”总决赛。

95504 服务监督取得效果。2015 年 95504 客服电话呼入业务量 91.5 万通，短信发送量同比增长 19.7 %，工单相应及时率 99.2 %，同比增长 0.8 个百分点。

（冯　欣）

【市场特点】 2015 年，国际油价低位运行，前高后低，年均价大幅下降。WTI 原油期货年均价 48.76 美元 / 桶，同比下降 44.15 美元 / 桶；布伦特原油期货年均价 53.60 美元 / 桶，同比下降 45.85 美元 / 桶。布伦特与 WTI 原油期货价差平均为 4.81 美元 / 桶，同比进一步收窄 1.68 美元 / 桶，二者价差最高点出现在 2 月 27 日，为 12.82 美元 / 桶，最低点出现在 12 月 24 日，为 –0.21 美元 / 桶。

2015 年，国内汽油、柴油规定价格调价窗口共 25 次，实际调整 19 次，其中 12 次下调、7 次上调、6 次未达到调整幅度。国内 93 号汽油和 0 号柴油规定价格分别较年初累计下调 670 元 / 吨和 715 元 / 吨。与 2014 年相比，2015 年 93 号汽油和 0 号柴油调价幅度分别缩小 1503 元 / 吨和 1490 元 / 吨。

成品油消费延续中低速增长，消费柴汽比继续下行。国内三大类成品油（国家统计局口径，下同）表观消费量 3.16 亿吨，同比增长 4.9 %，增速同比下滑 0.4 个百分点。消费柴汽比降至 1.5，为历史最低水平。

汽油消费快速增长，煤油消费高速增长，柴油消费低迷。2015 年全国汽油表观消费量 11540 万吨，同比增长 9.5 %，仍高于近 10 年 7.5 % 的平均增长水平。经济转型力度加大，柴油需求增长缓慢。柴油表观消费量 1.73 亿吨，同比增长 0.4 %。煤油表观消费量 2770 万吨，同比增长 17.2 %。

炼油能力首次下降，供需过剩压力加大。2015 年，国家有条件对地方炼油厂（简称地炼）放开原油进口使用权，地炼淘汰大量落后产能，尽管有九江石化、福建炼化等多家炼油厂新建、改扩建装置投产，炼油能力首次出现下降，全行业净减炼油能力 1037 万吨 / 年（新增炼油能力 3020 万吨 / 年、淘汰炼油能力 4057 万吨 / 年）。根据国家统计局数据，2015 年国内炼油厂生产成品油 3.38 亿吨，同比增长 6.6 %，增速快于消费增速 1.7 个百分点，产需差 2126 万吨，较 2014 年 1495 万吨的水平高 631 万吨，供大于需态势进一步扩大。

成品油进口量明显减少，出口量大幅增加。2015 年国内成品油进口量同比减少 12.7 %，出口量同比增长 30.3 %；成品油净出口 2135.4 万吨，同比增长 43.8 %，国内成品油出口压力明显增大。

地炼成品油产量大增，低价格加剧市场竞争。受地炼获得“三权”影响，地炼获得稳定油源后开工率大幅上涨，成品油产量大增。另外，地炼依托紧密的地企关系，开始整合统一终端，主要通过价格策略争夺市场份额，整个成品油市场批发价格到位程度大幅下跌，市场竞争形势异常激烈。

（韩　冰）

2016 年

【成品油销售】 2016 年，按照“坚持创新驱动、加快转型升级”的发展思路，围绕集团公司整体效益最大化，继续深化市场分析研究，超前研判全年油价走势，灵活运用营销策略，妥善处理竞合关系，把握价格走势，努力抢占市场先机、扩销增效。适时调整奖惩激励机制，有效发挥价格杠杆作用，指导地区公司快速反应，经受住市场剧烈波动的考验，保持市场竞争主动权。持续优化销售结构，提升经营创效能力，努力加大高标号汽油、航空煤油、低凝柴油等高效产品销量，实现 98 号汽油、高清洁油品等新产品上市，按期圆满完成国 V 标准油品升级置换任务。统筹利用好国内国外两个市场，发挥出口调节作用，巩固扩大出口业务。积极推进产融结合，对外搭建 B2B 电子销售系统，加快推进客户管理系统上线，推动内部信息系统面向客户服务、面向直批销售的转型升级，增强直批竞争力。各销售企业克服消费持续低迷、资源过剩等困难和挑战，千方百计扩销增效，较好地完成销售任务。

继续强化产销衔接，牢固树立“一盘棋”思想，突出直炼资源优化，根据市场需求实施油品订单式生产，增强资源保障能力。努力克服库存结构区域性矛盾、炼油厂检修、运力受限等不利因素，超前谋划、合理安排，保持资源均衡稳定供应。坚持“淡储旺销”，大力实施集采集供，努力提升竞争和盈利能力。强化同业合作，扩大互供业务，继续深化与中国石化、延长石油资源串换，优化物流、节省费用。

（董珊珊）

【资源调运】 2016年，成品油运输总量21176万吨，其中一次运量13452万吨、二次运量7724万吨；运费总额208.3亿元，同比减少1.15亿元，比预算低22.59亿元；吨油运费142.71元，同比减少5.61元，比预算低20.12元。连续三年实现运费总额、吨油运费同比双下降（表1）。

表1　2016年成品油调运情况

项　目	2016年	2015年	同比增减
成品油运输总量（万吨）	21176	21963	–787
其中，一次运量	13452	14161	–709
二次运量	7724	7802	–78
成品油运费总额（亿元）	208.30	202.53	5.77
吨油运费（元）	142.71	175.05	–32.34

精心组织，保障集团公司产业链总体平稳有序。继续按照“两保一降”的总体工作要求，加强产销衔接，及时向炼化企业传递市场信息，协调炼油厂合理调整加工量和产品结构，为顺畅调出创造条件。积极协调铁路、管道等运力企业，努力增加运力和流向倾斜，优化运输组织，强化日间运行，提高车船使用效率。面对上游企业库存持续高位局面，适时开展大区收储、省区代储等措施，调节直属炼油厂库存，满足生产需要。实行“一厂一策”，针对运行困难的炼化企业，制订专门运输方案，实行重点监督和保障。2016年直属炼油厂油品调出8718万吨，国内产调率99.4％。

细化对接，确保各地市场稳定供应。切实保障G20杭州峰会期间市场供应，详细制订峰会期间相关地区的保供方案，从资源调运、油品配送、市场营销、加油站销售监控、安全环保等方面对峰会期间油品保供工作进行全面监控，保障峰会期间成品油市场平稳供应，安全环保合规受控。针对南方洪灾，“莫兰蒂”“海马”等数次台风等灾害期间的抢险救灾用油和社会用油需求，加强资源组织，合理调配运力，保证供应充足稳定。针对一季度西南五省资源全面紧张的情况，及时下发调度令，调整运输流向，加大运力协调和转运力度，确保油品供应。配合“三夏”期间农民抢收、抢种，积极协调铁路和管道运力，加大向“三夏”地区的柴油资源投放力度。

持续推进物流优化，深入开展挖潜增效。完善提高DPO优化模型应用，持续优化各流向运输，二次中转量同比减少 48 万吨。稳步推进补货制试点，通过座谈会、现场调研等方式，先后明确 22 项问题的解决意见，已在甘肃、宁夏、辽宁、黑龙江、内蒙古、新疆、青海推广实施。强化铁路运输管理，平均单车装载率同比提高 0.17 个百分点，自备车周转次数同比提高 11 %；协调减少装车手续费、保价费、变更到站等费用 3660 万元。推动下海联动工作机制，实现自有及大船运行效率提升，资产型船舶运行同比增长 10 个航次 /17 万吨，直接下海比例 91 %，2 万吨以上船舶运输比例同比增长 7 个百分点，海进江运量同比减少 23 万吨。继续推动公路运输管理标准化，提高运行效率，公路配送罐车同比减少 143 辆，标准运行次数同比提高 0.17 次，平均二配系统上车率 64 %，加油站液位仪收油率同比提高 5 个百分点。

（赵天城）

【零售管理】 2016 年，运营加油站 20895 座，完成零售量 8018 万吨，同比下降 0.2 %；自营纯枪量占比超过 94 %，同比增长 1.3 个百分点，汽油销售同比增长 10 %；低销站摘帽比例 29 %。

深化全流程诊断与优化。2016 年线下共诊断加油站 6881 座，优化 4728 座，诊断率超过 30%，优化率 60 % 以上，诊断效果明显。

建立 10 惠品牌与营销体系，以增加客户黏性为主，策划 10 惠品牌促销方案，对内积极宣贯并全力推行，对外广泛宣传，吸引更多客户体验。完善四季主题促销，在统一设计、统一形象、统一宣传的基础上，注入地方元素、节日元素，满足地区公司的差异需求。做好与银行、互联网等第三方的跨界营销，以“中油伴 YOU”为主题的石油探源丝路行活动很好地宣传了中国石油品牌形象。

ETC 卡合作项目。推进与交通运输部路网中心合作，确定三步走方案：一是物理合作，实现一卡双芯片；二是芯片合作，单芯多账户；三是数据合作，形成底层数据共享，达到人、车、卡绑定的目的。2016 年，河南销售分公司一卡双芯的昆仑 ETC 卡，发售卡 3 万余张，合作效果明显，实现一卡双功能；北京销售分公司与北京速通科技有限公司合作，实现电子标签安装调试、ETC 卡储值。

开展自驾游活动。以“回馈客户、突出油味，跨界合作、跨区组织”为原则，总体设计策划自驾游活动，目标建立品牌宣传的Ⅵ（视觉识别）设计和系列活动方案。与云拓整合营销顾问（北京）股份有限公司、汽车生活报、阳光出行网（阳光酒店集团）、中意保险、神州租车、一汽集团等 6 家单位建立合作伙伴关系。通过“中油伴 YOU，畅享旅途每一站，石油探源丝路行”活动，达到品牌传播的目标，提升客户对企业的认可度和满意度，进一步弘扬石油精神和企业文化，树立“中油伴 YOU”自驾游品牌形象。

开展神秘顾客访问。完成对 20 多家单位 2000 多座加油站的访问。搭建神秘顾客互联网查询网页，地区公司可查询评价结果并申诉，确保沟通的及时性和公平性。核查后形成访问报告，全系统通报，持续跟踪问题整改情况，改进服务提升客户满意度。

开展“双低站”治理工作。召开以“双低站”治理为主题的销售企业精细化管理工作会议。正式印发《关于深化“十三五”期间双低站治理工作的指导意见》；编制《加油站委托管理合同》《加油站出租经营合同》合同模板。创效能力持续提升，2016 年纳入治理范围的 4713 座“双低站”中，摘帽率 29 %；利润同比增加 5.1 亿元，同比压缩费用支出 3 亿元，3777 座负效站中 874 座加油站实现扭亏。“3+1”（目标责任制、委托管理、出租经营、品牌输出）模式持续推进：5644 座加油站开展目标责任制，494 座加油站开展委托管理，264 座加油站开展出租经营，5000 吨级以下加油站“3 +1”模式应用率 45 %。通过机制创新，各地区公司累计减员 3831 人，加油站运作效率进一步提升。

组织第二届加油站经理论坛。评选出论坛优秀选手及优秀团队 73 个，油品销售先进集体和先进个人 418 个。编印《加油站经理论坛集萃》口袋书 2 种，《加油站经理营销技巧（精华本）》《加油站经理论坛演讲材料汇编》通过《油商周刊》“油站梦工厂”专栏持续推广。

（冯　欣）

【市场特点】 2016 年，国际油价探底后小幅回升，总体仍在低位徘徊，年均价较 2015 年下跌。布伦特原油期货 2016 年均价为 45.13 美元 / 桶，同比下降 8.47 美元 / 桶，降幅 15.80 %；WTI 原油期货全年均价 43.47 美元 / 桶，同比下降 5.29 美元 / 桶，降幅 10.86 %。

国内汽油、柴油价格调整较为频繁，在调价周期内，因挂靠原油价格不足 40 美元 / 桶临界线的“地板价”而暂缓调整共 6 次，因调幅不足 50 元 / 吨而搁浅共 4 次，调价窗口正常开启 15 次（5 次下调、10 次上调），累计汽油、柴油分别上调 1015 元 / 吨和 975 元 / 吨。

国内成品油消费增速放缓，柴油消费持续出现负增长，汽油和煤油消费增速不及预期，国内成品油过剩加剧，主要油品净出口猛增。国内石油市场格局发生重大转变，地炼的原油进口量、原油加工量、开工率、汽油和柴油市场份额增加，而主营单位相对减少，市场竞争愈加激烈。

2016 年，成品油消费量 2.89 亿吨，同比增长 5 %；成品油产量 3.24 亿吨，同比增长 8%；产需差 3505 万吨，同比增长 46 %，创历史新高。消费柴汽比连续 7 年下行，从 2010 年的 2.03 降至 2016 年的 1.27，为工业化周期以来最低水平。

国内汽油消费量 1.15 亿吨，同比增长 12.3 %，增速较 2015 年有所提高；柴油消费量 1.46 亿吨，同比下降 1.2 %，较 2015 年 3.7 % 的降幅有所收窄；煤油表观消费量 2853 万吨，同比增长 11 %，连续两年保持两位数增长。

主营单位生产萎缩，地炼份额大幅提升。2016 年国内成品油产量虽增长 8 %，但市场格局并不均衡，主营单位汽油、柴油产量总体减少，中国石化同比减少 1 %，中国石油同比减少 6%。结构上进一步分化，主营单位“增汽减柴”，中国石化及中国石油的汽油产量同比增长 4%；而柴油方面，中国石化同比减少 4 %，中国石油同比减少 12 %。

全国地炼加工各类原料 1.1 亿吨，同比增长 25.7 %。其中，汽油产量同比增长 18.7 %，柴油产量同比增长 22.7 %，生产柴汽比 1.73。地炼市场份额 23.6 %，同比增长 3.8 个百分点。2016 年地炼获得进口原油配额 6705 万吨。

出口规模急速扩大，柴油成为主要品种。2016 年我国成品油净出口 3358 万吨，同比增长 58 %。其中，汽油净出口 949 万吨，同比增长 68 %；煤油净出口 961 万吨，同比增长

8%；柴油净出口 1448 万吨，同比增长 115 %，自 2000 年来，柴油出口规模首次超过汽油。

（韩　冰）

2017 年

【概述】 2017 年，成品油销售坚持以效益为核心、以市场为导向，强化市场研判，优化营销策略，统筹量价关系，重点抓好外采运作、产销协同、出口拓展、机制优化等工作，成品油销售量继续保持稳定增长。全年销售成品油 11413 万吨，同比增长 1%。

【市场特点】 2017 年，国际油价总体呈现先抑后扬态势，均价水平同比增长明显。布伦特原油（Brent）期货 2017 年均价 54.7 美元 / 桶，同比增加 9.6 美元 / 桶、增长 21.3%；美国西德克萨斯轻质原油（WTI）均价 50.9 美元 / 桶，同比增加 7.4 美元 / 桶、增长 17%。2017 年，国内成品油经历 25 轮调价周期，其中因调幅不足 50 元 / 吨搁浅 8 次、调价窗口正常开启 17 次（11 次上调、6 次下调）；汽油累计上调 435 元 / 吨，柴油累计上调 420 元 / 吨。

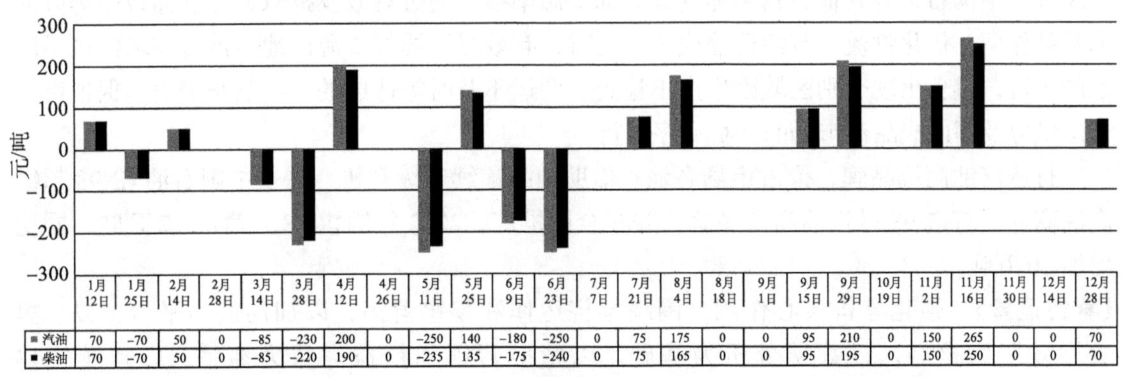

	1月12日	1月25日	2月14日	2月28日	3月14日	3月28日	4月12日	4月26日	5月11日	5月25日	6月9日	6月23日	7月7日	7月21日	8月4日	8月18日	9月1日	9月15日	9月29日	10月19日	11月2日	11月16日	11月30日	12月14日	12月28日
■ 汽油	70	−70	50	0	−85	−230	200	0	−250	140	−180	−250	0	75	175	0	0	95	210	0	150	265	0	0	70
■ 柴油	70	−70	50	0	−85	−220	190	0	−235	135	−175	−240	0	75	165	0	0	95	195	0	150	250	0	0	70

2017 年国内成品油调价情况

中国国内石油消费增速回升，原油产量连续两年下降，石油对外依存度进一步上升。国内原油加工量增幅继续扩大，成品油市场供应较为宽松。受国家出口配额调控影响，成品油净出口增速呈现断崖式回落，但总量仍略高于 2016 年。国内成品油消费小幅反弹，汽油、柴油、煤油增势各异，汽油消费增速连续 3 年走低，柴油消费增速由负转正，煤油消费仍然快速增长，主要油品净出口增速大幅放缓。地炼市场份额实现五连增，市场竞争加剧。

国内原油加工量、成品油产量继续增加、增速提高。云南石化、惠州炼化（二期）建成投产，获得“两权”的地炼企业增加进口原油，导致国内原油加工量持续增加，地炼加工份额持续提升。2017 年，原油加工量同比增长 5%，成品油产量 3.61 亿吨，同比增长 3.5%，增速较 2016 年高 0.4 个百分点。全年成品油消费量 3.25 亿吨，同比增长 3.2%，回升 3.7 个百分点。成品油产需差约 3600 万吨，同比略有扩大，再创历史新高。

汽油消费连续两年处于中低速区间，2017 年表观消费量 12341 万吨，增速仅为 3%，较前5年9.2%的平均增幅下降6.2个百分点；柴油消费超预期回升，增速达2012年以来的最高水平，全年表观消费量16794万吨，同比增长2%，较2016年回升7个百分点；煤油消费仍然快速增长，全年表观消费量3345万吨，同比增长10.5%，较2016年回升1.3个百分点，同时由于国内需求强劲，煤油净出口有所减少。

2017年，国家收紧成品油出口配额，全年净出口3644万吨，同比增长8.6%，增速迅速回落。其中：汽油净出口1054万吨，同比增加106万吨、增长11.2%；柴油净出口1652万吨，同比增加204万吨、增长14.1%；煤油净出口938万吨，同比减少20万吨、下降2.1%。

【市场营销】 强化市场研判，深化灵活运用直批营销策略，合理把握销售节奏；突出“批零”一体化营销，细分区域市场策略，坚持“以我为主”，理性应对主要对手大范围零售降价促销；实施对省区销售分公司的资源基础量、额外量政策，完善扩销奖励机制，千方百计增销汽油、稳定柴油；坚持低库存策略不动摇，销售企业账面库存创近5年来新低。开拓航空煤油市场，2017年销售航空煤油675万吨，同比增长12%。实施外采及直炼资源统采统配，实施大区公司外采集采，规范采购渠道，累计完成实物外采1611万吨。

落实国家关于扩大成品油互供规模的要求，结合2017年直属炼油厂检修及市场变化，组织好与中国石化等其他经营主体的成品油资源串换，通过有效发挥双方在仓储设施等方面的互补作用，优化物流、节约运输成本。同时，有效缓解局部资源产地与消费需求区域不匹配的矛盾，避免出现个别区域因生产不稳定、调运不及时等造成的供应紧张局面，保证市场稳定供应及国内成品油市场的平稳有序运行。

打造汽油高端品牌，抢占市场高地。借助油品连续升级契机，注册中国石油CN98超级汽油商标，打造98号汽油高端品牌，并在全国推广，2017年销售98号汽油77万吨，同比增加40万吨。

【零售运营】 强化零售核心作用，围绕零售运作和零售营销，以加油站为平台，以“提量增效”为核心，以数据分析为基础，以精准营销和精益运营为抓手，以持续构建“人·车·生活”生态圈为方向，坚持深化“油卡非润”一体化营销，打造强大现场，零售质量不断提升。截至2017年底，加油站总数21392座，实现纯枪销量7486万吨，其中汽油同比增加104万吨。

持续推进“10惠”品牌促销，组织开展电子券营销。完成“10惠”品牌商标注册，全年开展“10惠”品牌促销12次，在客户中的知名度和美誉度大幅提升。从2017年下半年开始启动零售电子券营销业务，全年核销电子券7472万张、18亿元，丰富营销手段，增强客户黏性。

抓好跨省物流客户开发维护。建立工作体系，完善客户开发审核备案、多层联动清分清算、月度分析通报办法，开展专题调研研讨，解决开发维护中遇到的难点和问题，累计开发跨省客户近千家，带动纯枪柴油的增销上量。

加大“双高（高销量、高效益）站”培育。持续开展全流程诊断与优化，组织现场工作交流，加强业务培训，根据诊断报告实施改造，“双高站”现场运行效率明显提升，全年新增5000吨级以上加油站95座，其中万吨级加油站34座。

强化“双低（低销量、低效益）站”治理。全面推广“3+1”（目标责任制、委托管理、出租经营、品牌输出）治理模式，5000 吨级以下加油站累计实施目标责任制 6100 座，委托管理模式 1190 座，出租经营模式 157 座，品牌输出模式 93 座。结合“双低站”位置多处国道省道、社会和中国石化加油站密集的特点，在价格竞争上主动博弈，压制和牵制竞争对手市场拓展的空间。加快与供销石油等内部单位的治理合作。深化“挂包帮”治理。2017 年纳入治理范围加油站“摘帽”1454 座、“摘帽”率 27%，单站日销量同比增加 0.34 吨，利润同比增加 3.97 亿元。

狠抓运营天数管理，提升加油站运行效率。按月下达运营天数管理目标，并纳入地市公司班子绩效考核；不断强化系统管理，常态化分析 43 种停业因素，建成 7 种功能模块及 5 类报表，加强跟踪分析，确保加油站有效运营时间。

抓好神秘顾客访问工作。2017 年完成 13 次月度访问和 7 次节假日访问，以及“一带一路”“十九大”期间的专项访问，访问 31 家成品油销售企业加油站 10500 站次。坚持每期进行视频通报，开展问题梳理和整改经验分享，加油站服务和现场管理持续改善。利用第三方平台，开展“10 惠”日活动督查、节假日现场运营安全督查、高速与景区加油站等专项远程检查，检查加油站 5553 座，保证促销活动有序开展和加油站安全平稳运行。

举办“中油伴 YOU”CN98 超级汽油体验自驾游。“中油伴 YOU—聚美新疆”自驾游活动人数 49 人，车辆 18 辆，行程 2200 千米，历时 10 天 9 晚。“中油伴 YOU—武夷山”自驾游活动历时 8 天 7 晚，招募 74 名昆仑加油卡用户，驾驶 20 台车辆，全程 1000 千米。两次活动在外部媒体发布相关报道 175 篇，内部媒体发稿 99 篇，进一步提升中国石油品牌形象。

【资源调运】 2017 年，以全面保障直属炼油厂后路畅通、所属加油站资源稳定供应为目标，着力“打造智慧物流，实现精准调运”，突出物流信息化建设，不断提高产业链整体运营水平（表 2）。

表 2　2017 年直属炼油厂资源接卸情况

万吨

项　目	2017 年	2016 年	同比增减
合计	8985	8755	230
汽油	3667	3379	288
柴油	4643	4773	–150
炼油	675	603	72

化解产销阶段性、区域性、结构性矛盾，全年产调率维持在 100% 以上。炼油厂合理控制加工量，多产适销对路产品；适时开展大区收储、省区代储，调节炼油厂库存；强化日间调运管理，优化运输组织，提高车船效率；协调铁路、管道等多种运输方式，增加运力和流向倾斜；坚持实施“一厂一策”，对部分后路保障困难企业实行重点跟踪。为保云南石化顺利投运，推动储运设施建设，制定炼油厂后路保障和资源运行方案，实现一次性顺利开车。

保障各地区资源稳定供应。克服春运期间铁路、公路、水运等方面不利影响，利用假期中段集中抢装抢发，保障各地市场稳定供应。针对广西石化开工推迟、西南资源严重短缺的情况，调整调运安排，增加西北进川铁路运力。针对三峡船闸停航检修，重庆成品油市场面临断供情况，协调交通运输部，将成品油作为战略物资正常离港、优先过闸。针对基建和物资进藏增加，西藏自治区油品保供压力增大的情况，研究保供措施，青藏线日均发车创历史新高。加强组织协调，完成四川茂县山体滑坡等受灾地区及“一带一路”国际合作高峰论坛、党的十九大期间等重点时段相关地区的资源保障任务。

优化物流运行。推进大区公司补货制，在吉林、辽宁、黑龙江、甘肃、宁夏推行的基础上，新增青海、新疆及内蒙古中西部地区，同时打破行政区划，利用统管优势开展跨省跨区配送。优化运输方案编制与执行，一次地付进站量同比增加 213 万吨，连续两年未发生低凝点柴油回流运输。提升运输工具效率，自备车周转次数同比提升 3%，路车使用比例同比提高 4 个百分点，自有及控股船舶比例提高 2 个百分点，管输汽油比例同比提高 7 个百分点。2017 年一次、二次运费总额同比减少 10.03 亿元，比预算节省 18.44 亿元，连续 4 年实现运费总额下降。

投资管理与网络建设（2009—2017）

2009 年

【概述】 以强化规划研究和优化投资结构为重点，科学谋划、统筹安排、规范管理、优质服务，着力改进和加强投资管理。按照“标准化设计、集约化采购、模块化建设、规范化管理”的总体要求，不断强化“顶层设计”理念，持续提高工程建设管理水平，为加快销售网络建设，拓展销售业务，不断提高市场控制能力，提供了有力保障。

【投资管理】 规划编制任务顺利完成。协助华南销售公司、湖南销售公司编制完成了广东和湖南成品油销售业务发展规划。重点安排了 GDP 万亿以上的 13 个省（市、区）的发展规划方案细化工作，集中组织了区外新上划公司的规划汇报对接，进一步明确了新公司的发展目标、发展思路与定位。修改完善了《销售业务“十一五”后两年及“十二五”发展规划》，并向总部有关部门进行了汇报沟通。按照新的职责，编制完成了《销售分公司成品油支管线规划》。

继续按照统筹兼顾、突出重点的原则，加强投资需求分析，积极筹措资金，较好地满足了业务发展的需要。突出油库和加油站规范达标，以油库和加油站为平台，整体规划和实施安全环保隐患整改、信息化建设、非油业务发展、检维修项目；组织研究广州、上海等地区加油站、油库油气回收改造方案，落实改造资金；落实灾后重建项目，做好资金平衡和工程组织，确保专项工作按计划完成。

销售网络开发效果得到提升。正确把握投资方向，以储运设施和零售能力建设为重点，突出开发大中城市、城市中心和高速公路加油站，坚持位置、销量、回报标准，编制下发加快网络开发的指导意见，加油站开发质量进一步提高，零售网络不断加强。针对库容、结构和布局不合理与销售业务的矛盾，以及管线配套需要，重点推进和实施油库项目；积极与上级部门沟通重点项目，加强跟踪协调和督导，落实了商业储备库建设计划。

科研管理工作得到加强。完成成品柴油再调和技术研究项目的验收，组织开展 14 个跨年项目阶段性总结和检查验收；按照顶层设计、业务驱动的原则，研究确定 2009 年新开科研项目 15 项，并分别组织开题论证；进一步加强与规划总院、经济技术研究院的联系，开展了国内成品油市场营销策略等 6 个课题研究。

（陈　倩）

【工程建设】 建设项目有序推进，工程建设任务全面完成。在建油库 58 座，当年投用 41 座，实施加油站检修 1020 项，实施油库检修 48 项；组织完成加油站信息化推广地区加油机、液位仪适应性改造板卡、芯片更换等统一报价谈判，完成 8000 座加油站工程改造、28000 台加油机的改造、11000 台液位仪的改造，圆满完成 5000 座加油站的站级系统部署目标。努力提升成品油库自动化装备水平，新建改（扩）建油库实现收、发油自动化，消防系统根据油库规模分别提高自动化水平。

项目管理有效加强，工程建设管理水平全面提升。下发《销售分公司设计、施工、监理单位考核管理实施细则》，完善规章制度，全面提高了工程设计、施工、监理的水平；完成加油站工程设计、施工、监理、装修装饰承包商的清理入围，承包商由 678 家减少到 189 家，减少 72 %，实现了年初提出的控制目标；组织完成 35 个油库工程初步设计审批，通过优化设计，提升了标准，控制了投资；强化施工过程控制和管理，确保了安全和质量。

集约采购有力推动，建设项目投资受控。组织成品油库管道离心泵、可燃气体报警系统、全天候阻火呼吸阀等 15 类油库物资的供应商招标入围，确定入围厂家和最高限价，每座油库平均节省投资约 350 万—400 万元。

（王　茜）

2010 年

【概述】 以强化规划研究和优化投资结构为重点，加强投资控制，推进精细化管理，满足销售业务发展需要。全年投资完成率 97.4 %，全面完成网络开发任务。

【投资管理】 围绕“十二五”资源、市场变化和销售业务发展需要，强化“十二五”规划和专项研究。编制销售业务“十二五”发展规划，确定了“2015 年实现国内成品油 45 % 以上市场份额，建设国际水准销售企业”的发展目标，明确了各省区的发展定位和具体措施。重点安排 GDP 万亿以上的 14 个省市区发展规划方案细化，集中组织新上划集团公司的规划对接。完成销售业务省内成品油支管线规划、成品柴油再调和专项规划编制，开展电动汽车充电站发展专项研究。全力推进省内支管线的前期工作，建立与资源流向相匹配的物流运输体系。云南等省内成品油支管线纳入集团公司与各省战略合作协议，9 个省内支管线项目取得政府批复路条，组织完成 5 个支管线项目可研批复、9 条支管线可研报告编制。

加强投资需求分析，全面加快销售网络开发。继续按照统筹兼顾、突出重点的原则，加强投资需求分析，积极筹措资金，加大对加油站及油库的投入力度，持续实施油库和加油站规范达标，全力推进信息化建设，深化安全环保隐患治理和质量计量节能工作，落实灾后重建项目，较好地满足了业务发展的需要。充分发挥集团公司整体优势，加快落实网络开发，实现在云南等省的加油站整体开发。加快油库仓储能力开发建设，一批重点油库完成可研审批进入建设实施阶段。

强化投资分析和后评价，加强项目跟踪检查。全面清理历年未投运加油站，逐一制订解决方案，加快加油站投运进度。加强投资分析，回顾梳理历年投资活动，对土地投资上升、吨油投资成本提高等提出控制措施。汇总分析加油站备案情况，协助广东等省开展投资项目自评价和独立后评价，提高达销率。

建立销售系统科技管理体系，科研管理进一步加强。形成销售业务科技管理体系制度、部门和人员体系。完成成品油库发展规划等 8 个项目验收，组织开展 21 个跨年项目阶段性总结和检查验收。按照顶层设计、业务驱动的原则，确定 2010 年新开科研项目 18 项，并分别组织开题论证。组织开展 2005—2010 年销售系统优秀成果和优秀论文的评定和奖励，组织开展成品柴油再调和工业化试验。

（陈　倩）

【工程建设】 建设项目有序推进，在建油库 44 座，完成 26 座，投用 18 座；全年开发加油站 1325 座，投用 1050 座，改造 1563 座。

强化标准化设计，全面推动工程建设。召开宁波“投资与工程建设座谈会”，明确“一好三高两少”要求。按照“顶层设计”原则，系统梳理工程建设规章制度。编制完成成品油库及加油站建设标准，完善管理规定 19 项，编制《工程建设管理手册》，对 711 人次进行标准培训。

组织成品油库和加油站油气回收系统的招标入围，推动集约化采购。确定油库设计单位 8 家，监理单位 9 家，施工单位 13 家；加油站设计单位 27 家，监理单位 51 家，施工、装修装饰和标识制作单位 244 家。

（周金明）

2011 年

【概述】 以加强和规范建设项目投资管理为重点，加强投资控制，推进精细化管理，满足销售业务发展需要。全年投资完成率 96.1 %，全面完成网络开发任务。

【投资管理】 按照“规划统领、业务驱动”的原则，继续将规划研究作为日常工作的重要组成部分，持续深化规划研究。围绕“十二五”资源市场变化形势、竞争对手发展态势和业务发展需要，组织完善“十二五”总体发展规划。组织开展东北、西北、华北地区储运设施整体优化和跨区域优化方案，制定更具操作性的方案，取得较好成效。组织编制完成成品油管道规划，并通过股份公司管理层的汇报，主体已纳入国家成品油管网规划。成品油储备油库规划、加气站专项规划也正在有序开展。规划工作的有序有效开展为各项业务的发展明确了方向和步骤。

2011 年，销售投资继续按照“统筹兼顾、突出重点”的原则，加强投资需求分析，积极筹措资金，较好地满足了业务发展的需要。一是继续加大对加油站及油库的投入力度。二是持续实施油库和加油站规范达标工作。三是全力推进信息化建设。四是加大安全环保隐患治理和质量计量节能。五是落实灾后重建项目，做好资金平衡和工程组织，确保专项工作按计划完成。

全力落实集团公司与各地方政府战略合作协议内容，高效推进网络开发建设，取得明显成效。云南、重庆、广西、新疆、四川、黑龙江、湖南、河北、河南等公司实现加油站整体开发，内蒙古、山东、广东等公司在油库、支管线项目上取得重大进展，较好地完成全年开发建设任务。与规划计划部、天然气与管道公司建立完善了成品油管道协调机制，围绕业务发展战略和经济效益，有效推动成品油管道项目前期工作。

深入开展对标分析，提升投资管理水平。在后评价管理上，针对 2009 年投运座加油站及 2008—2010 年整体改扩建的加油站开展专项后评价和滚动后评价，有效指导地区公司改进前期工作。针对长期无动态在建工程项目占用资金情况，组织地区公司开展专项清理，分别落实责任人、整改时间和措施。为加强投资项目管理与分析，组织完成投资项目管理信息系统，在山东销售公司和河南销售公司进行了试点，基本具备推广条件。

按照顶层设计、业务驱动的原则，全年新开科研项目 9 项，完成《油品储罐、加油站地下渗漏防控技术研究》《加油站选址优化及电子地图分析软件》等 5 个项目的验收工作，《国内成品油需求研究预测系统》《中国石油销售业务成品油管线及油库实施规划研究》等 5 个跨年度项目阶段性总结和检查验收。以地区公司为主的加油站开发、油库研究等 9 个科研小组有效开展工作，形成集体研究的良好氛围，研究工作也取得有效进展。组织对“十一五”期间销售系统优秀成果和优秀论文进行评定和奖励，形成 41 篇优秀论文和 20 篇优秀成果，有效提高了各单位开展科技工作的积极性。

（陈　倩）

【工程建设】 2011 年，工程建设紧紧围绕建设国际水准销售企业的目标，工程项目顺利推进，全年在建油库 32 座，完工油库 15 座，其中，新建 6 座，改扩建 9 座，新增库容 101.98 万立方米；审查加油站方案 455 座，加油站油气回收项目 900 座，审查油库项目 28 座，批复投资 17.5 亿元，资金审减率 4 %；吉林石化—长春管道基本完工，南宁—柳州管道施工过半，呼和浩特—包头—鄂尔多斯管道、宁夏石化外输管道即将开工建设；中国石油润滑油公司 3 个扩建项目顺利进行，庆阳石化、长庆石化 2 个计量中心即将建成；首次参加优质工程评选，宁波油库、王家沟油库 2 个重点项目获 2010 年度集团公司优质工程银奖。

建立工程建设管理八大体系，即标准管理体系、制度管理体系、项目管理体系、供应商管理体系、承包商管理体系、培训管理体系、造价管理体系、检维修管理体系，并围绕八大体系开展工作。

标准管理体系：2010 版《成品油库建设标准》《加油站建设标准》持续完善；新增《加油加气站建设标准（初稿）》《油库地基处理标准》，以及《成品油库施工管理手册》《加油站施工管理手册》。

制度管理体系：制定并发布《销售公司工程建设管理手册》，规范工程建设过程管理。

项目管理体系：形成由前期准备到后评价阶段的项目管理体系，共计 20 个主要控制点。

供应商管理体系：组织液位仪、橇装式加油站、加油站地埋双层储罐和阀门等设备供货商进行技术交流，了解各厂商基本情况，形成了技术要求，为下一步优化入围厂商打下了基础。

承包商管理体系：建立专业化的项目管理机构；强化考核，及时清退不达标的队伍；配合工程建设承包商管理领导小组开展集团公司工程建设（一类）承包商准入审查工作；遵循集团公司《工程建设承包商管理办法》主要内容，完善销售公司工程建设承包商管理体系。

培训管理体系：举办 4 期工程建设标准培训班，共培训 691 人。

造价管理体系：编制油库、加油站造价参考指标，将工程切块，细化投资，各个切块再分专业，直到各设备单价，形成指标系列，利于清单招标管理和造价管理；与审计中心签订委托协议，在工程建设过程中抽查审计，超概算项目全部审计等，强化造价管理，提高工程效益。

检维修管理体系：辽宁、四川、甘肃、宁夏、东北、西北等销售企业针对具体情况，利用自身队伍或委托长期合作伙伴，实现了库站日常检维修队伍建设；江苏销售公司确定长期合作伙伴，实现建设、检维修一体化。

（王全占）

2012 年

【概述】 围绕建设国际水准销售企业的总体目标，以效益为中心，有序推进网络开发，加强投资控制，深化项目前期优化研究，细化和完善管理流程和制度，保障销售业务发展需要。全年投资完成率 95.1 %，全面完成网络开发任务。

【投资管理】 2012 年，继续将规划研究作为日常工作的重要组成部分，以专项研究指导专业领域发展。围绕建立完善管道为主的物流运输体系，继续深化成品油管道专项规划研究。根据国家能源局的总体要求，为提升销售业务应对市场变化的能力，编制完成了“十二五”成品油储备库规划。为充分发挥油气并举优势，组织开展了加气站专项发展规划的编制工作。组织地区公司对区内市场格局、分地区市场营销网络等进行研究，在此基础上提出分区域的竞争策略。

围绕销售业务战略目标，销售投资继续按照统筹兼顾、突出重点的原则，加强投资需求分析，积极筹措资金，较好地满足了业务发展的需要，实现了“抓住机遇、加快发展”的总体要求。围绕控制营销网络投资成本，多措并举，把有限的资金花好用好，2012 年加油站吨油投资首次回落。

加快落实中国石油与各省市、大型企业签订的战略合作协议，积极推进市场开发。落实中国石油安排，与中国供销集团签订合资合作协议。

围绕提高“三率”（投运率、达销率、运营率）、提高投资效益，深入开展对标分析和投资活动分析，强化年度投资计划完成考核，提升投资管理水平。在后评价管理上，对 2005—2011 年新增加油站项目进行全面后评价，有效指导地区公司改进前期工作。

继续强化项目过程跟踪管理。一是加强在建项目清理，对停滞项目逐个分析，制定措施，加强推进，对确实无法推进的项目及时清理。二是加强储备项目清理，按照新的加油站回报率标准，清理地区公司权限备案储备项目，有效控制网络开发质量。三是加强土地管理，通过召开整改专项会议，协助集团公司土地管理办公室制定下发《营销网络土地规范管理指南》，指导地区公司开展专项整改。

规划计划制度和管理流程建设不断完善，下发销售公司投资管理实施细则，进一步细化和明确投资管理的各环节、界面及流程；下发库站达标改造年度计划及项目立项管理流程，有效规范了项目管理；下发利用政府拆迁补偿建设销售网络项目管理流程，以制度形式规范拆迁资金的使用，与财务部协商确定高价加油站减值的工作方案和原则。

组织开发投资项目管理系统，将项目管理全过程纳入信息系统管理，增加信息透明公开度，实现前期工作可追溯，与集团公司投资计划管理系统可实现系统对接，项目资金计划上报、下达、完成的闭环管理。

（陈　倩）

【工程建设】 2012 年工程建设有序推进，全年在建油库 33 座，完工油库 18 座，其中，新建 7 座，改扩建 11 座，新增库容 83.51 万立方米；全年审查加油站方案 195 座；审查油库 41 座，管道项目 1 个，审查油气回收改造项目 4 个；兰郑长成品油管道驻马店分输支线开工建设，南宁—柳州成品油管道基本完工，吉化—长春管道完工投产，成都—乐山成品油管道即将开工建设，开展广东、山东和江苏成品油管网的前期工作；其他项目：北京润滑油厂配套完善工程主体工程已经试运行。无锡润滑脂搬迁扩建工程新建部分已经全部完成。

编制并出版《成品油库建设标准》《加油站建设标准》修订部分和《乡村加油站建设标准》（2012 版），并在建设标准的基础上，编制《加油站模块化建设标准》和《加油站造价分析》。设备材料由原入围的 37 类增加到 55 类。组织各销售企业和特邀专家对主要设备、材料供应商进行实地考察和技术交流；进行集中入围招标管理，已完成 16 项物资入围工作，采用定商、定价方式，实行 8 年免费质保承诺。

结合集团公司工程建设承包商管理领导小组的管理思路，持续优化入围工程建设承包商名单，实行承包商分级管理，成品油库入围承包商全部为集团公司已入围的一类承包商，其中，入围设计单位 9 家，监理单位 12 家，施工单位 14 家。加油站承包商经过各销售企业的推荐和集中打分，并按照集团公司工程建设承包商管理要求，结合集团公司一类、二类承包商名单，入围设计承包商 18 家，监理承包商 30 家，施工承包商 146 家。

配合培训处开展第二批 2010 版成品油库、加油站建设标准网络培训，培训对象为各销售企业及其二级单位工程建设管理人员，共培训 396 人。参加四川、湖北和福建等销售企业组织的工程建设标准培训，并配合油库管理处开展油库经理人等专业人员培训。组织开展物资采购管理信息系统交易平台用户培训，培训对象为各销售企业的物资采购管理人员，共培训 68 人。

（周金明）

2013 年

【概述】 2013 年，围绕建设国际水准销售企业的总体目标，突出经济效益和投资质量，不断提高工作效率，促进销售业务盈利能力和市场竞争能力的提高。

【投资管理】 2013 年，继续将规划研究作为日常工作的重要组成部分，以专项研究指导专业领域发展。根据集团公司总体要求，组织完成《销售业务“十二五”计划及“十三五”远景发展规划》的修订，形成集团公司销售业务发展纲要。组织开展成品油库深度优化方案研究，经过与地区公司充分对接，形成 2014 年油库关停退租方案。

围绕销售业务战略目标，销售投资按照业务驱动的原则，投资向有效益项目倾斜，严格控制投资成本，全年实现吨油投资与 2012 年相比不增长。组织完成年度投资计划和安全环保隐患治理计划的编制下达工作，较好地满足了业务发展的需要。

继续加强基础管理工作，不断完善规划计划制度和管理流程建设。组织开展《销售业务投资管理手册》的修订工作，进一步规范和加强管理基础。组织开展两期 360 余人次的投资项目管理系统培训班，加快试点推行投资项目管理系统，实现与投资计划管理系统的对接，进入双轨并行阶段，为 2014 年全年实行单轨运行创造条件。

围绕主营业务发展需要，积极开展对外合作工作。组织完成中铁工合资公司和中国供销石油有限公司的组建工作，进一步扩大合资合作，强化终端渠道建设；组织完成与延长集团重组延长中立公司的框架协议签署准备工作。组织有效推进对外合资合作前期工作。完成与塞拉尼斯公司谅解备忘录的签署准备工作，并在签署后牵头组织开展合成燃料乙醇产品市场研究工作。

继续大力推进科技管理工作。一是组织完成周边地区成品油市场研究等 13 项科研项目的开题。二是组织完成硬质道路沥青工业化生产及应用研究等 8 个科研项目的验收。三是按照销售板块战略领导小组的要求，形成 8 个课题、19 个专题项目的任务分解，并组织规划总院、经济技术研究院等单位开展课题和专题研究，建立战略领导小组工作机制。

（闫金泉　陈　倩）

【工程建设】 2013 年，工程建设有序推进，按照精细化管理要求，紧紧围绕“效率、效益和品牌”，细化设计，严格审查，强化建设过程管理。全年成品油库施工项目 27 项，完工 11 项，分别是：长沙、乌海、彭州、八拜、忻州、银川、石嘴山、玉树、东方、伊犁、溪洞油库，新增库容 124.1 万立方米。加油站施工项目 2041 项，其中，续建 613 项，新建 415 项，改造 1013 项。完工 1156 项，其中，续建 303 项，新建 148 项，改造 705 项。

（1）初步设计审查力度持续加强。对油库项目坚决执行“五不审查”的原则，即“项目预审不完善、预审意见主管领导不签字不审查，安评、环评、消防等手续无批复意见不审查，现场未考察不审查，铁路、码头等方案不落实不审查，水、电、暖、信、路等接口条件不具备不审查”，杜绝油库项目建成不能投用情况的发生。

（2）建设过程检查和监控力度继续扩大。全年共检查 13 座油库和 20 余座加油站施工现场。现场召开柳州、久长、彭州、石楼及千米桥等项目开工协调会，充分了解工程建设现场情况，加大工程月报的准确性和及时性，及时协调、解决工程现场问题。

（3）入围承包商考评。按照集团公司承包商管理领导小组工作部署，监督指导各销售企业对入围的成品油库、加油站工程建设承包商单位进行评价和考核，共评价 1173 个项目，未出现不合格承包商。

（4）二级物资技术标准编制。紧密依托技术支撑单位，组织各销售企业进行实地考察，在开展二级物资准入工作的同时，编制成品油库和加油站阀门、鹤管、液位仪、视频监控系统、便利店门窗、铝塑板、铝扣板、复合管、双层罐等二级物资的技术要求。

（5）信息系统建设情况。联合中国石油规划总院多次讨论、完善销售分公司投资项目管理系统工程内容，分5次到地区公司开展试点工作，目前系统工程部分已经完成培训并开始上线运行。

（6）完善建设标准。发布成品油库和加油站建设标准的补充修订部分。深入研究成品油库汽车发油系统、消防系统等专项技术课题，完善加油站快餐标准及提高加油效率等方案。对加油站造价进行系统分析，同时组织编制《成品油库、加油站设计管理规范》两项集团公司企业标准，并通过专业标准委员会的审查。

（郭　春　周金明）

2014年

【概述】 按照建设国际水准销售企业的要求，紧扣“提质、增效”两大主题，突出经济效益和投资质量，突出提高零售能力建设，促进销售业务盈利能力和市场竞争能力的提高。

【投资管理】 2014年，继续将规划研究作为日常工作的重要组成部分，以专项研究指导专业领域发展。按照集团公司总体部署，全面启动销售业务“十三五”规划编制工作。编制完成“2014—2016年销售业务滚动规划”，成立规划编制领导小组，对相关业务进行分解。根据规划计划部提供的炼油产量数据，按效益最大化原则开展资源流向研究工作。配合启动信息化及非油品、人力资源等相关专项规划的编制工作，确定工作时点。

按照业务驱动的原则，持续加强投资计划管理，优化投资结构，控制投资节奏，超额完成2014年加油站开发计划。通过开展在建项目清理等措施，积极保证网络开发资金。以效益为中心，严格投资效益标准和投资规模控制，积极推行新增项目效益承诺制，加强投资效益考核。

围绕主营业务发展需要，积极推进合资合作，在集团公司相关部门的带领下，组织完成延长中立、新疆销售、中国林业等社会资本等合资合作项目的谈判、签约或组建工作。

继续加强项目管理工作。加强加油站项目清理，对在建项目实行分类管理，下发2014年清理计划，提高存量资本使用效率，强化资金风险管理。根据国家环境保护部的要求，组织对接2014—2017年油库、加油站和库站燃煤锅炉淘汰项目以及4座沥青厂的三类大气污染治理项目。按照“盘活利用为主，优先按等价、等面积置换开发加油站网络”的原则，配合财务部门完成地区公司闲置土地处置统计。按照集团公司审计问题专项整治工作部署，结合已审计单位投资管理方面问题的整改，开展委托代建加油站项目专项清理。

大力推进科技管理工作。跟踪和推进7个课题19个专题的战略研究工作，编制出版销售分公司战略研究课题季度报告汇编，涉及6个课题12个专题共48个专项报告。组织科研项目开题2项，验收6项，中期评估11项。梳理在研项目，推进21个进展缓慢项目，完成

5 个项目结题。建立科研项目工作台账。

进一步完善基础管理工作。坚持投资回报最大化原则，根据市场和投资形势变化，编制下发《加油站租赁项目管理指导意见》。针对成品油产销形势，配合规划计划部门完成加油站网络开发调研，协调下达 2014 年加油站项目经济评价参数。按照转变作风、明晰授权、强化监督、简化流程、提高效率的总体要求，研究下发地区公司管理权限调整通知，对投资决策实行动态管理、挂钩考核和分类授权。依据集团公司新版参数，在充分调研的基础上，编制完成《2015 年网络开发指导意见》。

（陈　倩）

【工程建设】 工程建设有序推进。在建油库 16 座，主体完工 9 座，分别是柳州、承德、沧州、久长、烟台、阜阳、宁国、武威、天水油库，新增库容 73.1 万立方米。实施加油站建设项目共计 897 项，完工 240 项，其中续建完成 54 项、新建完成 31 项、改造完成 155 项。

注重细节，持续完善建设标准系列。编制完成并发布《加油站便利店标准设计》和《加油站工程建设细节方案设计指导意见》，内容包括：便利店设计、公用工程和标识标牌等，使标准系列更加细化和具体，指导性更强。

严格承包商管理和入围承包商考评。完成承包商年度评价工作，其中 37 家销售企业评价承包商 214 家，涉及建设项目（合同）1686 项；开展工程建设三类承包商和检维修类承包商准入工作，各销售企业经过优选，审查合格并纳入资源库的承包商共 730 家，其中三类承包商 439 家，检维修类承包商 291 家。进一步规范承包商管理工作。

完善管理流程，强化制度建设。完成《工程建设管理手册》修订工作，补充工程建设各关键环节管理流程；细化加油站设计内容和验收流程，增加罩棚隐患排查要求，明确责任人签字程序，实施表单化管理，各地区公司都按照要求重新修订和完善制度和流程，为进一步提升工程建设专业线管理水平提供制度保障。

加强培训，提高销售企业工程人员管理素质。在集团公司质量与标准管理部的支持下，组织工程建设质量监督员培训班，共计 123 人参加培训并通过闭卷考试，并颁发执业资格证书；依托技术支撑单位，对地区公司 600 余名工程建设管理人员进行培训，提升地区公司工程建设质量监督人员素质，充实质量监督力量。结合“威马逊”台风受损情况调查和严寒地区罩棚坍塌事故分析，编制加油站抗台风培训课件，并在销售分公司安全视频会上进行培训，收到良好效果。

（周金明）

2015 年

【概述】 2015 年，以提高成品油零售能力建设为中心，紧紧围绕提质、增效两大主题，按照加快建设以零售为核心的营销体系的要求，努力促进销售业务盈利能力和市场竞争能力的提高。

【投资管理】 2015 年，继续按照业务驱动的原则，结合国内经济发展新常态和上游业务发展规划，研究制定“十三五”分区域、分业务规划发展目标，细化战略发展路线图。在各专业规划的基础上，完成销售业务“十三五”规划编制工作；与各销售企业进行“十三五”规划全面对接和宣贯。

按照股份公司深化投资管理要求，持续细化措施，优化投资结构，控制投资节奏，努力提高投资效益。根据资产状况、区域位置情况，结合安全隐患治理和信息化、自动化要求，在尽量不影响平稳生产的前提下，加快下装改造、油气回收和安全隐患治理步伐。新开项目投资坚持“向区内倾斜，区外严把效益关”的原则，优先保障炼油厂和管道配套区域的网点以及城市站、汽油站等高效站。

按照集团公司调结构、转方式、稳增长、提效益的工作方针，持续把扩大开放、务实合作放在重要位置，着力引进社会资本，不断提升市场控制能力。2015 年批复合资合作项目 24 个，延长集团、海南发展控股、林业集团等合资合作项目稳步推进。

以加快网络开发、提升零售能力建设为根本，持续创新管理，完善制度，简政放权，相继出台并下发多个规范性文件，进一步扎实基础性工作。积极配合国务院国资委监事会，对黑龙江、内蒙古、贵州等地区公司加油站进行现场调研，对系统内加油站投资建设情况开展专项检查，促进了合规管理。

（陈　倩）

【工程建设】 持续优化油库布局，全力推进加油站网络建设。2015 年审批油库项目 8 个，审查加油站 56 座，油气合建站 17 座。实施油库项目 13 项，新建加油（气）站 157 座。

持续完善工程建设标准。吸取山东“6S”管理经验，编制《加油站工程建设细节方案设计指导意见》；在吉林普庆和河南春夏秋冬加油站便利店装修做法基础上，编制《加油站便利店装修标准设计》；组织开展加油站施工非常规作业风险辨识与预防措施活动，编制七大非常规作业《风险及预防措施手册》：《加油站吊装作业管理要求》《加油站动火作业管理要求》《加油站高处作业管理》《加油站管线打开管理要求》《加油站进入受限空间作业管理要求》《加油站临时用电作业管理要求》《加油站挖掘作业管理》。

规范承包商管理。开展承包商年度考核评价，依规取消 7 家承包商准入资格，增加 55 家承包商，其中一类 8 家、二类 47 家，按照实际工程需要，形成“良进、劣汰”的动态管理机制。

强化物资采购管理。完成油库及加油站信息系统 POS 机和 PC 服务器、加油卡自助服务终端招标；积极组织地区公司开展设备材料物资采购降本增效工作，2015 年物资集中采购节约资金 23873 万元。

（周金明）

2016 年

【概述】 2016 年，牢固树立大局意识和责任意识，紧紧围绕网络开发“四大战役”（攻坚战、保卫战、阵地战、挖潜战），增量开发与存量挖潜双驱动，突出开发与投运，推进加油站提质改造，完善投资政策，促进销售业务稳健发展。2016 年开发加油（加气）站 467 座，投运 420 座，新增零售能力 263 万吨，同时加快合资合作，推进合规管理，完善制度流程。

【投资管理】 围绕新加油站开发、存量加油站维持、在建项目清理、老加油站挖潜四条主线，"十三五"开局之年网络建设成效显著。2016 年开发加油站座数超计划 97 座，同比增长 45%；多措并举稳定租赁站规模，成功续租加油站 145 座；项目清理扎实推进，委托代建项目清理完成率 50 %；老加油站挖潜稳步实施，"双低站"治理、防渗改造、"油卡非润"一体化提升稳步开展。

加快合资合作步伐，破解发展瓶颈。持续把扩大开放、务实合作放在重要位置，着力引进社会资本，不断提升市场控制力。2016 年批复合资公司 34 个，引进外部资金 5.2 亿元，开发加油站 60 座；推进海南销售和江苏销售的对外合作。

快速推进投资建设专项检查，深入推进合规管理。按照总体安排，认真落实国务院国资委各项要求，深入自查整改，全面推进整改工作。梳理并完善有关流程和制度，制定下发《销售企业油库、加油站证照管理工作指导意见》《关于规范加油站投运管理工作的通知》《加油站专项检查工作手册》等相关文件，建立合规管理长效机制，依托资金安全大检查对 22 家单位进行现场检查；加强培训，提高履职能力，对投资主管领导和投资处长进行专题培训，并举办第二十期经理人培训班，对东北片区进行投资建设管理专题培训。

进一步完善开发政策和基础管理。开发政策方面，项目财务内部收益率降到 8 %，价差评价系数同步提高 0.1；修订下发《销售公司加油站租赁指导意见》，对于短租站给予充分政策空间；配套编制下发《销售企业投资项目决策权限调整的通知》，赋予各单位更大的管理权限，明晰各专业的管理界面。规范管理方面，修订《中国石油天然气股份有限公司投资管理实施细则》，完善《销售公司管理手册　投资分册》，增加项目最终投资决策环节，明确三类项目概算调整程序，强化股权投资管理，补充企业自行下达支持类四类项目投资计划的相关规范。

（蔡德洪）

【工程建设】 2016 年，持续优化库站网络，工程管理进一步规范。实施油库项目 16 项，新增库容 23.5 万立方米；启动加油站防渗治理工程，治理加油站 1200 座。

开展 2010 版《加油站建设标准》升级工作，首次采用主分册形式编制新标准，形成《加油站建设标准》主册和《便利店与快餐分册》《汽车服务分册》《高速公路服务区分册》《模块化分册》《智慧化分册》《特殊加油站与地区特性化分册》《加气站分册》《造价参考指标分册》8 个分册。

依规对入围工程建设承包商进行年度考核评价，淘汰不合格承包商 28 家，增补二类承包商 37 家，初步形成以考核为抓手，承包商总量基本稳定，小部分优进劣汰的动态管理机制。

完成卡机连接加油机新一轮定商定价集中采购及昆仑加油卡充值刮刮卡制卡供应商、"油卡非润"营销广告宣传视频拍摄服务、加油站神秘顾客访问项目服务招标；推进地区公司开源节流降本增效工作，2016年集中采购节约资金2.6亿元，平均降本率7.15%。

（苏 敏）

2017年

【概述】 2017年，落实网络强企发展思路，坚持外拓规模与内挖潜力统筹兼顾，灵活应用新建、租赁、合资等多种途径，抢夺增量加油站、稳定存量加油站，推进网络开发建设，打响攻坚战、保卫战、阵地战、挖潜战“四大战役”，新开发加油站623座、投运463座，投运加油站新增年零售能力266万吨，各项主要指标均创近年来最好水平。

【投资管理】 推进中长期发展规划研究。2017年，围绕“转型”“创新”“升级”发展主题，编制《销售业务2017—2019年滚动规划》《车用加气业务发展方案》，推进车船用燃料终端销售业务整合，加大替代能源研究，重点跟进氢能源发展，与广东省、北京市政府协调，参与当地加氢站投资建设。

加强投资管理。2017年，优化投资结构，优先保障加油站投资，统筹安排埋地储罐防渗改造和“油卡非润气”一体化改造，严控非生产性投入。全面清理往年节余结转项目，有效缓解年度投资规模不足矛盾。规范投资管理，突出关键环节，开展专项检查，狠抓问题跟踪整改。加大历史遗留项目清理，累计清理项目108个。

加快推进终端网络开发。优化开发政策，将开发和投运加油站数量及新增零售能力纳入成品油销售企业主要领导KPI指标，调整全资及股权项目开发权限，差异化设置收益率标准。紧盯开发投运进度，2017年新开发加油站数量同比增长33.4%，新增零售能力379万吨，新投运加油站数同比增长10.3%，新增零售能力95.6万吨。狠抓存量站维护，全年续租加油站87座。

【工程建设】 全力推进工程实施，抓紧库站建设，助力主营业务发展。2017年，新建加油站814座，完工471座；开工油库10座，完工6座，投运6座；兰郑长管道驻马店支线投用；完成加油站防渗改造4816座，完成率23.6%。

强化工程项目规范化管理，升级建设标准，提高加油站建设水平，新标准更加突出商业分析和科学决策，更加聚焦安全环保和智慧化功能设置。强化制度建设，修订《工程管理手册》，融入集团公司、股份公司新的管理制度和销售板块各项要求，重点强化项目合规化管理、承包商管理和黑名单制度；编制《HSE审核工作手册》，着重补充施工安全和工程质量审核评价内容，动态掌握工程建设项目综合管理、施工安全、工程质量等关键要素。

推进投产未验收项目整治，截至2017年底，完成竣工验收978个，累计完成率93%。黑龙江销售、河南销售、润滑油公司、浙江销售等13家单位提前完成全部验收任务，燃料油公司、湖南销售、西北销售工作进展显著。

全面强化承包商管理，严格承包商准入与考核评价，新增准入二类承包商82家，对291

家承包商进行年度考核，评价工程建设项目 2284 个；加大施工现场作业人员三级教育，对项目经理、安全员、技术员等关键岗位进行“锁证管理”，有效管控“违法转包、违法分包、违规选商”。

不断强化物资采购管理，强化集中采购招标，完成“油卡非润”营销广告宣传、CN98 超级汽油营销宣传等 7 个服务项目统一招标及单一来源谈判，节约资金 427 万元；成品油销售企业通过外委招标、竞争性谈判等多种方式实施集中采购，节约资金 7.06 亿元，降本率 7.1%。

非油品业务（2008—2017）

2008 年

【概述】 2008 年，销售公司认真贯彻落实集团公司发展非油业务的“十六字”指导方针（自主经营、因地制宜、规范发展、稳步推进），坚持以效益为中心，以规范和发展为主线，高标准、高起点，强化组织运行，推动非油业务有序、高效发展，使得非油品业务在金融风暴席卷全球、世界经济跌宕起伏的情况下，依然稳健起航。

【经营业绩】 下功夫抓战略定位与品牌建设。对非油品业务进行整体规划，明确了两个“定位”（以“国内非油品行业的领跑者”作为战略定位，以“积极乐观时尚的消费群体”作为顾客定位），制定了“三步走”的发展战略，设计并出台了“uSmile 昆仑好客”便利店品牌。多途径入手完善体制、建章立制，先后出台了《中国石油加油站便利店标准（试行）》《非油品业务运作手册》《非油业务工作指导意见》等一系列标准规范和规章制度，并安排相关专家和业务骨干对东北、西北、华东、华南、华中等地区的工作进行现场指导。由此，非油品业务取得了突破性的进展。截至年底，便利店开店数量比计划增加 45.8 %，销售收入同比增长 150 %，年单站日均收入增长 12 %，利润同比增长 81 %。

【业务拓展】 按照集团公司对非油业务“十六字”指导方针要求，清理整顿非油品业务经营方式，对一些出租经营、集资经营的便利店进行了规范，实现了统一经营、统一核算的自主经营目标。增办了烟草专卖、卫生许可等专项证照，为非油业务的长期稳定发展和业务扩展打下了良好基础。与此同时，在便利店网络的逐步建立健全、非油业务整体销售能力稳步提升、与供应商的谈判议价能力有了显著增强的前提下，先后与一些品牌优秀、市场份额领先、合作前景较好的便利店商品供应商开展了总部级合作。

（朱　磊）

2009 年

【概述】 2009 年，在各有关方面的关心和支持下，非油业务继续稳步发展，标准推广扎实有效，便利店网络日益健全，品类结构更加完善，管理水平显著提高。

【经营业绩】 2009 年，销售收入同比增加 69 %，利润同比增加 46 %，有 1.2 万座加油站开展了非油业务，便利店数量达到 8840 座，同比增加 3008 座。百万元站达到 230 座，50 万元站达到 310 座。

【业务拓展】 强化标准实施，规范店面布局。认真贯彻《中国石油加油站便利店标准（试

行)》《非油品业务运作手册》《非油业务工作指导意见》《关于贯彻落实非油业务发展若干文件精神的通知》等各项基本标准，加大督导力度，明确业务工作方向和工作方法。

发挥网络优势，与一些品牌优秀、市场份额领先、合作前景较好的便利店商品供应商加强合作。目前已与可口可乐、中国电信、汇源、伊利、蒙牛、好利来 6 家供应商签订了全国合作协议，对建立良好的供应商服务体系，提升中国石油和“uSmile 昆仑好客”品牌价值，提高顾客对中石油的认知度，意义重大。

进行汽车业务标准化试点。2009 年 3 月开始启动汽车服务项目，在对国内外汽车服务市场和技术进行研究的基础上编制了《中国石油加油站开展汽车服务发展思路》，形成了可实施方案，明确了开展汽车服务的业务定位，并逐步在有条件的北京、山东、江苏等地进行试点。

完成广告经营招标推广工作。确定以“场地租赁经营”的模式开展加油站广告业务，并按照集团公司领导的相关批示，在北京朝阳苇沟和望京南加油站进行广告试点，4 月份进行全国公开招标，7 月与北京北广移动传媒有限公司正式签订合作协议，完成全国的站点测评和布点规划，户外广告工作稳步推进。

加快推进信息化进程。完成主要模块建设和表单制作，建立全国商品基础数据库，修订 300 多个易错商品主数据。结合公司财务管理要求，完成商品主数据相关项目特别是销项税的全国统一。针对上线期间容易出现问题的期初盘点、布局改造等方面问题，下发专项指导意见，规范了进货渠道，划分了系统角色。

构建物流体系。3 月份，经和中国石油运输公司协商，正式签订全国仓储配送合作协议，在条件成熟的地区委托运输公司开展非油仓储和配送业务。目前，运输公司已经在 2 个销售分公司开展了仓储业务，在 5 个销售分公司开展了配送业务。之外，各销售分公司根据业务发展情况，采取自建、租赁的方式设立中央仓 14 座。

加强营销研究。统一制定并下发了非油业务的分析模板，按照重要性对经营过程中的关键指标进行了解构分析。为促进经验交流和宣传先进典型，编发《非油动态》，向各销售分公司业务处室实时通报行业、竞争对手和公司内部的业务动态。组织开展 11 项专业课题研究，强化了业务创新能力。

（董宇鲲）

2010 年

【概述】 按规划稳步发展，标准推广扎实有效，网络日益健全，业务结构趋于完善，专业技能显著提高，整体保持稳定的发展形势。

【经营业绩】 销售收入同比增加 69 %，利润同比增加 78 %；在全国 1.3 万座加油站开展非油业务，便利店数量同比增加 889 座；百万元站达到了 500 座，50 万元站达到了 750 座。

【业务拓展】 效益导向，精细管理，实现量效快速增长。坚持以盈利为核心，切实抓好增收创效的关键控制点。根据加油站顾客消费特点，认真分析店内商品结构，加大对高毛利商品品种的开发力度；提高便利店陈列效率，对关键商品和关键部位进行标准化定向陈列，有效提高商品创效能力；抓住春节、中秋等节日契机，在全国开展统一促销活动，充分利用整体网络资源，提高商品销售。

打造品牌，培育文化，扎实推进标准规范。通过视频会、现场督导等方式，先后组织各种标准培训 13 次；与工程施工紧密结合，把设计标准融合到加油站建设标准中，增强了应用性；完成 2350 座 uSmile 昆仑好客便利店建设，持续推进标准化建设工作，强化了非油业务品牌战略的实施。

积极进取，稳步开发，各项新工作有序开展。全面深化化肥销售业务，加强化肥零售业务的指导工作。全年化肥实现销售收入 1.5 亿元；有序推进加油站多媒体广告业务，共完成广告屏安装 259 块；稳步开展汽车服务工作，完成编制汽车服务的设计规范和运营手册，3 个地区公司 6 座试点站完成建设并开业；组织专业力量开展快餐研究，共开发快餐产品 3 类 40 种。

供应商合作取得新突破。与一些品牌优秀、市场份额领先的商品供应商开展总部级合作，目前已与可口可乐等 16 家签订全国合作协议，首创了“总部统一管理、地区公司具体经营”的合作模式。

信息化进程打开新局面。逐步完善非油业务信息系统的业务流程，完成主要模块建设和表单制作，建立全国商品的基础数据库，完成对 14 万个商品主数据的维护，把有效商品数据减少到 7 万个。同时，完成了 20 张 BW 系统报表的设计工作。

（董宇鲲）

2011 年

【概述】 非油品业务取得长足高效的发展，标准推广继续深入，便利店网络日益健全，业务范围逐渐扩大，业务结构趋于完善，专业技能显著提高，整体保持了稳步上升的水平。

【经营业绩】 实现非油品销售收入 64.1 亿元，同比增加 17.3 亿元，增幅 37 %；实现利润 5 亿元，同比增加 1.5 亿元，增幅 44 %；便利店数量达到 1.1 万座；年销售收入百万元站达到 821 座，年销售收入 50 万元站达到 1218 座。

【业务拓展】 一是抓精细化管理，推标准应用。通过开口销售、全员营销、细化考核等好的工作方法，强化基层精细化管理水平，进一步提高销售规模和服务水平。通过会议促进发展、推进标准店建设，借助集团公司年度工作会议、油品销售精细化工作会议的机会，建成并展示一批像宁夏唐徕、新城、广西东环等标准店。二是开展多种形式培训，提高专业技能。录制网络培训课件，通过工程培训班、经理人培训班、先进经验下基层等方式，开展标准和业务培训。三是加强商品品类研究，提高便利店店面精细化管理水平。通过对便利店商品品类的研究，围绕效益，抓住重点，促进饮料、香烟等重点品类的销售，毛利水平进一步提升。四是对汽车服务业务充分研究，建章立制。继续稳步开展汽车服务项目，制定《汽车服务建设标准设计》《汽车服务业务运营手册》《汽车服务项目后评价编制规定》《汽车服务项目可行性研究编制规定》等标准。五是积极探索，进行快餐业务试点。通过试点，完善并制订《加油站便利店食品安全管理规范》《加油站便利店快餐操作手册》等基本规范。六是促销增量，开展全国促销。先后组织节日促销、后备厢计划等全国统一的促销活动，有效提升了销售规模。

（朱　磊）

2012 年

【概述】 2012 年，非油品业务以“坚守标准，扩大规模，提高毛利，稳步发展新业务”为工作思路，持续推进精细化管理，完善标准规范，扩大营销网络，发展质量进一步提升，呈现出量效齐增的良好势头。

【经营业绩】 2012 年，实现非油品销售收入 80.8 亿元，同比增长 26 %；利润 6.8 亿元，同比增长 36 %；便利店数量达到了 1.3 万个。

【业务拓展】 一是强化优质店培育。坚持顶层设计理念，以打造样板店、标准店为抓手，培育了一批管理精细、服务优良、指标先进的便利店，通过召开现场会等形式，以点带面，较好地提升了便利店整体管理水平，100 万元店达到 1272 座，同比增长超过 50 %。“uSmile 昆仑好客”“carCare 咔咔”品牌逐渐被广大客户认知和接受，中国石油品牌体系更加丰富和完善。二是深化业务精细化管理。强化便利店商品品类研究，突出包装饮料、香烟、家庭食品、酒类等重点品类销售，香烟、包装饮料、家庭食品销售收入同比分别增长 64 %、30% 和 43 %，进一步提高核心商品品效。三是提升队伍专业技能。坚持对业务人员进行专业培训，通过送教下基层和经理人培训班等方式，开展了非油品标准和业务培训；编写加油站经理资格认证非油品部分题库，依托远程培训学院协助开展加油站经理资格认证，持续提升非油品业务专业队伍素质。

（亓敏霞）

2013 年

【概述】 2013 年，非油品业务牢牢把握稳中求进的总基调，以深化精细化管理为抓手，在非油品业务中努力做大规模、做精质量、做优效益，营销网络持续扩大，专业能力稳步提高，规模效益实现新跨越。

【经营业绩】 2013 年，实现非油品销售收入 104.8 亿元，同比增长 30 %；利润 9.1 亿元，同比增长 33 %；便利店数量超过 1.4 万座。

【业务拓展】

（1）营销工作持续优化。以效益最大化为目标，紧贴市场变化和客户需求，不断创新营销模式。一是促销模式更加成熟。元旦、春节、国际劳动节、端午节、中秋节、国庆节等重大节假日全国统一促销、油卡非联动，推动非油品业务整体上量增效。二是服务区业务快速发展。强化高速公路服务区标准的执行，地区公司尝试联营、外包等经营模式，打造一批现代化高速公路服务区，形成非油品业务新的效益增长点。三是便民服务更加丰富。开通 50 余项便利支付业务，搭建优惠券兑换、银行卡消费等服务平台，一线、二线主要城市便利服务网点更加完善。四是积分商品管理进一步优化。为满足加油卡积分清零前的首个兑换高峰需求，畅通“客户沟通、预测数量、备足货品、兑换反馈”的流程，满足优质忠诚客户的需求，提高顾客忠诚度。

（2）专业管理能力不断提高。一是商品结构持续优化。出台重点品类核心商品目录，主数据数量下降 50 % 以上，商品选择更加精准，客户服务的针对性进一步增强。二是供应商管理进一步完善。优化供应商管理办法，强化合作伙伴的动态管理，规范管理中深化互利合作。成功召开第四届贵阳商洽会，形成战略、全国、区域三级供应商管理体系。三是物流管理得以加强。半数以上公司实现中央仓集中配送，实现运费降、库存成本降、商品周转率提高、配送效率提高、保障能力提高的“两降三提高”目标。四是信息系统应用持续深化。结合业务需求实际，依托专业力量支撑，持续完善信息系统的功能，深化系统数据分析，强化信息系统应用，业务科学发展的工具更加完善。

（3）品牌影响力稳步提升。按照销售分公司出台的非油品业务运作手册、培训实务和便利店、汽车服务标准，各销售企业坚持顶层设计、标准化设计、模块化建设、规范化管理，培育了“uSmile 昆仑好客”“carCare 咔咔”品牌，并成为中国石油品牌体系的重要组成部分。

（朱　磊　亓敏霞）

2014 年

【概述】 2014 年，非油品业务积极适应经济发展新常态，牢牢把握稳中求进的总基调，坚持“有质量有效益可持续”发展方针，以深入开展精细化管理为抓手，做精质量、做优效益，营销网络持续扩大，发展质量实现新提升。

【经营业绩】 2014 年，实现非油品销售收入同比增长 90 %，利润同比增长 12 %，利润率同比提高 1.7 个百分点，便利店数量超过 1.5 万座。

【业务拓展】 便利店发展质量持续提升。以店面优化提升、氛围营造两个实施方案为抓手，精耕细作现场服务，强化操作规范培训，诊断优化便利店，美化商品陈列，营造浓厚商业氛围，单店利润同比提高 5 %，50 万元以上店占比接近 30 %。

专业化经营水平持续提高。强化“油卡非润”一体化营销，形成“后备厢计划”和核心品类专题促销模式；以“人 · 车 · 生活”为核心，打造“春夏秋冬”四季主题店面；创新营销方式，涌现出长春普庆站店面提升、贵州湘江站“提篮销售”等先进典型。

供应链管理持续加强。结合业务运作实际，修订下发《供应商管理办法》，明确管理标准；巩固深化合作伙伴关系，形成“四位一体”合作新模式；稳步推进中央仓主动补货，提高配送效率，优化商品品类，商品数量由 9 万余条下降到 7 万条以下，单品创效能力提升 25 %。

业务管理规范持续完善。修订便利店和汽车服务两项运营规范，成为集团公司企业标准。

（亓敏霞）

2015 年

【概述】 以市场为导向，以顾客为中心，以效益为目标，坚持“自主经营、因地制宜、规范发展、稳步推进”的方针，强化质量至上理念，紧抓精细化管理，依靠技术和文化持续创新，实现规模和效益共同提升。

【经营业绩】 2015 年，实现非油品销售收入 124.2 亿元，同比增长 25.6 %；利润 14.5 亿元，同比增长 42.4 %；便利店数量突破 1.6 万座。

【业务拓展】 创收能力持续增强。从店面优化、品类促销、专业培训和氛围营造四个方面入手，通过现场大会和专项竞赛等形式，以点带面提升整体营销氛围，增强非油品业务创效能力，单品日均创效提高 56 %，30 万元以上店面单店收入同比增长 30 %。

业务内容大为拓展。整合跨界资源，丰富便利店业务内容。与中粮集团合作，米面油品类销售收入同比增长 49 %。与中国联通合作，试点 3C 业务，试点城市 2 个月实现收入 7 万元。发挥网络优势，在 116 个自营高速公司服务区试水非油品业务，提供便利店、汽车服务、快餐、住宿等多种服务，实现销售收入 2.8 亿元。与上汽集团签订战略合作协议，加快发展汽车服务业务，全国布局汽车服务站点 377 个，覆盖全国 35 % 的城市，实现销售收入 2600 万元。

制度建设不断完善。完善组织机构建设，在 28 家地区公司建立专业运营团队。健全非油品业务管理制度，修订便利店业务、汽车服务、中央仓业务、广告业务、餐饮业务五大业务手册，保障非油品业务持续稳定发展。

（亓敏霞）

2016 年

【概述】 2016 年，非油品业务主动适应新常态，坚持规模效益并重，以预算为目标，紧抓

“转型”和“创新”两个关键，突出便利店、汽车服务、自有商品、新业务、信息系统、队伍建设六项重点，紧贴行业趋势，挖掘顾客需求，对内精细管理优化服务，对外强化合作拓市创效，发展质量持续提升，实现规模和效益的共同增加。

2016 年，实现非油品销售收入 143.6 亿元，同比增长 15.7 %；利润 17 亿元，同比增长 17.2%；便利店数量超过 1.8 万座。

【业务拓展】 2016 年，便利店质量和效益持续提升。新开便利店 1003 座，开店率 89 %。制订厨房工程营销方案并实施，打造 3212 座放心厨吧门店，同类业务收入同比增长 43 %。

推进加油站汽车服务业务。完成商务部《加油站汽车维修与服务管理技术规范》报审稿编制。通过行业合作开展 2S 店建设，新开汽车服务店 306 座，收入同比增长 17 倍，开展汽车服务业务的加油站“油非”促效果明显，带动油品销量增长 10 % 以上。

突出专业队伍建设。持续强化专业队伍建设，加强培训及队伍建设，组织 10 个地区公司开展品类培训，193 人获得行业品类管理师资格认证，4 名优秀店长当选中国连锁经营协会 2016 年金牌店长。

（董宇鲲）

20017 年

【概述】 2017 年，坚持发展非油品业务，打造新的效益增长极。实现非油品业务销售收入 185.6 亿元、利润 20.6 亿元，同比分别增加 42.0 亿元、3.6 亿元，便利店数量增至 19338 座，开店率 95%，50 万元以上店数量同比增长 25%，便利店收入同比增长 30%（表 1）。

表 1　2017 年非油品业务主要经营指标

指　标	2017 年	2016 年	同比增减
销售收入（亿元）	185.6	143.6	42.0
利润（亿元）	20.6	17.0	3.6
便利店数量（座）	19338	17900	1438

【业务拓展】 2017 年，便利店业务实现稳定增长。加强示范引领，持续推进店面和产品优化，加大水果、生鲜等客户引流，推进与中粮集团等第三方的渠道合作，紧盯客户群开展精细营销，借力昆仑好客 10 周年系列活动，提升品牌知名度。以主推畅销品、创意堆头、氛围营造、空间利用、海报宣传、开口营销为重点，整合促销资源，开展昆仑之星、润滑油、包装饮料、家庭食品等六大核心商品促销，丰富顾客选择，细化营销方案，提升顾客体验，推动“油卡非润”共同增收。

专项工作取得进展。拓展内购业务，与积分商城、电商平台开展合作对接，丰富商品选择，搭建内购平台，以特惠价格和品质保证，提升内购规模。自有商品销售规模超过 10 亿元，其中昆仑之星车辅产品同比增长 146 %、米面油等厨房工程销售收入同比增收 5 亿元。

汽车服务业务快速推进。加快汽车服务网络建设，深化与上汽、北汽、澳德巴克斯等公司业务合作，优化发展模式和结构，自营、合作类门店数量占 80 % 以上；加大汽车服务投资支持力度，“一站一策”指导成品油销售企业发展汽车服务业务；在无法建设汽服店的加油站，推动以“1+X”方式打造汽车服务业务平台；推广河南销售、广东销售经验，开拓整车、二手车销售业务，配件业务实现突破。

化肥、广告、快餐等各类新业务快速成长。

润滑油和炼油小产品销售（2008—2016）

2008 年

【概述】 2008 年，润滑油和炼油小产品业务认真贯彻落实集团公司和股份公司“资源、市场、国际化”发展战略总体要求，紧密跟踪市场变化，及时研究和调整策略，积极沟通和衔接资源，认真协调和组织运行，推动新产品的公关、研发，各项工作有序开展，销售业务运行平稳顺畅。润滑油、沥青、燃料油市场份额同比提高；溶剂油、馏分油等产品产、销量减少，统销优势和效果明显，销售质量进一步提高，经济效益大幅提升。

【润滑油销售】 认真贯彻落实“做专润滑油业务，推进品牌战略”的业务发展定位及工作要求，适时调整策略，改善结构，扩销增量，上推销价；大力开发直供和行业用户，加大终端销售，努力提高包装油销量；进一步研究和理顺了成品油销售企业的润滑油销售流程，积极推进润滑油新产品研发。全年润滑油销售量市场份额达 33.2 %，同比提高 1.1 个百分点。

【燃料油销售】 根据“做精小产品业务，争取做大效益”的业务发展定位及工作要求，充分利用国内、国外两个市场、两种资源，加强市场分析和研究，加大资源衔接、计划管理和价格监管力度，采取灵活的营销策略，做大市场，努力扩大经营规模，不断提高运营质量。

充分发挥销售网络和内部仓储优势，不断优化销售流向，努力提高终端和专项用户销售比例，销售效益大幅提高。全年燃料油销售市场份额达到 26.4 %，同比提高 3.8 个百分点。

【沥青销售】 按照“巩固高效、开发高端、抢占有效，有序开发”的总体思路开展工作，巩固了东北、西北地区的主导地位，开拓华北、华南地区的高效市场，不断提高终端销售比例。积极推进沥青新产品的研发，取得阶段性成果。完成系统内重交沥青产品的认证，推动燃料油公司三个炼厂的沥青品牌整合为“昆仑”，统一宣传“昆仑”沥青，获得了良好的效果。全年沥青销售市场份额达到 26.3 %，同比提高 3.3 个百分点。

【其他小产品业务】 溶剂油、馏分油等要求规范受控产品的产、销量明显降低，同比减少 29.4%。

（周　丹）

2009 年

【概述】 2009 年，按照集团公司“建设国际性能源公司”的发展战略和工作部署，对系统内沥青、燃料油、溶剂油和馏分油等炼油小产品实行“专业化经营，集约化发展”，由中油燃料油公司“统一市场销售，统一对外投标，统一产品品牌，统一售后服务”，以充分发挥生产加工、资源采购、仓储中转、营销网络、品牌效应等整体优势。润滑油和炼油小产品业务按照“发挥小产品和润滑油专业化管理优势，提升市场竞争力”的总体要求，加强产销衔接，加大资源外采，优化资源配置，发挥网络优势，推动产品研发，加强市场分析，实现了增销扩量、优化结构、降费增效等目标，销售质量进一步提高，经济效益大幅提升，专业化经营的优势凸显。润滑油、燃料油、沥青市场份额同比均有提高。

【润滑油销售】 按照“国内领先、国际有位”的发展定位，努力扩销增量，适时调整策略，不断改善结构，完善营销网络，加强科研攻关，突出技术营销。全年销量同比增长 10 %。

【燃料油销售】 依托大库布局，发挥网络优势，优化销售流向，努力提高专项用户和终端销售比例，销售效益大幅提高，国产市场份额达到 15 %。

【沥青销售】 充分发挥资源、仓储、网络等“一体化”优势，把握需求增长，制定差异化营销策略，促进炼化生产企业资源交付，通过代料加工、串换、外采等多种方式积极筹措外部资源。全年销量同比增长 91 %，市场份额同比提高 4 个百分点。

【其他小产品业务】 强化馏分油、溶剂油等统销产品销售管理，提升销售质量，取得较好成效，销量同比增长 58 %。

（周　丹）

2010 年

【概述】 加强产销衔接，加大资源外采，优化资源配置，推动产品研发，做好同业协调，加强市场分析，推行精细化管理，实现增销扩量、优化结构、降费增效等经营目标，销售质量进一步提高，经济效益大幅提升，专业化经营优势突显。润滑油和炼油小产品销量同比增加 26%，润滑油、燃料油、沥青市场份额同比均有提高。

【润滑油销售】 按照“国内领先、国际有位”的发展定位，努力扩销增量，适时调整策略，不断改善结构，完善营销网络，加强科研攻关，突出技术营销，销售总量、包装油、中小包装销量均有增长。销量同比增加 12.5 %。高档油比例同比提高 15 %，中小包装销量同比增加 19.9%。市场份额（不含基础油）同比提高 3 个百分点。

【燃料油销售】 依托大库布局，发挥网络优势，优化销售流向，努力提高专项用户和终端销售比例，销售效益大幅提高。销量同比增加 85.9 %；国内资源供应同比提高 1.7 %。

【沥青销售】 充分发挥资源、仓储、网络等“一体化”优势，抓住沥青消费大年有利时机，通过代料加工、串换、外采等多种方式积极筹措外部资源，制定差异化营销策略，增销增效，份额增长。销量同比增加 20.8 %，市场份额同比增长 0.7 %。

【其他小产品业务】 强化馏分油、溶剂油等统销产品销售管理，提升销售质量，取得较好成效。全年馏分油、溶剂油销量同比增长 12.3 %。

（周　丹）

2011 年

【概述】 2011 年，润滑油、燃料油业务实现平稳运行，市场份额稳步提高，销售质量明显提升，专业化经营优势凸显。润滑油公司及燃料油公司润滑油和炼油小产品销售 1698.36 万吨，同比增幅 26 %，沥青市场份额 33.6 %，同比提高 5.7 个百分点，稳居国内第一；润滑油销售结构持续改善，高档油比例达到 71 %，同比提高 5 个百分点。

【润滑油销售】 润滑油公司不断改善产品结构，完善营销网络，抓好市场规划，强化品牌维护，突出量价结合，向市场要效益，加强科研管理，推进技术创新，销售总量、包装油销量均有增长。尤其通过强化渠道开发，深化渠道管理，提升销售质量，OEM 和 VIC 已成为高档油销量提升的主渠道，商务合作 VIC 客户达到 46 家，实现销量 23 万吨，其中 SJ 及以上高档汽油机油销售 2.3 万吨，同比增长 39 %，所有 VIC 客户均实现价格提升。快速换油业务发展迅速，全年实现销售收入 1557 万元，高档油加注量 172 吨，服务车次 7.1 万车次，同比增幅分别为 80 %、110%、46%，经营业绩实现跨越式增长。全年润滑油公司润滑油销售 184.7 万吨，包装油销售 89 万吨，同比增幅 3 %。

【燃料油、沥青等小产品销售】 燃料油公司推行预知化管理，完善业务链，强化市场研判，有效规避风险，实现受控运行，销售效益大幅提高。2011 年燃料油公司燃料油、沥青等小产品销售 2068 万吨，同比增幅 16.1 %。其中，沥青销售充分发挥资源、仓储、网络等“一体化”优势，通过代料加工、串换、外采等多种方式积极筹措外部资源，制定差异化营销策略，增销增效，份额增长，全年销售 745 万吨，同比增幅 19 %。燃料油在国内表观消费量下降的不利形势下，实现销售 260 万吨，同比增幅 3 %，市场份额 17.7 %，同比提高 0.2 个百分点。强化馏分油、溶剂油等统销产品销售管理，提升销售质量，取得较好成效，全年销售 435.3 万吨，同比增幅 64 %。

（刘锐铭）

2012 年

【概述】 2012 年面对国内油品市场需求增速放缓、油价波动频繁、市场竞争加剧的严峻形势，燃料油、润滑油业务加强营销组织，强化网络建设，深化精细管理，销量稳步提高，专业化经营优势突显。润滑油公司及燃料油公司润滑油和炼油小产品销售 2516 万吨，同比增幅 11.7 %，沥青市场占有率从 29 % 提升到 34 %，稳居国内第一；润滑油销售结构持续改善，包装油销量，同比提高 5 个百分点。

【润滑油销售】 润滑油公司紧紧围绕上规模、上水平，统筹资源保障，精心谋划市场，着力渠道质量，推进科技创新，优化生产物流，深化内部管理，销售总量、包装油销量均有增长。以重要 OEM 和行业领军企业为主，持续减少 VIC 客户数量，优化销售结构，44 家 VIC 客户合计销售 19.1 万吨，其中 SJ 及以上高档汽油机油 2.9 万吨，吨油毛利 1426 元；努力扩大系统内市场，系统内用油稳步拓展，销量同比增长 42 %；快速换油和网络营销取得实质进展，快速换油全年加注高档油液 217 吨，同比增长 26 %，实现销售收入 1826 万，同比增长 29%。昆仑产品在京东商城上线销售，实现良好开局；海外业务继续推进，与曼公司建立市场开发协作关系。中标 C.V.SHIPPING 公司 4 条 32 万吨全船油品供应。保税油业务网络和规模基本形成。全年润滑油公司完成销售总量 223 万吨，其中包装油 98.3 万吨，中、小包装 39.9 万吨，同比分别增长 19.98 %、5.7% 和 5%。

【燃料油、沥青等小产品销售】 燃料油公司贯彻落实党组“转变、发展、和谐”要求，积极转变发展方式、持续提升发展质量，围绕创建“国际水准的燃料油、沥青专业化生产和营销企业”的发展目标，努力做“强”主营业务、做“精”企业管理、做“特”优势产品、做“优”品牌和服务、做“大”市场规模，取得良好的效果。全年燃料油公司燃料油、沥青等小产品销售 2291 万吨，同比增长 10.8 %。通过强化高端产品、高附加值产品的研发和销售，研发出橡胶沥青低温环保生产工艺、催化油浆精制工艺等新工艺、新产品，制定了船燃、发动机专用燃料油企业标准；开发干线公路养护“普通套餐”、高等级公路“高端套餐”，定期生产 30 号、50 号硬质沥青等特色产品，调和生产改性沥青、乳化沥青等高附加值产品，提升了产品的竞争和盈利能力。全年沥青销售 987 万吨，市场份额 34 %；燃料油销售 228 万吨，市场份额 17 %；馏分油、溶剂油等统销产品销售 370.6 万吨。

（刘锐铭）

2013 年

【概述】 2013 年国内经济增速放缓，原油需求下降，油品市场复杂多变、市场竞争更加激烈，燃料油、润滑油业务加强营销组织，强化网络建设，深化精细管理，销量质量明显提升，专业化经营优势突显。润滑油公司及燃料油公司润滑油和炼油小产品销售 2527 万吨，同比增幅 0.5 %，沥青、燃料油等炼油小产品总体运行平稳；润滑油销售结构持续改善，效益明显提升。

【润滑油销售】 润滑油公司提高资源优化配置能力、强化销售渠道建设，加快技术进步，全年销售润滑油（脂）186.3 万吨，其中，车用油 41.4 万吨，工业油 44.2 万吨，特种油 50.3 万吨；实现营业收入 177.5 亿元；利润总额 2165 万元，同比增长 2.2 亿元。

有序推进车用油、工业油产品线优化，围绕提升渠道控制能力，修订销售管理办法。车用油强调终端销售，创新促销策略，建立有效的市场价格体系；工业油加强直供，发挥技术营销优势改善产品结构；特种油用户分类管理，减少中间环节，让利终端用户，实现销量稳定增长。持续优化 VIC/OEM 的开发和维护，以重要 OEM 和行业领军企业为主，开展行业用油调研。系统内用油进行管家式服务，探索一揽子润滑解决方案，38 家 VIC 客户销售 18.7

万吨，其中高档汽油机油 3.2 万吨，同比增长 10.4 %。海外业务实现销售 1.7 万吨。润滑油（液）1.26 万吨。

【燃料油、沥青等小产品销售】 燃料油公司持续拓展完善产业链条，进一步统筹集成专业体系。2013 年销售各类油品 2342 万吨，同比增加 49 万吨，增幅 2.14 %，通过技术改造建成库尔勒、乌鲁木齐 2 套改性沥青装置，改性沥青技术升级成果显著，公司 6 套改性沥青装置均实现工业化订单式批量供应，年产能达到百万吨以上；桥面专用沥青等高端产品在重点、亮点工程中应用，船用燃料油标准产品的生产技术准备基本就绪。全年沥青销售 724 万吨，市场份额 28 %，其中改性沥青销售 16.4 万吨，同比增长 22.3 %；燃料油销售 197 万吨，市场份额 17 %；馏分油、溶剂油等统销产品销售 121.1 万吨。

（王彬婷）

2014 年

【概述】 2014 年，在国际原油价格大幅下跌、国内经济结构调整持续推进、工业经济仍面临下行压力、油品市场竞争更加激烈的形势下，燃料油、润滑油业务加强营销组织，优化运行机制，重视科技创新，效益显著提升，专业化经营优势凸显。2014 年销售润滑油和炼油小产品 2341 万吨，利润实现 14.5 亿元。

【润滑油销售】 润滑油公司销售结构明显改善、降本增效成果显著，内部管理逐步规范，2014 年销售润滑油（脂）153 万吨，其中车用油 31 万吨，工业油 40 万吨，特种油 47 万吨；实现营业收入 143 亿元；利润总额 1.5 亿元。

持续推进车用油、工业油产品线优化，将终端的开发、管理、服务作为中心任务。车用油进一步细化销售渠道，突出高档油渠道建设，分客户群制订不同的营销策略。充分利用网络营销渠道，京东商城 2014 年销售车用油、液 9000 桶。工业油深耕终端，创新管理和服务模式，VIC 客户销量同比增长 12 %。系统内用油增量增效迈出实质性步伐，建立与战略供应商润滑油业务深度合作机制；特种油对终端客户分类管理，强化开发服务，变压器油和橡胶油已占据国内高端市场 85 % 以上份额；积极拓展 OEM 终端售后市场，及时跟进新车型配套研发，上海通用、上海大众等企业服务用油销量同比增长 5 %。优化和完善船用油服务体系，规范在用油品监测管理，2014 年向中远集团销售各类船用油品 3071 吨；出口业务积极寻求新突破，实现向泰国上汽首次供应车用油。

【燃料油、沥青等小产品销售】 燃料油公司以“专业化管理、集约化经营、品牌化运作”为总体思路，强化预知管理，持续完善和拓展产业链条，整合集成专业体系，强化贸易综合实力。2014 年，销售炼油小产品 2188 万吨，利润总额 13 亿元。

积极推进产业、科研创新，坚持技术、生产、销售紧密结合，新产品的数量和技术水平均实现质的突破。完成股份公司科技管理部的“硬直沥青生产技术及产品标准研究”课题，其中三个新产品实现实体工程应用。两种硬质沥青、三种改性沥青、两种黏层油专用沥青参与国家交通部“足尺环道加速加载试验场”建设，以技术优势和产品品种优势赢得独家供应商，并实现西长安街改性沥青的批量生产供应以及广西市场和河北市场的批量生产供应，为后续新产品市场开发和新产品的数量递增、效益递增积累经验，奠定基础。

（刘锐铭）

2015 年

【概述】 2015 年，在国际原油价格大幅跳水、油价持续走低、石油行业经营异常严峻、市场供需关系整体失衡的形势下，燃料油、润滑油业务强化营销组织，优化运行机制，以满足顾客需求为努力方向，大力推进“产销储贸”一盘棋运作、“油卡非润”一体化营销。润滑油和炼油小产品销售 2552 万吨，利润实现 4.8 亿元。2015 年润滑油和炼油小产品销售情况见表 1。

表 1　2015 年润滑油和炼油小产品销售

项　目	2015 年	2014 年	同比增减
润滑油和炼油小产品销售（万吨）	2552	2341	211
其中，炼油小产品	2430	2188	242
润滑油和炼油小产品销售利润（亿元）	4.8	14.5	–9.7
其中，润滑油	–3.9	1.5	–5.4
炼油小产品	8.69	13	–4.31
润滑油（脂）销量（万吨）	127	153	–31
其中，车用油	27	31	–4
工业油	28	40	–22
特种油	51	47	–1
船用油	2.5	2.88	–0.37
润滑油营业收入（亿元）	105	143	–38

【润滑油销售】 润滑油销售由润滑油公司负责，润滑油公司是销售分公司下属集开发、生产、销售和服务于一体的润滑油、脂添加剂专业化公司，围绕产销能力提升，持续优化产能布局，提高产品质量，改善销售结构，提升营销水平，严控成本费用，增强运行效率，2015 年销售润滑油（脂）127 万吨，其中车用油 27 万吨、工业油 28 万吨、特种油 51 万吨、船用油 2.5 万吨；实现营业收入 105 亿元；亏损 3.9 亿元（剔除因保障炼油厂后路畅通承担的库存跌价损失 4.3 亿元，以及消费税上调预算外支出 1.98 亿元后，实现经营利润 2.4 亿元）。

车用油销售思路更加明确，细化社会经销商渠道，实现社会渠道高档汽机油、高档柴机油销量同比分别增长 26% 和 22%，与省公司业务合作成果显著，省公司车用油高端产品和车辅产品销量同比分别增长 37% 和 27%；工业油终端管控持续加强，新特产品销量同比增长 13.2%；系统内用油业务成果显著，销量同比增长 36%；特种油稳住国内市场，拓展出口业务，成功开发所有核电变压器油装机市场，新增三峡集团等 29 家高端用户，20 号变压器油销量同比增加 2.5 万吨，借力厂家设备出口拓展海外市场，出口变压器油 0.65 万吨；船用油完成管理流程再造，销量同比增长 11%；OEM 业务稳步推进，推广服务油，售后市场占比提高 20%，新开发时风集团、江苏宗申等 11 家客户，在上汽、江淮、北汽福田等 12 家客户实现 10 余个新特产品的准入。科研贡献持续增强，2015 年实现科研成果工业转化 17 项，授权专利 12 项，受理专利 12 项，大连研发中心“舰用长寿命抗磨汽轮机油研究”获中国人民解放军总后勤部科技进步奖一等奖，兰州研发中心“硫磷型高性能极压抗磨剂的开发研究”获集团公司科技进步奖三等奖。

【燃料油、沥青等小产品销售】 燃料油、沥青等小产品销售由燃料油公司负责，燃料油公司是销售分公司下属集重质油一次加工及沥青等产品销售、集团公司炼油小产品统一销售，期货套期保值，催化油浆及重质油加工技术研究，沥青船燃产品研发等为一体的专业化能源公司，燃料油公司大力推行生产经营一体化运行机制，强化服务理念，努力满足客户需求，全力提高运行效率和效益，2015 年销售炼油小产品 2430 万吨，同比增加 242 万吨，在消化 12.5 亿元跌价损失后，实现利润 8.69 亿元，圆满完成集团公司下达的“稳增长”任务，取得好于预期的经营业绩。

沥青营销实现量效齐增，参加“9・3”阅兵通道等重点工程项目投标，成功中标 49 个。2015 年销售沥青 670 万吨，同比增加 26 万吨，其中改性沥青 13.2 万吨，创历史新高。尝试开展沥青期货业务，累计交割 6.5 万吨，实现盈利 5764 万元。提高馏分油和催化油浆的附加值，2015 年直供石脑油 22.8 万吨，实现增利 1.53 亿元；实现原油掺炼催化油浆的规模化工业生产，2015 年加工油浆 26.6 万吨，增利 3673 万元。开展保税船舶燃油来料加工业务，有针对性地向沿江沿海地区投放船舶燃油 26 万吨。

（刘锐铭）

2016 年

【概述】 2016 年，在油价跌破“地板价”、消费结构深度调整、市场争夺空前激烈的形势下，润滑油和炼油小产品销售业务加强营销组织，优化运行机制，重视科技创新，效益显著提升，专业化经营优势突显。润滑油和炼油小产品实现销售 3452.6 万吨，利润 12.4 亿元（表 1）。

【润滑油销售】 销售由润滑油公司负责，润滑油销售围绕产销能力提升，持续优化产能布局，提高产品质量，改善销售结构，提升营销水平，严控成本费用，2016 年销售润滑油（脂）116.6 万吨，实现营业收入 91 亿元，利润 1.6 亿元。

表 1　2016 年润滑油和炼油小产品销售

项　目	2016 年	2015 年	同比增减
润滑油和炼油小产品销量（万吨）	3452.6	2552	900.6
其中，炼油小产品	3336	2430	906
润滑油和炼油小产品销售利润（亿元）	12.4	4.8	7.6
其中，润滑油	1.6	–3.9	5.5
炼油小产品	10.8	8.7	2.1
润滑油（脂）销量（万吨）	116.6	127	–10.4
其中，车用油	27.4	27	0.4
工业油	30.1	28	2.1
特种油	42.4	51	–8.6
船用油	2.1	2.5	–0.4
润滑油营业收入（亿元）	91	105	–14

车用油销售渠道质量稳步提升，强化核心、钻石经销商的建设，经销商逐步实现从小而多向大而精转变；与省公司业务融合更加紧密，合作成果显著，省公司车用润滑油和车辅产品销量同比分别增长 15% 和 57%。工业油销售结构不断改善，系统内用油销售实现 2.11 万吨，27 家系统内企业昆仑润滑油占有率 75% 以上。特种油高端市场继续保持领先地位，加大 20 号调和变压器油与中低端市场竞争力度，市场地位更加稳固。船用油销售业绩好于预期，成功开发国内支柱型船厂和船运公司 7 家，销量同比增长 10%。科研贡献持续增强，2016 年实现科研成果工业转化 10 项，申报专利 11 项，发布企业标准 76 项；兰州研发中心牵头研究的 RHY4026 复合剂的研制及其应用获得集团公司技术发明奖一等奖，汽轮机油的油泥趋势研究及配方的改进、船用中速机油评定台架的建设及试验方法获得集团公司科学技术进步奖二等奖，符合国家标准《冷冻机油》（GB/T16630—2012）矿物油型冷冻机油 DRA 产品研制获集团公司科学技术进步奖三等奖。开源控费降本增效成绩突出，通过产品配方优化、优化生产运行和物流、把握采购节奏等方式，2016 年降本控费超过 1 亿元。

【燃料油、沥青等小产品销售】 面对国家原油进口政策发生重大调整、沥青市场竞争加剧、燃料油市场无序低效的复杂形势，燃料油销售转变思想观念，全面创新原油和馏分油的销售模式，推进生产经营整体优化运行。2016 年销售炼油小产品 3336 万吨，利润总额 10.8 亿元。

原油贸易仍然保持盈利主体地位，2016 年采购原油同比增长 34.5 %，通过创新原油销售方式和服务方式，重质委油销量同比增长 57 %，新客户销量比例上升至 32 %。沥青市场份额稳步提升，2016 年销售沥青 714 万吨，同比增长 6.6 %；积极开拓国际市场，打通沥青出口渠道，向赞比亚等国家出口沥青，实现沥青出口零突破；国内市场份额达到 25 %，同比提高 1 个百分点。实行外采石脑油、蜡油原料一体化运作，进一步挖掘馏分油价值，2016 年直销石脑油 30.1 万吨，增效 1.67 亿元。生产加工实现安全平稳运行，2016 年平均加工负荷 87 %，单位加工费同比下降 16.4 %。深入推进产销研一体化运作，以市场为导向开发功能性路面高黏高弹专用沥青等 10 个新产品，研发催化油浆侧渣油制备防水卷材沥青等新技术，获得发明专利 7 项、实用新型专利 98 项。

（辛凤影）

润滑油业务（2017）

2017 年

【概述】 2017 年，润滑油业务坚持创新引领、市场导向，加大科技攻关，开发高端产品，深化渠道合作，拓展业务规模，八条产品线销量均实现较大增长，特别是车用油、车辅产品、工业油等产品的增长幅度均超主要竞争对手。

2017 年，实现润滑油总销量 143 万吨、利润 5.1 亿元，分别同比增长 22 % 和 227 %。其中：车用油增长 7 %，车辅产品增长 133 %，加油站渠道增长 205 %；工业油增长 17 %；船用油增长 22 %；特种油增长 22 %；OEM 增长 8.5 %；润滑脂增长 26 %；金属加工液增长 77 %。市场占有率 16 %，提高 2 个百分点。省区销售分公司车用油销量同比增长 24 %，车辅产品（含冷却液）销量同比增长 205 %（表 1）。

表 1　2017 年润滑油（脂）业务主要经营指标

指　标	2017 年	2016 年	同比增减
润滑油（脂）销量（万吨）	143.0	116.6	26.4
其中，车用油	21.2	19.7	1.5
工业油	29.3	24.9	4.4
特种油	52	42.4	9.6
船用油	2.6	2.1	0.5
营业收入（亿元）	109.6	91.0	18.6
利润（亿元）	5.1	1.6	3.5

【业务拓展】 内部运行持续优化提升。2017 年，坚持市场化方向，从技术方面着手解决存量和增量问题，优化现有产品性价比，有 17 个新产品入市。成立产品设计中心和润滑油互联网科技公司，初步建成微信商城营销推广平台，加快线上营销和终端管控，添加剂业务首次实现外销 3600 吨。

精细精准营销扎实推进。2017 年，与中国石油内部企业建立点对点定期服务机制，系统内订单销售额同比增长 42 %。开展“我是中油人，我用昆仑油”活动，以内部市场带动外部市场。加快整合省区销售企业营销渠道，建成自有终端 1161 家，成品油销售企业渠道车用油、车辅产品销量分别同比增长 24 % 和 205 %。

技术成果转化率提高。2017 年，高铁齿轮油替代日本产品，填补国内空白，并成功应用于“复兴号”动车组；12 万千米长寿命重负荷柴机油全面上市；工业机器人专用油达到国际先进水平；变压器油成为世界首条 ±1100 千伏输电工程唯一指定用油。销售分公司获润滑油行业唯一国家重点研发项目承担单位。

品牌影响力不断扩大。2017 年，昆仑润滑油品牌百度指数、微信指数分别同比提升 1700%、5123%。昆仑润滑油品牌在世界品牌实验室公布的《中国 500 最具价值品牌》排行榜中升至第 249 名，品牌价值 156.65 亿元。参与组织“CCPC 中国量产车性能大赛”，打造“军工品质，大国重器”的昆仑品牌。

燃料油业务（2017）

2017 年

【概述】 2017 年，燃料油业务坚持“低库存、以销定产、资源价值和整体效益最大化”原则，把创新贯穿始终，突出降本增效，实现量效双增，关键业绩指标达到历史最好水平。

2017 年，燃料油总销量 3390 万吨、利润 20.2 亿元，同比分别增加 55 万吨和 10.1 亿元；沥青销量增长 18 %，国内市场占有率提升 3 个百分点，达到 28 %，居国内第一位；原油中转量增长 4.8 %；委内瑞拉原油、重交沥青、防水卷材、改性沥青、石脑油销量均创历史新高（表 1）。

表 1　2017 年燃料油业务主要经营指标

指　标	2017 年	2016 年	同比增减
燃料油销量（万吨）	3390	3335	55
其中，沥青	853.2	714	139.2
石脑油	35.6	30.1	5.5
利润（亿元）	20.2	10.8	9.4

【业务拓展】 2017 年，原油业务市场控制力显著增强。原油配额比计划增加 215 万吨，实现对国内委内瑞拉原油资源的市场控制。多渠道增加委内瑞拉原油资源，首次通过国际贸易进口委内瑞拉原油 209 万吨，原油进口量、销量分别同比增长 3.5 %、4.7%。优选 12 家独立炼油厂开展回购业务，合作量占原油总销量的 94 %。推行整船直达、拼船销售，开展联租联运、原油配送、净油交接，优化资源布局，实现低库存高效率运行。扩大原油公式化和点价销售，提高代理费标准，原油平均毛利提高 32.6 元 / 吨。灵活运用套保工具对冲跌价风险，通过期货运作降低进口原油采购成本 2.19 亿元。

沥青业务市场占有率大幅提升。加强沥青拌合站、项目施工方等终端市场开发，推行联合投标、授权投标，沥青终端销量占到总销量的 59 %，同比上升 10 个百分点。突破沥青资源不足的瓶颈，借助一体化平台优势，深入开展委托加工回购，加大资源外采力度，回购资源、外采资源分别同比增长 353 %、1488%。紧跟需求多样化、产品个性化发展趋势，开发防水卷材和机场特种沥青市场，与西北民航机场建设集团沥青合作取得重大进展，与全国前 10 名的防水卷材生产商开展合作。开展沥青期货转现货、期货点价等业务，结合原油采购及沥青期货进行加工业务套利操作，沥青期货盈利能力显著提升。

馏分油业务利润空间进一步扩展。坚持“集中管理、统一销售”，创新销售模式，统一开发直销客户、统一制定合作模式、统一对接直销计划、统一组织资源外采、统一优化产品调运，合作向战略客户集中，推进资源整体优化和价值提升。全面推行馏分油公式化销售，创新建立与同期原油正向传导的价格模型，以直供方式优先保障直属炼油厂需求，蜡油全部实现直销，馏分油吨油利润大幅提升，在 WTI 涨幅 17.61% 的情况下，石脑油、蜡油、柴油组分价格分别上涨 32%、28.9%、23.5%。以石脑油免税直供为核心，细化石脑油产品线，开展重质宽馏分石脑油、贸易型石脑油销售业务，挖掘石脑油效益潜力，见到明显成效。

原油加工业务盈利能力明显改善。完善生产加工测算模型，形成“日核算、周测算、月分析”的综合预测分析体系，保证委内瑞拉原油资源流向效益更优的业务链条，波斯坎原油加工量同比增加 25.35 万吨。采取 52 项节能降耗措施，超额完成集团公司下达的节能、节水目标。

紧贴市场需求开展科技攻关，推广应用高模量沥青、海绵城市彩色透水沥青等 6 项新特产品及技术，参与的“劣质重油改质、加工成套技术研究开发及工业应用”、主导的“催化裂化油浆综合利用技术研究项目”“国产优质道路石油沥青制备技术研究与应用项目”分别获集团公司科学技术进步奖特等奖、三等奖和技术发明奖三等奖，全年申请专利 22 项。

加油卡业务（2017）

2017 年

【概述】 2017 年，加油卡业务坚持从服务营销、服务客户、服务基层出发，以零售会员体系优化为切入，以互联网营销平台为抓手，开展“油卡非润”一体化营销传播，推进跨界合作和联合营销，有效推进加油卡业务。

【卡产品业务】 围绕品牌推进卡产品化进程，推出变形金刚系列及生肖卡等 10 款产品卡，以及变形金刚和小马宝莉珍藏版套册；完善产品卡营销宣传和推广渠道，基本实现线上线下协同、内外电销平台互补的销售模式；首次成功与建设银行发行集“加油、金融、ETC”功能于一体的“中油龙卡”一芯多应用联名卡。2017 年发售产品卡 35.2 万张，实现收入 4607 万元、毛利 1608 万元（表 1）。截至 2017 年底，累计发售产品卡 137 万张，实现收入 1.68 亿元、毛利 7614 万元。

表 1　2017 年产品卡发售情况

项　目	2017 年	2016 年	同比增减
产品卡发售数量（万张）	35.2	43.3	–8.1
收入（万元）	4607	4215.7	391.3
毛利（万元）	1608	1978.5	–370.5

【卡营销管理】 发挥加油卡聚拢客户效应，推行加油卡阶梯优惠政策，引导加油卡积分优惠促销，优化月末返利流程，增强车队卡营销功能，提高充值卡发行效率；修订《加油卡业务运作手册》，完善资金对账机制，加强卡异常交易监控，保障加油卡业务健康运行。截至 2017 年底，昆仑加油卡售卡总量 1.23 亿张，沉淀资金超过 300 亿元、同比增长 10.1 %，记名卡比例 76 %，同比增长 1.7 %，卡销比 44 %，同比增加 1.4 个百分点。

【互联网业务】 2017 年，持续深化互联网营销，整合优化客服电话 95504、微信公众号、APP 等平台入口，新增 30 项功能，优化 11 项功能，实现平台客户的统一管理；23 家成品油销售企业使用中油好客 e 站微信公众号，18 家成品油销售企业全面推广 APP，31 家成品油销售企业使用加油卡充值赠送电子券业务；扩大互联网支付应用范围，持续提升线上营销能力，上线加油卡充值电子券促销功能，推出“昆仑好客优选 +”销售频道，优化大客户管理，深化与蚂蚁金服、京东集团等互联网企业跨界合作。加大促销宣传力度，通过发布信息公告和群发微信，触达客户超过 6 亿人次；互联网平台客户量、加油卡充值同比分别增长 96.3 %、600%。

【**营销传播**】2017 年，在加油站和线上自媒体的基础上，拓展影响力较大的传播渠道，丰富宣传形式。中央人民广播电台投放策略由单频道升级为“经济之声 + 中国之声”双频道，重要节点投放频次提高到 18 次 / 日；新增国航《中国之翼》杂志营销渠道，累计覆盖受众超过 6000 万人次。

【**会员体系建设**】2017 年，围绕会员规模扩大和质量提升的双重目标，加大记名卡客户开发维护力度，实名加油卡发售量同比增长 16.4 %，持卡客户汽油销量同比增长 6.5 %。上线 CRM 系统，与卡系统、加油站管理系统和微信公众号集成互动，扩大会员范围、丰富会员权益。完善积分体系，开展积分营销，积分总价值同比增长 27.8 %，兑换积分价值增长 35.6 %。

专业管理（2008—2017）

2008 年

【概述】 认真贯彻落实科学发展观，大力推进 HSE 体系建设，进一步加强财务、油库管理、价格商情、信息化建设、质量计量管理以及队伍建设等各项工作，着力夯实发展基础，为促进主营业务持续、有效、有序运行提供强有力的保障与支撑。

【HSE 建设与管理】 在 HSE 建设和管理方面，重点开展了 HSE 管理体系建设与完善工作。销售公司于 2008 年 9 月 1 日颁布施行《HSE 体系管理手册》29 个体系文件，进一步加强了“谁主管、谁负责”在各业务部门和各基层单位的贯彻落实。各地区公司按照销售公司颁布的《HSE 体系管理手册》和 29 个体系文件，依据安全管理“谁主管谁负责”的原则，全面修订了本单位的 HSE 管理体系文件，使 HSE 管理工作更加规范化和科学化。

2008 年销售公司共发生承包商死亡事故 2 起，死亡 2 人；没有发生销售公司员工伤亡事故；年度考核事故为零，环保实现达标排放。

在应急工作方面，经受了年初雨雪冰冻灾害、“5 · 12”汶川地震等一系列突发事件的严峻考验。在广东、安徽、湖北、西藏、四川等 17 个省市自治区的数千座加油站受到波及的情况下，通过积极预警、周密布防、果断决策，努力将灾害影响降到最低，没有发生人员伤亡事故。在北京奥运会期间积极布防，出色地完成了防恐保安全任务，保证了生产经营目标的实现。

（冯　涛）

【财务管理】 建立月度经营活动分析制度，完善工作机制，为经营工作提供了有力抓手。以吨油获利能力为主线，将各项工作与吨油利润的实现紧密结合，提高了各部门对利润的关注程度。对租赁费、损益油、加油站效益、财务费用和流向效益等进行专题分析，及时安排专题调研，取得了成效明显。

强化基础工作，夯实管理基础。结合集团公司审计发现的问题，先后印发了《关于进一步加强管理整改审计发现问题的通知》和《关于严格落实审计整改措施和相关管理要求的通知》，并积极抓好落实；在油库和加油站签订资金安全责任书，在加油站实行“站长、核算员、计量员”三岗分离，确保资金安全；针对销售企业租赁费不断攀升趋势，明确了加油站、油库的租赁标准和审批程序，提高租赁质量；按照“据实计量、及时入账、规范核算”的原则，做好油品损益管理工作。配合零售管理信息系统实施，在加油站全面推行机打发票，降低了成本（平均机制单联卷筒式销售发票 0.07 元 / 份，比原纸制手工发票平均降低 0.16 元 / 份）。

制定切实可行的方案和措施，积极整合低效站、提升销售质量、优化运输和配送、强化主要管理性费用控制，大力开展挖潜增效活动，严格控制各项投资和成本费用。对各销售企业挖潜增效工作中的亮点，在每月经营活动分析时予以总结和推广，辅之以工作简报，较好地发挥了表扬先进、鞭策落后的作用。全年控制非生产性支出工作进一步得到加强，五项管理费用同比减少 2.57 亿元。

服务基层，帮助销售企业打牢发展基础。积极争取相关政策，改善一线加油站员工生活条件；帮助部分销售企业申请减免短期负息资金本金，降低了他们的债务负担；及时向主管部门提出按成品油资源采购渠道分账核算建议，解决了外采成品油资源相关企业的效益不能得到真实、准确反映以及不能服务生产经营和领导决策的问题。此外。还分别于 6 月和 10 月，先后两次召开会计师座谈会，就“现阶段如何由总会计师牵头做好经营活动分析和如何履行好职责”“油品销售企业实现效益最大化，以及在确保利润稳步增长的同时如何有效改善职工的生活工作环境，特别是一线员工生活待遇”等问题，进行了认真深入研究，较好地解决了基层工作中关注的热点、难点问题。

为适应集团公司大预算管理机制，积极与集团公司预算管理办公室沟通，研究新的预算指标和考核办法。按照“突出重点，权责对等”的基本思路，重点是以吨油利润为切入点，核定年度预算利润，促使销售企业树立以利润为中心的经营理念，通过提高销售质量和强化成本控制等手段，达到提高创效能力的目标。

（于丁一）

【油库管理】 截至 2008 年年底，股份公司在用成品油库数量比 2007 年净增加 23 座，增加库容 163 万立方米。2008 年油库累计出库量比 2007 年增长 16.8 %，油库利用平均周转次数比 2007 年提高 6.2 个百分点。

通过加强资产型油库建设、强化租赁油库管理和一次、二次物流优化，油库的结构和布局得到进一步调整与完善，南方开发性市场油库的座数和库容比例稳步上升，辐射区域扩大。2008 年建成投运新疆王家沟油库、黑龙江龙凤油库等一批商业储备罐，有效地缓解了因金融危机、市场急剧萎缩导致库存大幅上升、库容紧张的矛盾，为疏通炼厂后路创造了条件。

积极推进油库专业化管理，南方开发性市场新建油库全部实施区内承包管理，优化人力资源配置，解决老公司冗员和新成立的公司管理和操作员工紧缺矛盾。加强基础工作，推进新版操作规程应用，编制《油库管理手册》和《油库定置化手册》，固化动作和流程，规范移动物的配置和放置。加大油库技术升级和安全环保改造力度，全面实施和推广下装发油技术和油气回收技术，推进油库信息化与自动化管控一体化建设。

（韩聿波）

【质量与计量管理】 启动销售公司油品质量监督抽查，组织东北、西北质检中心对 190 座特许加油站、参控股加油站进行了油品质量监督抽查，共抽取 322 个油样，其中汽油样品 156 个，柴油样品 166 个。在销售企业建立股份公司质检中心工作稳步推进。在股份公司组织的汽柴油质量监督抽查中，合格率稳步提高，抽检计划完成率达到 100 %。国家抽检车用汽油，覆盖范围 14 个地区公司，抽取销售企业 83 个样品，合格率 100 %。油库柴油再调和科研项目完成了实验室和现场试验，进一步推进了质量管理工作。奥运期间，牢固树立责任意识，加强京Ⅳ油品在接卸、储存、运输和销售全过程质量管理，加大对油库、加油站油品质量的监督检查力度，组织对北京市 9 座油库、250 余座加油站进行全面质量监督检查，确保了奥运油品质量全部合格，圆满完成了奥运油品质量保障工作。

加强运输过程计量管理，下功夫控制运输损耗，全年下海油损耗率为 0.333 %，铁路运输损耗率为 0.176 %；加强油品损益管理，对部分销售企业库存盘点进行现场调研，认真分析影响油品损益的因素，提出加强管理的意见和建议，为进一步规范损益油品管理做出贡献。

完成了集团公司石油产品销售及润滑剂专业标准化技术委员会的组建以及集团公司企业标准《通用润滑油基础油》《专用润滑油基础油》《柴油清净剂》的制（修）订工作；作为主要起草单位和起草人，参与制定国家标准《车用乙醇汽油调和组分油》（GB/T22030—2008），已发布实施。

对销售企业创建节能节水性企业进行了现场检查。销售企业全年总能耗为 39 万吨标准煤，耗用新鲜水 3243 万立方米。

（顾惠明）

【信息化管理】 销售 ERP（企业资源管理）系统在山东试点运行的基础上，重新梳理了业务流程，完成了蓝图设计，按照“集中设计，分批上线”的策略，分批开始在西北销售公司、四川销售公司、甘肃销售公司、陕西销售公司、宁夏销售公司、青海销售公司、新疆销售公司、西藏销售公司实施，并上线运行。加油站管理系统完成了蓝图设计、确认、系统配置、开发及系统测试，完成了测试中心建设、制卡中心建设、前庭设备测试、IC 卡注册、密钥典礼、银行 POS 集成、系统用户培训、数据收集与导入等工作，检验站级系统、卡系统、总部系统，提出了完善解决方案，完成了山东销售公司、大连销售公司、华东（上海）销售公司 1188 座加油站的实施部署任务并上线试运行，培训最终用户 3912 名。组织编写了调度指挥中心及一次物流优化系统、省调度指挥中心及二次配送系统、油库管理信息系统可行性研究报告并上报规划计划部，通过了咨询公司的评估；编写了《油库自动化系统建设统一标准》和《生产指挥调度室设计建设技术规范》；完成了总部调度指挥中心的建设工作。组织编制了销售业务信息化建设“十一五”后 3 年滚动规划和“十二五”信息化专项建设规划草案，提出了“需求预测与生产运行管理”（润滑油及小产品）、“供应商关系管理”（非油品业务）、“业务规划”“商品与供应链计划优化”（非油品业务）、“仓库管理”（润滑油及非油品）、“非成品油调运及配送”（润滑油、小产品及非油品）、“海运管理”“客户关系管理”（成品油、润滑油及小产品）、“销售业务信息系统集成”等建设项目，并纳入信息管理部的总体规划草案中。完成了购销存升级系统在重庆销售公司、吉林销售公司、大连销售公司的实施及验收；组织了华北销售公司 IC 卡系统升级项目的验收等工作。

（樊　涛）

【股权管理与法律事务】 截至 2008 年 12 月末，成品油销售企业管理的股权投资项目共 582 家，其中控股 385 家，参股公司 197 家。按照管理权移交、转让试点、全面完成的整合程序，积极组织开展集团公司成品油销售业务整合工作。到2008年年底，基本完成涉及26家未上市企业、14家销售企业，426座加油站、34座油库，从业人员近8000人的整合工作。开展了销售公司在兰州、上海、北京下设的4个分支机构的注销工作，已完成石油商情中心的注销及成品油批发证、进出口许可证、危险化学品证注销工作。按照“参股变控股，控股变全资”的管理思路，努力掌握股权企业实际控制管理权，提高盈利能力和合资企业的效益。

（赵飞虎）

【培训与技能鉴定】 培训方面，以各级经理人培训、信息化项目培训和培训师培训为重点，完善效果评估，进一步落实教材、师资、基地建设，积极探索建立符合销售企业特点的示范库、站培训网络体系。全年共举办308期培训班，直接组织培训10348人；组织销售公司机关围绕专业业务开展集体学习11期，参加473人次。继2007年“送教进西藏”后，又组织“送教进青海”，举办2期加油站经理培训班、1期加油机维修工培训班，培训316人。围绕信息系统、加油站管理系统建设，分别举办培训班102期和178期，共培训员工8314人。组织非油业务培训师、加油站培训师、培训管理者培训，培训近200人。2008年全系统培训员工21万人次。此外，通过采用项目管理法组织培训项目、以调查问卷法进行培训效果后评估、以全程跟踪法组织信息化系统培训、以现场实践法组织非油业务培训师培训等，着力改进培训管理方法，取得了良好的效果。

技能鉴定方面，积极加强职业技能鉴定基础工作，规范工作流程，加强考评员、督导员队伍建设，确保鉴定工作质量。一是组织完成集团公司2008年成品油销售系统职业技能竞赛，大赛创造了“四个第一”——第一次全系统范围竞赛、第一次集团公司级的销售系统竞赛、第一次采用第三方考务督导组织竞赛、第一次按照国家职业标准组织竞赛。二是组织编写了加油站操作员、油品储运调和操作工、油品计量工和油品分析工4个工种教材、题库，填补了成品油销售系统的空白。三是顺利启动职业技能鉴定工作，设立了20个鉴定站、制定了20项制度、编写了4个工种8本书，专兼职管理人员达到80余人，做到了组织机构、规章制度、教材题库、管理人员4个按期到位。在此基础上，按照科学化、规范化、程序化、标准化的原则，指导各鉴定站严格按照鉴定工作制度开展工作，顺利完成了首次1万人的鉴定任务。

（杨峰亭）

【未上市企业销售业务管理】 2007年年末，根据销售公司管理体制和职能变化，未上市企业销售业务管理主要负责销售未上市企业资金、资产和员工安置费用管理。2008年主要开展了6个方面的工作。一是统筹安排、合理使用员工安置资金。按照“尊重历史、专款专用、计划控制、严格管理、规范运作、实事求是、和谐稳定”的总体原则，安排2008年员工安置资金预算支出2.75亿元，每月根据年度预算下达月度资金计划控制使用，年终对员工安置资金进行清算。二是按程序处置闲置资产。对闲置资产按程序报批后进行处置，先后有青海销售公司、四川销售公司、内蒙古销售公司处置、报废资产原值4499万元、净值1962万元。三是真实、准确反映会计信息。规范员工安置资金核算内容；安排、部署并审核、汇总编制财务决算；所属 14 家未上市公司财务决算经过审计后，上报集团公司财务资产部并审核通过。四是完成内退人员工资套改。根据股份公司 2007 年调整完善基本工资制度指导意见要求，审定并批复 14 家销售未上市企业内退人员 2854 人参加工资套改，增加调资额及各种社会保险、住房公积金等资金预算 2005 万元。五是组织实施销售企业矿区投资计划。组织分解落实集团公司下达销售企业 2008 年矿建投资计划 1.4 亿元，主要安排区内 15 家销售企业矿区安全隐患和环保整改、离退休活动室设施完善。六是做好汶川“5 · 12”地震后销售企业矿区重建恢复有关工作。按照集团公司统一部署，统计灾害损失，实地了解灾情，协助四川销售公司、重庆销售公司、西北销售公司、陕西销售公司、甘肃销售公司 5 家销售企业做好集团公司拨付 2.3 亿元灾后重建资金的使用工作。

（陈运华）

2009 年

【概述】 2009 年，集团公司销售业务专业管理工作的指导思想是：立足确保集团公司整体利益最大化，以建设国际水准销售企业为目标，持续加强安全环保、财务、油库、价格商情、信息化、质量计量以及队伍建设等各项管理工作，确保销售业务持续有效快速发展。

【HSE 建设与管理】 克服市场低迷造成的高库存，以及“7 · 5”事件冲击、国庆防恐和 11 月华北地区暴雪等不利因素影响，在全系统认真贯彻集团公司“HSE 管理九项原则”，持续推进 HSE 体系建设，加速“直线管理”和“属地责任”在各业务领域、各管理层面的深化落实。系统开展“百日安全专项整治”活动，紧紧围绕“营造氛围、落实责任和规范作业”三个重点，针对电气安全隐患和非常规作业两个薄弱环节，分“专题安全宣传”“专业技能培训”“专项检查整改”三个阶段，扎实有序地做好工作。一是召开 3 次大型视频会议，确保参与度。销售公司和省、市销售公司领导班子成员、处室负责人与基层库站经理，分别在总部、省、市三级会场参加培训，将宣贯理念、培训技能和分析案例贯穿始终，每期培训都超过万人。二是组织了工程施工、电气安全和体系审核 3 次专项检查，确保整治效果。三是依托 HSE 信息系统构建工作平台，实现双向实时信息传递，推进资源完全共享。征集材料 1817 项，包括安全寄语 964 期、安全体会 639 篇、安全短片 101 部、技术论文 88 篇、培训课件 25 篇。

（冯　涛）

【财务管理】 2009 年，销售业务财务系统积极落实集团公司工作会议要求，按照“稳量、推价、降本、增效”的工作方针，坚持效益最大化的经营理念，以规范管理为前提，以“吨油利润”为切入点，抓好经营活动分析、月度滚动预算和 8 项降本增效工作，切实为公司营销活动提供强有力的支持。

一是抓月度滚动预算的编制和执行。从 4 月份开始，在销售公司和地区销售企业两个层面开展月度预算工作，预算的重点是业务和财务。月度终了以预算为基数，与实际生产经营情况进行对比分析，分析差距，查找问题，通报预算执行情况，为经营活动提供了有力抓手。

二是抓降本增效。在销售公司层面按照业务处室分工成立了八项降本增销工作组，落实责任人，明确职责分工、控制措施和时间进度，进一步加强和巩固了基础管理工作。

三是抓审计发现问题的整改和对照检查。针对集团公司审计部对销售企业专项审计提出的整改意见，结合销售公司 2008 年前后两次下发落实整改意见的文件，以及集团公司领导对部分区外销售企业专项审计报告的有关批示，向有关单位下发了要求整改和自查的文件，要求他们加大自查自改力度。在此基础上，组织联合调查组，对被审计单位近 3 年来发现问题的整改情况进行复查，并在全系统进行通报。

四是把经营活动分析制度化。以“吨油利润”为切入点，按构成吨油利润的销价、成本、费用三要素，组织营销、储运、投资、价格等各有关处室和财务处共同参与经营分析。通过分析，把“吨油利润”实现情况与各个有关部门的工作紧密关联起来，及时发现存在的问题，客观公正地评价经营业绩，不仅进一步加强了生产经营与财务的融合，而且统一了大家的认识和行动，齐心协力抓好各项工作，推动了销售质量的进一步提高。在做好销售公司层面分析的同时，确定了分析模板，下发地区销售企业，要求他们按照板块模板每月进行经营分析并上报。

五是下功夫组织好地区销售企业的减债工作。通过努力，一季度为其减债 199 亿元，使他们的资产负债率由年初 64 % 下降到 50 %；全年减少财务费用近 10 亿元，使各单位处于同一起跑线上，为企业提高市场竞争力打下良好基础。

六是深入研究地区销售企业的预算管理机制。为适应集团公司大预算管理机制，积极与集团公司预算管理办公室沟通，研究新的预算指标和考核办法。按照“突出重点，权责对等”的基本思路，重点是以吨油利润为切入点，核定年度预算利润，促使地区销售企业树立以利润为中心的经营理念，不断提高销售质量和强化成本控制，增强创效能力。

（于丁一）

【油库管理】 截至 2009 年年底，油库同比减少 19 座，库容同比增加 192 万余立方米，油库周转量同比增加 819 万余吨。

组织协调了兰—郑—长成品油管道分输油库和一批商储库、集散库的投产运行，落实了济南油库、厦门油库、武汉油库、洛阳油库、三门峡油库、东方油库的承包管理和东北公司向广东南沙油库的劳务派遣。组织实施了 2009 年度集团公司劳动竞赛油库业务组的参赛及评比工作，完成送教到内蒙古油库管理培训和第一期 60 多人的地区销售企业油库主任培训，促进了油库管理水平的提升。下发《成品油库标准化定置管理手册》，编写了《成品油库管理手册》，编制完成地区销售企业 2015 年《成品油库发展规划》和年度《达标改造计划》。按照“八项降费措施”要求，清理整治租赁油库，共清退低效油库 57 座，节约租赁费 5855 万元。提出“统一租赁、统一管理、统一运行组织”的管理模式，协调解决了华南销售公司、云南销售公司、广西销售公司、贵州销售公司在湛江、钦州两地租赁中转油库的矛盾。

结合“百日安全整治活动”，开展油库现场用电安全检查和国庆期间防恐准备工作检查，确保了油库安全运行。开展了山东销售公司油库管理信息系统建设试点工作。

（付　翔）

【质量、计量与节能管理】 质量管理。哈尔滨、乌鲁木齐质检中心升格为集团公司质检中心，质检机构更趋完善；国家组织抽检 20 个地区销售企业车用汽油样品 127 个，合格率 100%；集团公司组织的质量监督抽查合格率稳步上升，汽油合格率 96.8 %，柴油合格率 99.3%；销售公司机关内部组织质量监督抽样 626 次，同比增加 303 次，其中 25 家地区销售企业 336 个批次，抽样合格率 95.8 %，14 家炼厂 223 个批次，抽样合格率 92.1 %；润滑油基础油质量合格率达到 91.7 %；启动销售企业 ISO9000 质量管理体系的建立工作，全年未发生重大质量事故。

计量管理。管理力度不断加大，运输损耗呈继续下降趋势，库存商品盘点不断强化，损耗（溢余）处理进一步规范，控制铁路运输损耗率和下海油损耗率工作取得新成就，创历史最好水平，全年未发生重大计量事故。

节能工作。节能节水工作全面启动并纳入集团公司考核；积极推广节能新技术，开展空化热泵取暖试点并取得成功，全面完成了当年集团公司下达的节能节水考核指标，四川销售公司被评为集团公司节能节水先进企业。

（顾惠明）

【信息化管理】 信息化建设全面推进，实现了预期目标。销售 ERP 系统完成了总部和 35 家地区销售公司的上线应用，集中培训 11830 余人，13 家公司财务实现了单轨运行，15 家公司业务实现了单轨运行。加油站管理系统完成了 9500 余座加油站环境及 3 万余台加油机、3100 余台液位仪和 8000 余座加油站网络的改造，完成了推广阶段 5000 余座加油站的实施部署和 1600 个发卡充值网点建设；集中培训 15000 人次，现场培训约 24700 人次；搭建了统一运维管理平台，建立了以主数据、油品、非油品、财务、卡业务 5 类 33 个指标项的量化考核体系。完成了油库管理系统业务流程和需求的确认，细化了全资油库自动化系统设计方案、部署架构，制定了油库改造方案和自动化集成技术要求；组织了首批油库业务人员技术培训，完成了山东销售公司首座油库管理系统试点实施工作。研究确定了一次物流资源配置与运输优化方案、二次物流配送“一卡通”方案，并统筹研究了 3 个物流项目软硬件整合方案；完成了一次物流系统软件商、二次物流系统软件商竞争性谈判工作。编制完成了“十二五”销售信息化专项建设方案。

（樊　涛）

【股权管理】 针对股权项目历史遗留问题复杂、资料不全等诸多难关，采取得力措施开展整合工作，取得良好成效。全年清理无效、低效股权项目 75 家，清理固定回报项目 27 家，清理无形资产出资项目 3 家，非股份公司投资主体变更为股份公司 10 家。继续加快发展股权企业，全力做好合资公司组建和全资收购工作，陆续成立中铁建、中交建、成都三环等合资公司，为销售企业提高市场份额打下基础。截至 2009 年年底，成品油销售企业管理的股权投资项目共 529 家，其中控股 361 家，参股公司 168 家。股权投资企业期末账面投资余额

91.97 亿元，计提减值准备 2.05 亿元，累计实现投资收益 34 亿元。

（赵飞虎）

【培训与技能鉴定】 强化员工培训，全年举办 25 个培训项目、486 期培训班，直接组织培训 5.3 万人次。其中：集团公司项目 3 个、3 期、207 人次；板块项目 17 个、477 期、52424 人次；处室项目 5 个、6 期、359 人次。销售 ERP 信息系统培训达到 1.3 万人次；加油站管理系统培训 1.5 万人次。在销售信息系统培训工作中，通过考试考核，培养选拔兼职培训师人选和系统运行维护人员。组织加油站培训师培训班，来自全国 29 家地区销售公司加油站业务的兼职培训师 80 人参加培训，培训中强调学练结合，加强授课技巧、课程结构、授课语言技巧等专业训练。组织非油品业务培训师培训班，来自 29 家地区销售公司非油品业务的兼职培训师 62 人参加培训，重点提高非油品牌理念、业务定位的认识，特聘专家教授结合授课技巧培训，进一步提高对非油业务的实际操作能力。组织油库培训师培训班，来自 33 家地区销售公司油库业务的兼职培训师 65 人参加培训，重点培训了销售企业油库综合管理知识。继续组织开展先进经验下基层活动。其中："先进经验内蒙古行"，组织教师 25 人，办班 6 期，培训 363 人；"先进经验区外行"，组织教师 55 人，办班 10 期，培训 966 人。组织编写《中油碧辟管理与操作实务》，该套书共分 10 个分册，分别是资产、财务、运作、非油品业务、人力资源、供应配送、安全、内控、信息化应用和组织与企业文化，覆盖了中油碧辟管理运行中的全部流程，共 279 万字、361 个管理工具、1260 个管理应用图表，全面呈现管理运作细节，具有较强的操作性。还组织编写《非油品业务培训实务》《车用润滑油》《工业润滑油及特种油》《润滑油脂及其应用》4 本培训教材。在多次研究分析的基础上，印发《创建培训示范库站工作的通知》，明确创建标准和工作进度。

认真组织开展技能鉴定，全年鉴定 6.3 万人，累计鉴定覆盖率达到 45 %；鉴定站数量由 20 个增加到 28 个。组织完成 3 期考评员培训班，培训 33 家地区销售企业推荐的技能鉴定工作人员 762 人，其中：管理人员 181 人，加油站操作工考评员 390 人，油品储运调和操作工考评员 73 人，油品计量工考评员 61 人，油品分析工考评员 57 人。组织完成了 1 期质量督导员和内审员培训班，使系统内交叉督导成为可能，同时也为编写技能鉴定质量管理体系准备了人员力量。协调上级部门从油田、炼厂等鉴定机构派出质量督导员 120 多人次，代表销售鉴定中心到鉴定现场执行外部督导任务，确保鉴定工作顺利开展。按照集团公司工作安排，9 家地区销售企业鉴定站参加 2009 年国家质量管理体系认证。组织编写质量管理体系文件；协调集团公司职业技能鉴定指导中心组织专家对体系文件进行文稿初审；组织召开体系认证工作推进会；完成 5 家地区销售企业鉴定站认证工作的现场审核，认证通过率 100 %。组织了内蒙古、华东和山东销售公司鉴定站赴西藏、贵州和江西 3 家销售公司开展鉴定，共完成鉴定 1000 余人。

精心组织开展"上销量、保增长、强基础、促发展"劳动竞赛，按月跟踪，按季评比表彰，编发简报 14 期，对一季度、二季度、三季度的先进单位进行了表彰，授予 25 家单位中国石油"上销量、保增长、强基础、促发展"劳动竞赛先进单位称号，277 个基层单位中国石油"上销量、保增长、强基础、促发展"劳动竞赛先进集体称号，540 名员工中国石油

“上销量、保增长、强基础、促发展”劳动竞赛先进个人称号，授予东北销售公司、西北销售公司、润滑油公司、中油燃料油公司、大连海运公司、山东销售公司和山西销售公司中国石油“上销量、保增长、强基础、促发展”劳动竞赛组织工作先进单位称号。

（杨峰亭）

【未上市企业销售业务管理】 继续按照“尊重历史、专款专用、计划控制、严格管理、规范运作、实事求是、和谐稳定”的原则，安排2009年员工安置资金预算支出2.84亿元。对闲置、报废资产按程序报批后进行处置，先后有黑龙江、辽宁、内蒙古、陕西、宁夏、新疆、四川销售公司7个单位处置、报废资产原值4129万元、净值1618万元。组织分解落实集团公司下达销售企业2009年矿建投资计划1.15亿元，主要安排15家地区销售企业矿区安全隐患和环保整改、离退休活动室设施完善。

（陈运华）

2010年

【HSE建设与管理】 科学分析安全形势和管理“短板”，积极推进HSE体系试点，狠抓安全基础工作，全年工业生产亡人事故为零、环保事故为零、外排污染物实现达标排放。启动辽宁、内蒙古、福建等省HSE体系试点推进工作，在理念、方法和工具上取得经验，为销售企业现有体系的整合提升准备条件。组织开展施工队伍清理、甲方现场监管、区域专业维修队伍建设、专业电工及劳保用品配备集中治理，提高非常规作业管理能力，保障常规作业安全生产全面受控。按照“谁主管谁负责”的原则，启动作业许可审批人队伍建设工程，明确作业许可审批人队伍资格要求，组织编制专项培训教材并开展分级培训和备案审查，156人首批通过集团公司远程教育网集中考评并完成备案。明确清罐作业审批升级管理要求，突出重点作业环节的监控。组织编制外来施工队伍入场安全视频教育片，统一规范施工安全须知的告知方式和要求，提高库站员工非常规作业监管能力。分阶段滚动实施冬季安全生产、油库专项等五次检查，抽检32家企业重点库站厂及车船，企业覆盖率82.5 %，发挥安全监督效能。明确防灾原则，通过HSE信息系统适时预警和总结分析，将灾害损失降到最低。缜密组织“世博”“亚运”的安全保障工作，依托远程监控系统，试行“首问负责”的突发事件、反馈问题集中受理和快速处置的应急联动协调机制，圆满完成保障目标，实现“零事故、零伤害、零危机”。

（冯　涛）

【财务管理】 坚持效益最大化，以规范管理为前提，抓好预算管理、财务分析和会计核算，在经营活动分析、月度预算、一次运费核算调整、规范油品损溢管理、推进库站费用定额管理等方面取得突破，有力推动财务管理与生产经营的进一步结合，为领导决策提供有力支持。

坚持月度预算。紧盯全年目标，合理确定月度指标，以年度预算为基础，按照“量效兼顾、效益优先”的原则，确定贴近企业实际的月度预算指标。深化预算管理信息系统应用，开发月度预算编制和旬预测模块，加强预算执行力，实时掌控反映公司经营情况，为生产经营工作提供有力抓手。

深化财务分析。以利润分析为切入点，开展专题分析。逐步形成以利润为核心的分析思路，对库存结构、外采效益、与中国石化对标、盈亏平衡等问题进行专题分析，为优化资源配置、处理量价关系建言献策。强化对标管理，建立财务分析评价体系，促进地区公司整改提高。制定包括 7 个大项、19 个小项的评价考核体系，不断提高分析质量。

转变发展方式。按照“业绩导向、顶层设计、程序至上、注重执行、量化评价、持续改进”的原则，通过建立企业综合排名体系、规范油库承包费用标准等措施，全面推进精细化管理。优化组织运输，下发《损溢油管理规范》，进一步规范吨升换算损溢，解决逐年增长的运费支出与营销成本预算指标之间的矛盾。

加大审计发现问题的专项检查和整改落实。归类分析销售企业领导人离任审计和财务部对资金管理专项检查反映的问题，前后两次下发落实整改的通报文件，要求各单位认真梳理业务流程，对照制度规定，进行全面整改。认真分析解剖江苏公司资金事故发生原因，全公司范围内开展资金专项检查工作。

完成 2011 年年度预算编制工作。充分运用对标分组原则，广泛征求销售公司和地区公司两层面意见，分解下达 2011 年预算对接指标。

（师　野）

【油库管理】 成品油库同比增加 3 座，库容增加 86 万立方米，当年完成周转量 1509 万吨，油库年平均周转次数同比提高 3 %。

编写完成并下发《成品油库管理手册》，明确油库管理的目标、任务、方法和标准；修订完善油库管理制度、发展规划和三年隐患治理计划，明确成品油库发展总体布局和要求；大力推进油库信息化建设，完成 16 个省、203 座油库管理信息系统的配套改造和运行；积极推进区外油库承包管理，优化人力资源配置和运行管理，组织协调油库划转；起草下发《新建成品油库投用管理规定》，对新建油库从投用前期准备、业务流程、人员配备、验收组织和试生产进行规范和明确；组织参与销售企业安全大检查、成品油库安全环保专项检查等，落实和推进新版操作规程、设备检维修技术规程、特种作业许可制度、应急管理等规章制度实施，并全过程参加集团公司组织的油品损溢专项检查，共同研究加强油品数质量管理的办法和措施；突出基础和技能培训，配合《油库管理手册》《新版油库建设标准》和油库信息化建设，组织对油库主任和设备管理人员进行培训。

（傅　翔）

【质量、计量与标准化管理】

（1）质量管理。ISO9000 质量管理体系建立工作全面展开。35 家销售企业建立质量管理体系并开始运行，20 家企业已通过第三方认证。国家组织抽检 22 个地区公司的 118 个车用汽油样品，合格率 99.15 %。股份公司组织的质量监督抽查成品油质量合格率稳步上升。车用汽油合格率 98.3 %，轻柴油合格率 100 %。油品质量监督抽查工作稳步推进。组织东北哈尔滨质检中心和西北新疆乌鲁木齐质检中心抽检样品 256 批次，合格率 98.04 %。润滑油基础油按照新标准统计合格率，质量稳步上升。

（2）计量管理工作。加强运输过程计量管理，控制运输损耗。铁路损耗率下降 5.95 %，下海油损耗率下降 8.62 %。加强油品损溢管理，扣除损耗后溢余 55.69 万吨。

（3）标准化管理工作。积极推进国Ⅲ标准汽油的实施和沪Ⅳ、粤Ⅳ汽柴油标准的实施；组织 30 家化验室参加了集团公司组织的 RON、硫含量、烯烃等项目的比对试验；完成 5 项集团公司企标制定和 7 项企业标准复审；参与 8 项行标制修订；组织重点标准宣贯；完成《质量管理人员培训教材》初稿，举办二期销售企业化验员培训班，发放计量员证 2519 个。

（顾惠明）

【信息化管理】 ERP 系统、加油站管理系统、油库管理系统、一次物流优化系统、二次物流配送系统建设全面推进，取得可喜成果。完成了燃料油公司的上线应用，北京、天津、河北公司的系统调整；集中培训 1151 人次，35 家公司实现业务单轨运行，31 家公司实现财务单轨运行。建立 5 类 12 个指标项的应用考核体系。加油站管理系统组织完成了 5000 余座加油站的加油机、液位仪和网络环境改造；完成推广阶段 8800 余座加油站的实施部署，4000 余个发卡充值网点建设，培训员工约 9 万人次。建立以主数据等 5 类 33 个指标项的量化考核体系。油库管理系统完成 34 家地区公司共计 359 座油库现场调研工作；完成总部和试点、推广一期 14 家地区公司 179 座油库的部署实施；系统现场集中培训 1090 人次，建立以出入库、库存、自动化连接 4 大类、14 个指标项的量化考核体系。一次物流系统组织针对总部和东北、西北公司的调研，进行业务流程和需求的确认，完成概要设计工作；搭建包括 32 家地区公司的需求预测模型，初步建立包括 26 家炼厂、500 多个油库的资源配置模型，基本完成调运管理平台 IMOS 系统的静态数据收集和配置；开展业务需求的差异分析和相应的补充开发；进行集成数据的分析确认。二次物流系统完成总部和 32 家地区公司的调研和物流管理系统的需求确认、系统设计、开发和测试工作；启动第一批 9 家单位的现场实施，收集 47 万组数据，进行优化建模和操作培训；完成第二批 11 家实施单位的 68 万组数据的收集。系统运行维护方面初步建立三级运行维护体系，提供 7×24 小时技术支持。系统集成工作完成 8 个主业务流程梳理和集成平台的设计、搭建、安装、部署、培训等工作，梳理并开始 66 个集成接口的开发。

（冯　涛）

【股权管理法律事务】 股权投资项目共 520 家，其中：控股 393 家，参股公司 127 家。股权投资企业的期末账面投资余额 98.4 亿元，累计实现投资收益 42.8 亿元。清理低效、无效、亏损股权企业 36 家，清理固定回报项目 42 家。

夯实制度基础，确保股权企业规范运作。梳理股权企业日常管理工作流程，初步完成《股权管理手册》和《股权企业管理指引》框架；积极与 BP 公司进行谈判，取消排他性条款；同时规范 190 家股权企业分红工作。

积极推进精细化管理，制定完善管理手册。按照“顶层设计、业务导向、及时更新、宜于执行”的原则，根据“管理手册为主、单行规章为补充”的要求，形成板块制度体系框架，并初步完成《业务管理手册》初稿。

（赵飞虎）

【培训与技能鉴定】 强化员工培训。全年举办42个培训项目、112期培训班，直接组织培训约3万人次。

在销售信息化系统培训工作中，通过集中、现场和课件等方式，培训主管领导、关键用户、内训师和各级业务人员达10万余人次。组织销售企业经理人培训班，对36家销售地区公司290人进行培训，重点提高营销和物流管理水平。组织销售业务骨干赴中油BP对口培训4批97人，专题研究，全过程跟踪，增强针对性和实效性。组织工程建设标准培训4期771人，宣贯油库和加油站建设标准。组织加油站培训师培训班，来自全国31家地区销售公司80名专兼职培训师参加培训。组织非油品业务培训师培训班，来自31家销售地区公司非油品业务的兼职培训师80人参加培训，重点提高非油品品牌理念、业务定位的认识，进一步提高对非油品业务的实际操作能力。培训选拔6名高潜质润滑油培训师，加油站管理系统内训师培训369人。继续组织开展先进经验到基层，分7期对481人进行培训，将4家单位三星级以上加油站经理、片区经理、加油站管理骨干轮训一遍。

组织编写列入集团公司教材目录的13本培训教材，其中6本通过集团公司终审。组织编写4个主干工种的知识读本（口袋书），列入集团公司送书下基层计划；组织编写成品油营销等6本专业知识读本，已完成初稿。组织开展培训示范库站创建，创建培训示范库32座、省级示范站64座。通过集团公司远程教育网完成34家销售企业155名作业许可审批人资格考试，积累网络培训工作经验。

组织开展技能鉴定工作，全年鉴定5.38万人，累计完成鉴定12.5万人，鉴定覆盖率达到70%以上。鉴定站数量由28个增加到33个，除海南外各成品油销售地区公司均成立了鉴定站。组织33家销售企业的505名学员参加考评员培训。组织开展外部质量督导，一方面协调大庆鉴定中心继续外派督导；另一方面委托5家2009年通过国家质量管理体系认证的鉴定站派出督导员，执行中心的督导任务。组织第二批13家鉴定站开展体系文件编写工作，6家通过国家质量管理体系认证。

（杨峰亭）

【未上市销售业务管理】 组织完成存续企业财务核算和FMIS7.0系统正常运行和维护；完成并通过2009年集团公司财务资产部财务决算；安排2010年财务决算和决算审计。组织完成存续企业员工安置资金、房改及住房维修资金、银行账户和实物资产清查；组织完成存续企业内退人员1894人的工资调整和发放工作。妥善解决离退休人员生活待遇相关问题，促进离退休队伍稳定。进一步规范存续企业财务管理。

（师　野）

2011年

【概述】 2011年，在客观分析所面临安全形势和管理短板的基础上，各销售企业积极进取、务实工作，全年生产运行平稳有序，无较大及以上安全生产责任事故，无环境污染事件。

【**HSE建设与管理**】 HSE建设方面，在总结试点企业先进经验的基础上，修编HSE制度形成《HSE管理手册》，进一步明确各管理层级工作接口、流程，指导各企业、各部门HSE工作规范运作；在受控管理上，针对系统外加油站卸油过程频发着火事故，编印《加油站接卸油环节安全要点》，针对加油站抢劫亡人事件编印《加油站歹徒持械抢劫事件处置指南》，针对加油站地罐受淹后处置过程HSE风险，编印《加油站油罐进水后的应急处置措施》，以风险为关注点，主动预防、积极行动，避免类似事件发生；在作业许可管理上，坚持培训指导与备案考评相结合，针对动火、清罐等高风险作业，通过建立“作业许可审批人”备案考评机制，量化逐级培训工作要求，确保高风险作业监管人员能力满足风险控制实际需求，切实增强基层单位对首要风险的实际控制力；在应急管理上，出台《销售企业突发事件应对指南》，明确销售企业突发事件应急管理流程、11类库站突发事件响应程序及处置要点和《销售企业应急物资配备指南》，为销售企业及基层库站应急机制建设、应急物资储备、应急预案体系完善及实战发挥支撑作用；在灾害应对上，积极构建灾害预警网络，充分依托集团公司气象与地质灾害预警平台，通过邮件和短信等方式，构建起自上而下、涵盖省、市及基层油库、加油站的气象与地质灾害预警信息接收网络，有效提升了预警及时性，最大程度降低冰雪洪汛台风等自然灾害影响。系统正式上线以来，已向销售企业1096人发送预警短信39787条、预警邮件65984封。

（顾惠明）

【**财务管理**】 按照“业绩导向、顶层设计、程序至上、注重执行、量化评价、持续改进”的总体要求，坚持“量效兼顾、效益优先”的经营理念，深化预算管理，狠抓财务分析，规范管理、夯实基础，努力构建决策支持型财务管理体系，切实为公司生产经营活动做好服务。

深化全面预算管理，财务指标均衡受控。持续完善预算机制，通过根据资源供需变化适时出台并停止资源外采补贴、地付管输增量奖励等措施，有效调动地区公司增效积极性；各月费用总额基本实现平稳受控，杜绝年终翘尾现象；全年账面KPI指标均完成年度预算目标，与年度预算及2010年比，均实现两增一降。

强化财务分析，发挥决策支持作用。分资源、产品、客户、流向效益分析，找准高效部位，针对生产经营热点，全年开展48项次专题分析，突出纯枪销量、汽油、外采、加油卡质量、促销策略及在建工程清理等问题，为生产经营各部门找准抓手。

突出业绩导向，构建综合排名指标体系。构建地区公司综合排名指标体系，力争满足不同地区未来发展的战略需求，引导企业树立“量效兼顾、效益优先”的经营理念。每季度通报综合排名情况，营造良好竞争氛围。

研究资产管理工作，开展实物管理试点应用。基于AMIS7.0系统开发实物资产管理功能，构建全员、全过程、全方位、全要素资产管理体系。8家地区公司试点运行，效果良好。

推进加油站定额研究，构建标准成本体系。利用资金管理平台，开发推广加油站定额管理系统，通过资金计划控制费用报销，推进费用预算、资金计划、报销审批的一体化工作。

紧跟加油卡业务变化，配套财务管理制度。利用加油卡系统规范自用油管理，争取税收最大优惠，降低运营成本。会同财务部，规范统一加油卡积分业务的会计核算。研究加油卡跨区充值开票政策，保障“一卡在手，全国加油”的顺利实施。

强化制度建设，完善财务管理手册。组织编写财务管理分册，规范业务流程、梳理各项制度、划分管理界面，形成量化考核标准；推进制度建设，实现表单化管理，强化地区公司执行力。

建立交流、研究机制，提升财务队伍素质。建立销售企业总会计师例会制度，全年召开3次总会计师例会，加强工作经验交流及财务知识培训。组建销售企业第一期财务管理专家团队，全面开展库存风险、重点业务会计核算等10项课题研究。结合各单位财务管理工作及指标完成情况，评选出2011年度6家财务管理先进单位、20名财务管理先进个人、4名存续企业财务报表先进个人。

（程　勇）

【油库管理】 截至2011年底，共有成品油库523座，库容1644万立方米，包括全资、控股、参股和租赁型油库，当年完成周转量10890万吨，同比减少6座油库，增加128万立方米库容、489万吨出库量。编写完成《油库考核标准》《远程教育考试题库（油库部分）》，修订《油品储运调和操作工教材》，完善油库业务考核、培训体系；全面推进油库信息化建设，31家公司的322座油库实施“一卡通”自助付油流程，实现数据自动采集、自动生成、自动对账及与ERP、二次配送等信息系统的集成；组织对南宁、九江、珠海、惠州等油库的竣工验收和试生产方案的审查；积极推进油库集中管理和区外承包管理，完成郑州、武汉等油库的集中管理和九江、潢川、许昌等油库的承包管理；配合集团公司审计监察部对东北、江苏、安徽等6家销售公司的117座油库进行油品损溢管理专项检查；会同相关部门进行集团公司安全大检查和板块组织的成品油库安全环保专项检查，排查隐患，落实操作规程、检维修技术规程、特种作业许可和应急管理制度；共同组织东北、陕西、河南等公司15座油库的“测时写实”工作，推动油库管控一体化先进管理模式；编制完成年度规范达标、隐患治理计划，参加“十二五”油库发展规划编审工作，组织1期油库技术培训班；完成中国石油成品油物流工作会议、油品销售精细化管理工作会议和集团公司工作会议参观油库的现场部署。

（韩聿波）

【质量、计量与标准化管理】 加强运输过程计量管理，控制运输损耗。召开下海油损耗及计量管理座谈会，铁路损耗率下降9.35 %，下海油损耗率下降4.75 %。加强油品库存盘点管理，进一步规范损溢油品处理程序，加强损溢油品的各环节的管理。参加集团公司损溢油品检查，检查11家销售公司。开展加油站销量Vt转化成V20试点研究。编制《石油石化职业技能培训教程 油品计量工》销售专用培训教材。完成节能量13470吨标准煤，节水量42.86万立方米。推广试点实用新型节能锅炉，2011年，内蒙古销售分公司完成3台承压锅炉、394台常压锅炉的安装；空化热泵连续3年进行试点使用，6家销售企业完成144座加油站空化热泵供暖系统的改造。积极推进国Ⅲ汽柴油、沪Ⅳ、粤Ⅳ汽柴油标准的实施。制定3项集团公司企业标准；组织复审3项企业标准；参与制修订12项国家及行业标准。

（顾惠明）

【信息化管理】 全面推进销售业务信息系统建设。全面实现销售 ERP、加油站管理系统单轨运行，完成二次配送和油库系统的实施，实现一次物流系统需求预测、物流优化和调度指挥模块上线运行；建立五大系统集成平台，实现 23 家公司系统集成，完成销售综合信息应用平台与调度指挥中心招标，开展第一批 11 家单位的建设；建立五大系统三级运行维护体系，统一运行维护管理平台，统一协调和管理运行维护资源，确保系统稳定运行。

在项目管理上，坚持周例会制度，全年召开五大系统项目例会 179 次，召开对接和验收会 11 次；坚持系统建设和应用量化考核制度，确定 28 大类、68 小类考核指标。按周、月进行考核，全年共进行 50 次周考核、12 次月考核。

销售 ERP 系统根据组织机构调整，及时开展海南销售公司 ERP 系统调整，7 月底实现单轨运行。开发外采计划、一次运费和小额配送管理功能，优化油品调和、价格管理功能。开发和测试了销售公司和地区公司共计 274 张报表和图形分析开发、测试。

加油站管理系统完成 1000 座加油站实施，总计完成 32 家省级销售公司 16240 座加油站部署。完成销售公司、地区公司、地市公司和加油站成油品、非油品报表 154 张。地区公司运维中心和总部运维中心“7×24 小时”运维支持，全年处理 33.8 万个，平均每周处理 6500 个运行维护事件。完成一代卡机连接加油机部署试点，开展银行卡刷卡支付功能的二代卡机连接加油机研发工作。

油库系统全年完成 14 家公司 122 座油库系统实施，总计完成 322 座油库部署。实现 236 座油库 1053 套自动付油、液位仪计量等自动化设备集成，测试和应用 21 张业务报表。

物流系统完成 32 家公司二次物流系统实施，同时，在山东、广东、宁夏和江苏开展配送一卡通试点。完成一次物流系统需求预测、物流优化和调度指挥 3 个模块上线试运行。

五大系统集成按确定集成方案，梳理 22 个集成业务流程，建立统一的系统集成平台，打通五大系统业务流、数据流，实现业务数据实时传递和数据共享。

综合信息平台和调度指挥中心建设完成综合信息平台和调度指挥中心建设可研评审、招标、调度指挥中心方案设计和地区公司调度指挥中心建设规范和展示软件开发工作。开展第一批 11 家公司调度指挥中心建设。

（刘航宇）

【股权管理法律事务】 按照“合法、清理、规范、发展、服务”的工作思路，以提升股权投资价值为目标，以规范运作为核心，不断提升股权管理水平。全年清理处置股权企业 54 家，清理固定回报 3 家，清理无形资产出资 1 家，股权层级上移 3 家。

股权管理信息化工作取得新进展。通过不断优化股权管理信息系统功能和强化培训，股权企业人、财、物及“三会”相关信息已全部进入系统，可以单轨完成运行分析。同时完善了股权项目价值分析体系，对后评价工作提供了翔实的参考数据。

行权管理工作更加规范。规范了股权企业“三会”议案审核程序及流程，下发议案模板，推广中航油公司专业委员会制度，规范股权企业投资、预算、薪酬等决策机制，有效加强了对股权企业的控制。

积极落实分红政策，共有 229 家股权企业进行现金分红，分得红利 8.3 亿元，同比增加

3.4 亿元，增幅 69%，为改善公司现金流做出了积极贡献。

截至 2011 年 12 月底，石油销售企业股权投资项目 561 家（含存续企业 24 家），其中控股企业 442 家，参股企业 119 家，股权企业本年实现投资收益 12.3 亿元。

（杨秋存）

【培训与技能鉴定】 编制培训、鉴定 2 本管理手册，规范工作环节和业务界面，实现了流程化管理。全年举办 36 个项目、136 期班，直接组织培训约 1.8 万人次。信息化培训项目由初始培训发展为提升培训，培训 1 万多人次。全年组织 4 批 102 人的业务骨干赴中油碧辟公司对口培训，实行模块化培训，开展 16 个专题研究。组织工程建设标准培训 5 期，培训 1078 人；组织开展“先进经验到基层”培训活动，组织 35 名培训师，分 2 批到 12 家单位培训 1570 人；组织出版销售业务培训教材 6 本、专业知识读本 6 本、口袋书 4 本。

扎实开展技能鉴定工作。编制年度计划、月报管理，选派质量督导员鉴定数据审核、职业资格证书制作等；全年鉴定 3.8 万人。江苏、山西、宁夏、四川、新疆、青海、甘肃、重庆 8 家单位鉴定站通过国家人事部组织的质量管理体系认证，与之前通过单位合计为 19 家，占集团公司通过总量的 54 %，占全国通过总量的 17 %，国家人力资源和社会保障部鉴定中心对中国石油成品油销售系统高点起步、规范运行的做法以通报的形式在全国鉴定系统进行了表扬。历时半年时间，组织板块 8 个处室、12 家销售企业近 80 名编审人员开展了新版鉴定题库和培训教材修订工作，人事部认为，油品储运调和操作工、计量员和化验员 3 个工种修订的教材与题库已经成熟，加油站操作员尚需完善。

稳步推进测时写实工作。在专题调研基础上印发《关于加强油库管理提高劳动效率的指导意见》；建立处室会商制度，召开 7 次月度会商会。

继续组织劳动竞赛活动。组织完成 2010 年度“促发展、上规模、增效率”主题的劳动竞赛先进评比表彰。继续组织开展了 2011 年度劳动竞赛方案制订、季度评比工作，竞赛指标与 2010 年相同，表彰面由零售企业扩大到板块业务归口管理的全部 37 家单位。

专项研究工作实现常态化。积极配合人事部组织开展员工总量“十二五”规划研究工作，深入分析员工总量现状、人工成本发生和劳动效率情况。组织开展板块机关和业务归口单位 2010 年度绩效指标完成情况分析和 2011 年度绩效合同编制工作。适应建设国际水准销售企业的需要，加大出国考察培训力度。

（张晓燕）

【未上市销售业务管理】 规范存续企业财务管理。持续推进和完善预算管理。加强资金集中管理，专款专用，按月审核拨付，年终决算审计后进行资金清算。盘活、处置实物资产，实现资产租赁和物业收入 2850 万元，审核批复四川销售公司、新疆销售公司处置资产原值 373 万元，净值 126 万元。组织完成日常会计核算和编报会计月、季、年度财务决算。年末资产总额 11 亿元。

（陈运华）

2012 年

【**概述**】2012 年，销售企业以审核促提升，安全环保形势稳定、受控。

【**HSE 建设与管理**】一是健全完善 HSE 制度体系。制修订 8 项安全管理规定，形成作业许可“1+7”（1 个作业许可、7 个专业许可）制度体系；编制 LNG、LPG、CNG《加气站安全操作手册》，具体管控新业务风险；制定、配发《销售企业油库电气安全教育视频片》，提高库、站电气安全管理水平。二是持续抓好非常规作业管理。修订动火作业等 4 项安全管理规定，新制定临时用电等 4 项安全管理规定，编制 8 类特种作业培训课件，分专业建立起授课团队；组织 1019 位一类作业许可审批人网上复核和电子备案；编制形成专业题库 8 类 486 题，并随机抽测 170 人以及作业许可审批人进行网络同步考评，系统提升销售企业作业许可审批人实战功底。三是组织全覆盖 HSE 管理体系审核和专项督导。历经 80 天，分上半年、下半年对 37 家地区公司的春、秋全要素、全覆盖审核，发现问题及时上传 HSE 信息系统，跟踪问题整改；深化落实“打非治违”专项治理，细化检查内容，对涉及危险化学品经营许可证换证等问题重点跟踪，确保合规运行。四是强化预警，突出演练，着力提升突发事件应对能力。全年累计发布各类预警 387 次，发送预警短信 24 万条、邮件 36 万封；9 月 12 日在龙凤油库举行集团公司级成品油库着火爆炸应急演练；统一印发《突发事件应对指南》《油库应急处置卡》和《加油站应急处置卡》，完成基层单位各类演练 49664 次。

【**计量管理**】加强运输过程计量管理，控制运输损耗。召开下海油损耗及计量管理座谈会，下海油损耗率 0.268 %，铁路损耗率 0.116 %；铁路损耗率同比下降 7.93 %，下海油损耗率同比下降 11.26 %。

【**节能节水管理工作**】2012 年销售企业完成节能量 12092 吨标准煤，节水量 94 万立方米。四川、北京、大连海运、贵州、云南、燃料油公司 6 家销售企业被评为“集团公司节能节水先进企业”。20 名节能人员获“集团公司先进个人称号”，20 个油库、加油站、基层单位获“集团公司先进站队”。

【**质量与标准化管理工作**】积极推进国Ⅲ汽油、柴油，沪 V 标准的实施。参与国 V 车用汽油、柴油标准的制修订；参与协调粤 V 标准的制定实施。

完成了集团公司企业标准《发动机油抗磨性模拟评定方法 凸轮挺杆法》的制定。

参与 13 项国家及行业标准的制修订：《在用发动机油中烟炱含量测定法 分光光度法》《在用石油产品和烃基润滑油中磷酸酯抗磨剂实行状态监测试验法 傅里叶变换红外光谱法》《在用油状态监测用傅里叶变换红外光谱仪的设置和操作规程》《润滑油轴承磨损性能的试验 FE8 法》《自动传动液氧化安定性测定法》《发动机油氧化安定性的测定 ROBO 试验法》《在用油 100 ℃运动黏度测定法》《绝缘油中元素的测定 电感耦合等离子体原子发射光谱法》《柴油机油性能的评定 滚子磨损法》《变速箱同步器耐久性能的评定 FZG SSP-180 法》《内燃机油节能性能的评定 程序 VID 法》《自动传动液氧化安定性的测定 人工老化法》《润滑油

抗磨损性能的测定 四球法》。

组织“车用柴油标准宣贯研讨会”，为推进满足国Ⅲ排放要求的标准在国内全面顺利实施，对 GB 17930—2011《车用汽油》和 GB 252—2011《普通柴油》进行了宣贯，并邀请中国石化石油化工科学研究院专家对《符合国Ⅳ排放要求的汽柴油标准及其发展趋势》《现代分析技术在油品中的应用》和《汽油中外加化学品的检验（红外光谱法）》3 个专题进行宣贯。来自销售分公司所属的 31 家销售企业的质量管理人员和化验人员共 78 人参加了本次宣贯学习，并就日常工作中遇到的实际问题进行充分讨论交流。

组织申报集团公司优秀标准奖，销售专业标准化技术委员会组织制定的《通用润滑油基础油》获“集团公司优秀标准一等奖”，《长寿命超重负荷车辆齿轮油（GL -5+）》《加抑制剂矿物油氧化特性测定法》2 项标准获“集团公司优秀标准二等奖”，《RHY3150 柴油机油复合剂》《商用车手动变速箱油》《重负荷柴油机油综合性能评定法》3 项标准获“集团公司优秀标准三等奖”。

补充完善销售专业标准体系表，对销售专业的管理文件进行逐步标准化。为了规范加油站和成品油库设计管理，打造中国石油业务链的“黄金终端”，建设国际水准销售企业，统一加油站和成品油库设计标准。

按照“理念国际化、设计标准化、形象统一化、效率最大化”的要求，为了设计好、建设好、管理好加油站和成品油库，向集团公司申请将《加油站建设标准设计》系列和《成品油库建设标准设计》系列编制成标准文本的形式，在 2013 年增补为集团公司级企业标准制定项目。

（顾惠明）

【财务管理】 2012 年，按照“业绩导向、顶层设计、程序至上、注重执行、量化评价、持续改进”的总体要求，围绕建设国际水准销售企业目标，以推进“预算管理、财务管控、资产管理、资金管理、风险防控、价格管理、税收筹划、股权管理、管理制度和队伍建设”十大体系为主题，以完善监督检查机制、队伍建设和信息化建设为保障，打造与国际水准销售企业相匹配的财务管理模式。

（1）深化全面预算管理，财务指标均衡受控。开发应用预算分析模型，建立销售企业量、价、费综合统筹解决方案，提高决策支持科学性；进一步完善月度预算一体化工作机制，业务、财务共同研究生产经营计划及财务指标安排，引导企业控制成本、突出效益。

（2）强化财务分析，发挥决策支持作用。不断完善分析模板，分资源、产品、客户、流向分析效益，对库存、外采、零售、成品油流向效益、加油站租赁费、加油卡优惠及价格到位率等生产经营热点进行重点分析。通过采取不同形式的分析，查找差距，建言献策，决策支持作用日益增强。

（3）积极争取政策，为企业发展营造良好环境。按照“公平、公正、公开、透明”的原则，完善运行机制，充分调动企业控本增效积极性。针对财务费用偏高的问题，向中国石油总部争取减债、减免财务费用政策。在财务部的大力支持下，增拨东北、西北管道铺底油占用资金 24.18 亿元、对销售企业减债 240 亿元，减免财务费用 15 亿元。

（4）突出业绩导向，完善综合排名指标体系。按照“业绩导向、量化评价、持续改进”的要求，科学、公平、合理评价销售企业盈利水平和核心竞争力开展综合排名工作。通过综合排名，调动地区公司寻找差距，制定改进措施。

（5）研究资产管理工作，实物管理试点应用。统一下发实物资产管理规范，召开实物资产系统应用启动和培训会。截至 2012 年底，36 家地区公司正式上线运行，实物系统累计录入实物资产 187 万条；同时，搭建销售公司平台，监控汇总地区公司项目实施进度及实物资产情况，初步构建全员、全要素、全生命周期的实物资产管理体系。

（6）推广加油站定额管理，构建标准成本体系。举办 2 期加油站定额管理和单站核算培训，现已完成加油站定额管理系统初始数据收集录入、业务流程梳理、费用标准制定，准备 2013 年正式施行，以全面、真实反映加油站运营管理水平。

（7）研究纳税筹划，合理降低税赋。配合财务部，对加油卡积分业务、加油站拆迁补偿等业务的会计处理进一步规范，有效降低经营和涉税风险；密切关注、学习研究国家出台的有关财税政策，积极争取税费减免政策，降低税费。

（8）紧跟业务变化，提供财务专业支持。研究加油卡跨区发票及网上充值等政策，保障“一卡在手、全国加油”顺利实施；配合加油卡网上充值项目，提出资金清算、手续费支付、发票开具等方面建议；积极研究加气业务财务管理方案，针对资金管理、会计核算与报表编制、费用分摊和预算考核等提出解决方案；研究落实安全生产费用相关政策。

（9）建立交流、研究机制，提升财务队伍素质。坚持并完善总会计师例会制度，围绕重点工作安排展开，主题鲜明，效果显著。充分利用专家团队，有针对性地在库存管理、纳税筹划、指标预警、加油站效益评价、共享服务中心建设等方面开展 13 项课题研究。

（王剑章）

【油库管理】 截至 2012 年底，销售分公司共有成品油库 505 座，库容 1796 万立方米，包括全资、控股、参股和租赁型油库，当年完成周转量 10883 万吨，累计周转 9.14 次；同比减少 18 座油库、6.5 万吨出库量，增加 153 万立方米库容。

起草下发推进油库集中管理的《指导意见》，截至 2012 年底，29 家公司成立了仓储公司，其中 21 家实现油库上划管理；编制完成油库 3 年隐患治理和达标改造规划，完成 15 座油库、33 项、3279 万元隐患治理；基本完成油库信息系统推广，4 家下属销售公司的 432 座油库系统上线运行，另有 46 座油库通过日报方式实现数据共享，通过自动化平台，集成 327 套自助付油设备、345 套液位仪、356 套视频系统；完成 104 油库下装改造、定置化设置和制度、流程梳理，优化作业流程和岗位设置，实现核心岗位和辅助岗位分离，为 2012 年精细化管理工作会议打造了参观示范样板；组织完成 81 人的仓储公司经理和示范库主任培训，开展岗位设置和生产运行测时写实，推动《新建油库作业流程及岗位编制优化方案》实施；参加集团公司组织的 HSE 体系审核，落实九江油库隐患整改和承包管理，协调组织九江油库、昆明油库、南宁油库生产试运行及投用。

2012 年油库管理工作，在规范集中管理，实现职能机构转变和库存上移，以及信息化水平全面提升方面取得明显的成绩。

（韩聿波）

【信息化管理】 2012 年全面推进销售业务信息系统建设，系统应用和运行维护又有较大的进步和提升。在系统建设方面：销售 ERP 系统根据营销、价格管控和燃料油公司、润滑油公司需求进行系统功能提升，促进 BW 报表应用推广至地区公司；加油站管理系统累计部署 18391 座加油站。根据业务需求，完善系统功能 178 项，新增及优化报表 291 张。与第三方合作开展了卡系统安全评估；油库管理系统累计完成 462 座油库实施和 1433 套自动化系统集成；一次物流优化系统完成调运管理模块和运行管理平台的设计开发，并在销售公司和东北销售公司、西北销售公司全面实施；二次物流优化系统随着地区公司的深化应用，新增、完善系统功能 96 项。配送一卡通在 109 座油库、5328 座加油站推广实施；开展销售分公司及地区公司营销管理指挥中心建设和综合信息应用平台系统实施与升级；物流集成平台完成 32 家省级销售公司四系统数据集成；完成四川销售公司精细化会议信息化建设任务，实施通过信息化手段实现营销管控、物流优化和精细管理的工作措施；销售应用集成项目得到集团公司立项批复；完成加油站管理系统提升、物流系统提升（含一次物流、二次物流、油库管理、海运管理、非油品仓库与运输管理等功能）可行性研究报告编制。

系统应用推进方面：坚持周视频例会制度，全年召开五大系统项目例会 150 余次，对接和验收会 22 次，及时解决遇到的问题，使系统应用水平和业务运行规范得到大幅度提升；完善系统应用考核指标体系，修改 23 大类 76 小类指标，使系统考核更适应业务，五大系统全年开展月、周、运维考核共 308 次；与业务部门持续推进“业务未经系统控制问题”的整改，从技术和管理两方面入手加强问题的解决力度，各地区公司已普遍进行了自查、检测、考核、整改，并制定解决方案和持续跟进的计划。

系统运行维护方面：进一步完善三级运维体系，全年提供 7X24 小时运维服务，周平均事件解决数量 5800 余个，事件解决率 98 %。进一步完善运维体系，提升运维速度和质量。在流程明确的基础上建立起“首问负责制”，并进行量化考核、结果公开；建立销售信息系统专家中心，加强销售公司、地区公司两级运维人员培训；完善系统应急预案，建立安全保障体系，保持系统高效平稳运行。

（刘航宇）

【股权管理法律事务】 按照“合法、清理、规范、发展、服务”的工作思路，以提升股权投资价值为目标，以规范运作为核心，不断提升股权管理水平。

落实“总部经济”网络开发合资合作指导意见，与中国交通建设集团、中国供销合作总社分别成立合资公司，实现强强联合、互利共赢，成品油营销网络得到加强。截至 2012 年底，销售企业股权投资项目 587 家（含存续企业 21 家），全年新增 16 家股权企业，其中上海 5 家、安徽 3 家、北京 3 家，湖北、云南、江苏、广西和福建各 1 家。积极落实分红政策，2012 年全年分红实际到账 14.3 亿元，占销售板块总利润的 13.8 %，同比增加 3.5 亿元，增幅 32 %，为完成全年利润指标做出积极贡献。全年清理处置股权企业 9 家，实现投资收益 9.22 亿元。

（杨秋存）

【培训与技能鉴定】 全年组织重点培训项目 66 期 5.02 万人次。连续第六年组织“先进经验到基层”培训活动，到达 11 个成品油销售地区公司，培训两级机关业务骨干、片区经理、加油站经理 1229 人；完成中国石油远程培训学院销售分院建设工作，组织网络培训管理员培训班，网络培训达到 3.79 万人次；继续组织开展销售企业业务骨干赴中油碧辟对口培训项目 4 期培训班，培训 97 人；完成 3 年地区公司领导班子全部“走出去”的培训目标，全年组织 20 个出国项目；组织开展加油站经理资格认证工作，2.7 万人报名参加初级资格认证并通过网络学习相关课程。

2012 年完成鉴定 3.6 万人次，其中，中高级鉴定人数接近 50 %，队伍技能结构进一步优化。编制下发技师管理办法和技师考评工作方案，完成实施鉴定的初步准备；完成技能鉴定教材题库的换版升级，鉴定内容补充突出信息化、自动化，实现与销售业务发展的同步；持续推进体系建设和认证工作，在河北、天津、河南、福建、广西的 5 家鉴定站参加国家人事部组织的 2012 年度认证，审核结论均为推荐通过。

完成了 2011 年度劳动竞赛先进单位、先进集体和先进个人的表彰工作。组织开展了 2012 年劳动竞赛，主题仍为“促发展、上规模、增效益”，竞赛项目和指标由 2011 年的 10 大类 42 个扩大为 12 大类 53 个，进一步扩大了竞赛覆盖面和奖励面，常态化的劳动竞赛已成为销售企业提高经管管理水平的重要抓手。

（张晓燕）

【未上市企业财务管理】 规范存续企业财务管理。持续推进和完善预算管理。2012 年预算离退休人员安置资金支出 2.37 亿元，实际支付 2.29 亿元，控制在预算以内。加强资金集中管理，专款专用，按月审核拨付，年终决算审计后进行资金清算。盘活、处置实物资产，实现资产租赁和物业收入 2901 万元，审核批复辽宁、陕西公司处置资产原值 474 万元，净值 248 万元。组织完成日常会计核算和编报会计月、季、年度财务决算。按照集团公司财务资产部要求，委托立信会计师事务所进行决算审计，事务所出具了标准无保留意见的审计报告。年末资产总额 8.8 亿元；离退休人数 2.37 万人。落实内退和离退休人员相关待遇。组织完成内退人员（860 人）2012 年工资调整、资金拨付和发放工作；争取 13 家企业离休人员医药费财政补贴资金 1201 万元；落实离退休人员政治和生活待遇，促进企业和谐发展。

（陈运华）

2013 年

【HSE 建设与管理】 建立并运行安全总监 4 项工作机制；3 个层级（国家部委、集团公司、专业公司）开展 4 类 7 次安全专项督查行动；按计划开展春、秋两季 HSE 体系审核；针对承包商亡人事故开展系列纠防行动；推动隐患治理项目按计划实施。

利用集团公司远程教育平台，分季度开展作业许可审批人随机测评和资格认证，全年4次考评851人一次通过（一次通过率97.1%）。编制加油站经理安全基础知识网络考试题库，12月20日组织网络同步考评，314人全部通过。

及时预警，从容应对四川暴雨泥石流、黑龙江洪汛、东北暴雪等97起灾害事件，已获理赔资金4381万元。

组织推动利用视频监控系统开展非现场巡查工作，销售分公司各部门坚持定期联合巡查。

（陶　辉）

【财务管理】 2013年，销售分公司财务处按照集团公司领导干部会议精神和销售板块整体工作安排，围绕“保稳定、保发展、保安全”，以效益为目标，以客户为中心，以零售为核心，以降本增效为抓手，创新管理思路，夯实基础工作，提升服务标准，深入推进财务管理精细化，增强决策支持和价值管理能力，实现工作平稳受控运行。

（1）改进预算编制方式，突出预算引领作用。细化年度预算编制，落实工效挂钩机制和季度预算制度，引导企业提高销售质量、控制成本、提升效益；全面及时掌握企业信息，持续改进预算方法，与相关处室一起，初步完成日毛利监测工作，提高预报准确性；牵头研究建立开放式、透明化的年度预算编制体系。按照“有质量、有效益、可持续”发展要求，牵头组织相关处室共同完成板块2014年预算编制工作。

（2）坚持以效益为核心的经营活动分析，突出量、本、利关键控制点，为生产经营决策提供可靠支撑。以毛利分析为切入点和桥梁，优化分析模板，初步形成业务、财务相融合的分析框架；针对内外部环境以及公司经营形势变化，强化专题分析，对库存、资产效率、石化对标、销量分布、燃料油、润滑油和非油品业务等进行重点分析，提出控制存货规模降低跌价风险、加大资产优化力度提高资产使用效率、加强润滑油公司科研经费及促销费控制、加大区内市场掌控力度等方面的建议。

（3）围绕年度目标任务，多措施、多部门齐抓共管开展降本增效，控费效果明显。与业务处室一道研究降低库存的具体措施，坚持低库存运作，成品油库存由年初910万吨降低到年末775万吨，减轻跌价损失风险，降低财务费用；配合低销量低效益加油站治理工作，提高纯枪销量和加油站资产的创效能力；配合清理租赁油库和加油站，坚决清退低效无效的油库、加油站及非生产性资产，降低资产租赁成本，减轻企业经营负担；进一步压缩非生产性支出，严格控制管理性费用，全年五项费用同比降低2.26亿元，降幅17%。

（4）围绕国家价格机制调整和资源流向效益，实施灵活、公平的内部调拨价格政策。研究新成品油价格机制对公司的影响及应对措施，提出加强市场研判、建立灵活的汽油柴油内部调拨价格管理机制等建议；完善成品油送货制，提高管输设施的利用效率；积极协调财务部和炼化板块，不断完善成品油出厂价格机制。2013年国家共调整成品油价格15次，销售板块内部调拨价调整18次。协调财务部与炼化板块降低小产品出厂价格，大幅提升小产品毛利水平。

（5）精细核算管理，统一加油站、油库和地市公司效益核算和评价体系。按照客观、公平、真实、可比的原则和有利于加油站网络开发、有利于加油站效益提升的总体目标，研究制订单站核算和效益评价方案；为统一地市公司核算内容和方法，公平、真实反映盈利能力，实现效益评价指标横向可比，研究制订地市公司效益核算规范方案；为促进油库节约管理成本，提升专业化管理水平，研究制订成品油单库核算实施方案。单站、单库和地市效益核算 3 个方案，在反复征求地区公司意见基础上，经集团公司财务部同意后，自 2014 年 1 月 1 日起正式施行，以解决以往信息不对称、核算标准不统一问题，为客观、公平评价各级机构效益提供基础支撑。

（6）继续开展税收政策研究，注重新政策、新法规利用，合理降低成本支出。按照集团公司部署，积极研究“营改增”新政策对销售板块的影响，做好应对准备和实施工作，采取积极措施，降低企业成本费用；配合相关部门，对加油卡积分业务、加油卡跨区发票开具及网上充值业务、加气业务、加油站拆迁补偿等业务的会计处理进一步规范；密切关注国家财税政策，收集地区公司在降低税负方面好的做法，采取有力措施争取税费减免政策，降低税费支出。

（7）以价值管理为导向，开展存量资产优化、盘活工作。牵头成立资产清理、处置领导小组，明确各处室、各单位职责，下发《关于加快推进低效无效资产清理处置的通知》，按计划统筹开展清理处置工作。按照统筹优化、利于物流运行、降低费用的原则有序清退布局重复、效率不佳的租赁油库（库容）。按照零售市场份额不降、纯枪销量提升和效益提升的原则有序清退通过治理扭亏无望的租赁加油站；积极推进低销量低效益加油站治理工作。对长期未能带来效益且缺乏战略安排的资产、长期没有回报的股权投资、长期闲置且不能利用的资产进行清理和处置，盘活闲置资产，提高资产回报和经济效益。

（8）重点强化以总会计师队伍建设为重点的队伍建设，强化课题研究成果应用。2013 年已组织召开 3 次总会计师工作例会，分析经营管理中存在的问题，安排部署下一步重点工作，同时加强业务培训和交流，取得显著效果。加速财务管理专家课题研究成果在经营管理实践中的应用。将前期研究成果汇编成册发至各销售企业学习实践，同时配套制定推广计划，并先行试点，检验课题应用效果。

（陈运华）

【油库管理】 截至 2013 年底，销售分公司共有成品油库 512 座，库容 1935 万立方米，其中，汽油 726 万立方米，柴油 1160 万立方米，包括全资、控参股和租赁油库，当年完成周转量（出库）11383 万吨，累计周转次数 9.43 次；同比增加 7 座油库、139 万立方米库容，增加 499 万吨周转量。2013 年兰郑长成品油输油管线终点站湖南长沙油库建成投产，湖南岳阳分输油库、湖北咸宁分输油库相继投产，一批新建油库，如内蒙古八油库、广东中山油库等顺利投产。

为适应国家成品油价格政策变化，销售分公司完成并下发《成品油储运设施深度优化方案》，实施低库存营销策略，关停或退租低效油库，与 2012 年相比，在用油库关停退租 22 座，其中东北公司低库存运行，年内退租锦州碧海、蓬莱安帮、南通嘉民、舟山建桥和舟山世纪 5 座油库、涉及库容 95 万立方米；继续组织实施 3 年隐患治理和达标改造计划，重点项目天津千米桥油库技术改造已于 9 月动工、到南疆油库的管线已于 11 月停产进行改造、甘肃天水油库改造方案已批准并计划于 2014 年初动工；编制完成成品油库水体污染三级防控改造方案，对销售企业水环境高度敏感的 123 座油库进行达标评价，其中 40 多座列入当年专项治理计划；完成重庆公司长江沿线 6 个码头趸船升级改造方案审查、江苏和四川地区油库油气回收改造方案审查等。

2013 年全面完成油库管理信息系统建设，实现业务运行全覆盖，同时推广应用液位仪、差压变送器等系统自动计量功能，推进下装改造和配送“一卡通”实施，完成三江口油库、长沙油库等跨区配送“一卡通”；完善报表内容和定置化，通过系统自动生成油库月度生产报表。2013 年 11 月开始，重点进行库外管道占压、盗孔、穿跨越段的隐患排查和治理研究，按国家要求督促落实整改方案和治理效果。

（韩聿波）

【计量管理】 精细化管控运输损耗，铁路、下海油的运输损耗稳步降低，铁路运输损耗 0.108%，下海油运输损耗 0.240 %。建立损耗月度通报机制，定期召开专题会议研讨损耗控制措施。开展下海油运输损耗的全程跟踪计量。

【节能节水管理工作】 重点督办燃料油公司 4 个生产厂的节能指标完成情况，专题研讨生产厂的节能指标落实情况，并及时向安全环保与节能部汇报，每季度核准过程指标，敦促各厂及时与驻地政府协调。

各地区公司全面完成节能节水指标，响应国家的节能宣传周工作安排，节能新产品的推广使用稳步推进。

评选确定 20 家节能先进基层单位、20 个节能先进个人向集团公司申报。

【质量与标准化管理工作】 针对外采油品、代储油品管理风险，全方位开展质量监督。参与《车用汽油（国Ⅴ）》《车用柴油（国Ⅴ）》两项国家标准与《润滑油轴承磨损性能的试验——FE8 法》《自动传动液氧化安定性测定法》《发动机油氧化安定性的测定——ROBO 试验法》《在用油 100℃运动黏度测定法》《绝缘油中元素的测定——电感耦合等离子体原子发射光谱法》《柴油机油性能的评定——滚子磨损法》《变速箱同步器耐久性能的评定——FZG SSP -180 法》《内燃机油节能性能的评定——程序 VID 法》《自动传动液氧化安定性的测定——人工老化法》《润滑油抗磨损性能的测定——四球法》10 项行业标准的起草。

承担《销售企业加油站设计管理规范》《销售企业成品油库设计管理规范》《汽油胶质含量的快速测定法》等 7 项集团公司企业标准制修订。

按照集团公司统一要求，结合 HSE 体系审核，制定质量管理体系推进评审计划并组织实施。

组织销售企业汽柴油标准及汽柴油清净剂标准宣贯会。

（李金国　顾惠明）

【信息化管理】 2013 年全面推进销售业务信息系统建设工作，系统应用和运行维护又有长足的进步和提升。坚持信息化例会和销售业务信息系统应用量化考核制度，推进系统建设，深化系统应用，有效落实运维首问负责制，开展销售信息安全体系建设，确保信息系统安全和稳定运行。销售 ERP、加油站管理、二次物流和油库管理信息系统项目通过竣工验收。完成销售应用集成项目现状与需求调研，开展系统详细方案设计准备工作。加油站管理系统 2.0 提升项目和销售物流管理系统 2.0 提升项目获得了集团公司立项批复。（1）销售 ERP 系统持续推进 BW 报表应用，全年共计调整板块层面报表 25 张，地区公司报表 45 张。新增板块层面报表 12 张，地区公司报表 49 张，调整和优化价格和小额配送管理等系统功能。根据润滑油和燃料油公司的专业化管理要求，研究和实施润滑油、车用油销售业务管理模式变化的系统调整方案，建立润滑油产品利润测算体系，优化提升润滑油、燃料油业务需求功能 135 项。（2）加油站管理系统完成 1313 座资产型加油站实施，累计完成 18748 座。根据零售业务发展需求，完成 51 项系统新功能的调整和优化；开展卡系统性能优化、安全复测、网上充值安全评估等工作。与业务部门共同推进加油站未经系统控制问题的整改工作，从管理和技术两个方面入手，确定目标和措施，加大未经系统控制问题解决力度，完成销售板块下达的任务。（3）油库系统完成 9 座新增油库实施、231 套自动化系统集成和 145 座油库双机热备部署。累计完成 466 座油库系统实施、1720 套自动化系统集成和 295 座油库双机热备部署。（4）物流系统开展 IMOS 模块功能测试、接口开发、数据准备、现场实施等工作，完成东北、西北公司现场实施。完善报表和执行计划管理功能，完成与销售 ERP、油库管理系统的集成接口设计、开发及测试工作，实现一次物流业务优化信息化管理。二次配送系统新增 15 个系统补丁，开展云南、湖北、湖南、重庆和山东等公司二次配送优化模型分析调优工作。配送一卡通完成 223 座油库和 9632 座加油站实施。（5）营销管理指挥中心完成销售分公司及地区公司营销管理指挥中心建设及销售综合信息应用平台系统实施与升级。（6）管理层工作管理平台完成平台需求分析、方案设计、功能开发测试，并在内蒙古公司完成试点实施工作，开展东北、西北、燃料油、润滑油、四川、河北、山东、江苏、河南、云南等 10 家单位系统推广实施工作。（7）销售应用集成系统收集业务需求 1800 项，完成《销售应用集成项目现状与需求分析报告》，开展系统详细方案设计。（8）管理评价系统完成内蒙古公司营销、调运、行政、加油站和油库 5 条专业线 28 项制度、56 个流程、184 个考核点的自动考核。在此基础上，完成云南公司机关、昆明市公司及下属主要油库和加油站 5 条业务专业线自动考核。在内蒙古精细化和云南地市经理人会议上进行了应用成果的全面展示。

（李鸿学　刘航宇）

【股权管理】 按照“合法、清理、规范、发展、服务”的工作思路，以提升股权投资价值为目标，以规范运作为核心，不断提升股权管理水平。

落实“总部经济”网络开发合资合作指导意见，与中国供销集团有限公司成立合资公司，实现强强联合，互利共赢，成品油营销网络得到加强。截至 2013 年底，销售企业股权投资项目 661 家（含存续企业 21 家），全年新增 30 家股权企业。积极落实《中国石油天然气股份有限公司股权管理办法》股利分配政策，2013 年全年分红实际到账 12.4 亿元，占板块总利润的 39 %，为完成全年利润指标做出积极贡献。全年清理处置股权企业 5 家，实现投资收益11亿元。

（杨秋存）

【**培训工作**】 全年组织重点培训项目17期，培训1.13万人次。继续开展销售企业业务骨干赴中油碧辟对口培训项目4期培训班，培训94人；启动业务骨干和管理专家出国培训，共组织8个出国项目；继续推进中国石油远程培训学院销售分院建设，建立20个学习中心，网络培训1万余人次；组织完成加油站经理初级资格认证，首批9046人认证合格；启动油库主任资格认证工作。

【**技能鉴定**】 全年鉴定3.6万人次，有2.2万人获得证书，其中，中级、高级1.2万人，队伍技能结构进一步优化；组织3期考评人员和一期质量督导员内审员培训班，新增考评人员788人、质量督导员147人；持续推进鉴定机构质量管理体系建设和认证工作，组织东北、北京、江西、湖南、贵州5家鉴定站参加国家认证，均获通过。

【**劳动竞赛**】 完成2013年度劳动竞赛先进单位、先进集体和先进个人的表彰工作。组织开展2013年劳动竞赛，主题调整为“调结构、提质量、增效益”，竞赛项目和指标由2012年的13类64个指标调整为8大类14个指标，进一步突出结构调整，更加聚焦质量和效益，常态化的劳动竞赛已成为销售企业提高经管管理水平的重要抓手。

（杨峰亭　江　宁）

【**未上市销售业务管理**】 规范存续企业财务管理，确保存续企业平稳运行。持续推进和完善预算管理。2013年预算离退休人员安置资金支出2.22亿元，实际支付2.12亿元，控制在预算以内。加强资金集中管理，专款专用，按月审核拨付，年终决算审计后进行资金清算。盘活、处置实物资产，实现资产租赁和物业收入2784万元。组织完成日常会计核算和编报会计月、季、年度财务决算。按照集团公司财务部要求，委托立信会计师事务所进行决算审计，事务所出具标准无保留意见的审计报告。年末资产总额6.98亿元；离退休人数2.27万人。落实内退和离退休人员相关待遇。争取13家企业离休人员医药费财政补贴资金1168万元；落实离退休人员政治和生活待遇，促进企业和谐发展。

（陈运华）

2014年

【**HSE建设和管理**】 2014年，销售企业客观分析面临的安全形势和管理“短板”：（1）从机制上着力建立全员“一岗双责”，统一编制《销售企业典型岗位“一岗双责”描述样例》，指导各层级、岗位HSE职责建立；（2）坚持运行、完善安全监管工作机制，印发《安全总监周报》52期，召开月度视频例会12次，督办问题整改1439项，汇集整理上报未遂事件10425起，筛选分享典型案例104件，编印17起《安全生产事故案例》和50起《安全经验分享案例》配发基层站库；（3）总结近年审核成果，修订印发2014版审核检查标准，明确8类1420个检查事项，推动审核深化，并针对审核发现的好做法积极组织例会推介，针对重复出现问题梳理提出“六个杜绝项”，促进审核问题整改，1439项问题年内整改完成率96.3%；（4）推进油气回收治理，2014年落实资金18.8亿元，对6249座加油站、73座油库实施治理；（5）强化隐患排查，积极推进库外管线治理，完成33家企业380条库外管线建档，判定26家企业重大隐患62处、较大隐患200处、一般隐患249处，整改75%，9项重大隐患整改完成5项；（6）持续强化非常规作业管理，2014年组织4次作业许可审批人统一测评，393人参加考评，对不合格的7人取消审批资格，同时突出抓好企业专业部门负责人非常规作业审批履职能力培训与测评，网上测评合格率98%，促进地区公司直线部门履职意识和能力提高；（7）强化事故事件管理，以典型事故、事件为切入点，快速响应、及时分析、广泛分享，启动全员高处作业培训，受众面达15万人，覆盖率99.9%；组织2117名加油站经理非常规作业管理能力网上测评，合格率97%，推动基层管理者积极主动履职担责；（8）突出应急响应联动，坚持每周进行灾害预警分析，发布预警及简报，督促地质灾害多发区域开展针对性的演练，2014年组织各级各类应急演练60573次，积极协调新疆、云南等地暴恐事件应对组织，加强现场巡查、监控，提高安防等级。

2014年，16家地区公司荣获集团安全生产、环境保护先进企业，绿色基层站队37个、安全环保先进个人103名。

（冯　涛）

【财务管理】 着眼销售业务发展大局，以优化预算机制、支持经营决策、提升价值管理、强化风险防控为核心，努力开源节流、降本增效，最大限度弥补油价下跌带来的效益损失，确保财务管理工作平稳受控运行。

深化预算管理机制研究，突出预算导向功能。完善内部调拨定价机制，探索“一省一价”运行模式，充分调动省区公司的积极性，真实反映直属资源流向效益；分单位编制年度预算管理手册，细化预算指标编制方法，明确工作重点和努力方向，指导地区公司以预算为引领，抓好销售业务；财务、业务部门共同确定资源配置、调拨价格、价格到位率等影响因素，科学测算并下达月度预算，使预算指标更加贴近实际；科学研判油价走势，超前决策，实施内部调拨价格政策，有效调动销售企业促销降库的积极性。

加强经营分析，提高运行决策支持能力。与业务部门密切结合，围绕销售业务“量本利费”开展经营活动分析，真实反映经营活动成果和效益增减变化原因；结合业务运行实际，及时捕捉市场拐点，制订扩大销量、提升份额、增加效益的营销政策，针对外采业务、损溢管理、库存跌价等多次开展专题分析，为经营决策提供数据支持。

大力实施降本增效，提升财务价值管理能力。严格落实“开源节流，降本增效”要求，及时分解和调整地区公司利润预算奋斗目标，明确职责分工，层层传达压力；大力推进资产轻量化，牵头清理清退低效无效资产，严格租赁项目审批，不断降低租赁支出；坚持低库存常态化运作，有效防范跌价风险，减少资金占用；优化往来款管理，加快资金回笼，严控付款账期，持续提高IC卡售卡质量；严格落实中央和集团公司规定，严控非生产性支出。

强化财务风险管控，构建资金安全管理“防火墙”。加强IC卡对账管理，加大上门收款力度，从源头上控制资金回笼风险；加强外采业务和股权企业资金管理，健全资金支付授权审批制度，不断前移风险防控节点；召开销售企业资金风险防控研讨会，深入剖析资金安全案例，采取防范措施，提出管理建议，保障资金安全；组织地区公司开展资金安全专项自查整改，并抽调专业力量开展督查督导工作，落实责任主体，细化整改措施，明确完成时限，持续构建资金风险防范的“防火墙”。

创新财务管理模式，推动财务集中共享服务。按照“扁平化、专业化、信息化”的工作思路，积极推动湖北、山东、河南、云南等销售公司探索资金集中支付和会计集中核算，创新财务管理模式，大力推进财务集中共享，建立与“升级版”地市公司相适应的财务管理体系，使业务流程和标准更加优化，会计服务职能更加专业，信息系统应用集成更加深化，会计核算效率显著提高，财务工作质量明显提升。

夯实财务管理基础，提升财务服务保障能力。在集团公司财务管理框架内，结合销售业务特点，修订销售分公司财务管理手册，逐步完善销售业务会计核算；完善单库单站核算，研究制订地市公司效益核算办法，客观反映地市公司经营状况和盈利能力，促进效益和管理提升；持续规范外采业务核算，明确外采油品销售收入、采购成本计算口径和费用、税金的分摊原则，统一外采油品效益分析表，准确反映外采油品效益；规范销售存续业务财务管理，持续推进和完善预算管理、会计核算和资金管理，统筹安排离退休人员安置资金，确保存续企业离退休人员稳定，推动销售企业和谐稳定发展。

建立专家团队和研究机制，强化企业经营管理。召开销售系统总会计师例会，加强交流和培训，开展经营管理研究，努力解决运行中遇到的热点难点问题；开展第二期财务管理专家团队课题研究，发挥专家团队的科研实力，强化课题研究成果应用，提升企业经营管理水平。

（程　勇）

【油库管理】 积极推进库外管线隐患排查与治理。2014 年，共排查出库外管线隐患 511 处，涉及管道 147 条、133 千米，整改 394 处，整改完成率 77.1 %。

认真抓好化学品罐区专项整治。详细排查 34 家销售企业的 326 座在用油库及润滑油公司、燃料油公司 23 家基层单位油罐区，共发现问题 1782 个，整改 1212 个，整改完成率 68 %。

千方百计确保油库运行安全、环保、高效。（1）建章立制，修订《油库管理手册》，起草、评审《成品油库操作规程编写规范》。（2）做好大气污染防治相关工作，完成《销售企业油库大气污染防治工作方案》编制，落实油库油气回收项目 69 座，投资 3.21 亿元。（3）认真做好储罐清洗，完成油库储罐机械清洗 102 万立方米，清洗作业安全受控。（4）配合开展 HSE 体系检查，重点围绕落实油库责任制、作业许可管理、库外管线隐患排查与治理、化学品罐区专项整治、设备风险监控、历次审核和检查发现问题的整改等方面，完成对 73 座油库的现场审核。（5）强化油库经理人培训，组织一期油库主任培训班，33 家销售企业的 89 人参加了学习。

（赵天城）

【计量管理】 召开以质量计量为主题的精细化管理会议，总结销售企业质量计量工作取得的成绩，分析存在的问题，明确工作目标，部署近期的质量计量工作，表彰 10 家质量计量管理先进企业和 100 名先进个人。深化运输损耗管控，公路、铁路、下海油的运输损耗稳步降低，公路运输损耗 0.118 %，铁路运输损耗 0.091 %，下海油运输损耗 0.200 %。建立损耗月度通报机制，定期召开专题会议研讨损耗控制措施。

（顾惠明）

【质量与标准化管理工作】 针对外采油品、代储油品管理风险，全方位开展质量监督；根据市场需求调整外采油质量控制指标。参与集团公司质量与标准管理部组织起草的《石油产品内控质量指标》的制定。参与《车用汽油》（国Ⅴ）《车用柴油》（国Ⅴ）两项国家标准的起草。承担《润滑脂轴承磨损性能的测定 FE8 法》《传动系统润滑油低温剪切黏度的测定 恒剪切应力黏度计法》《透明和不透明石油产品运动黏度测定法 自动折管式黏度计法》和《发动机油乳液稳定性能测定法》等 4 项行业标准的起草。参与集团公司质量与标准管理部组织起草的《石油产品内控质量指标》的制定。组织制定 15 项集团公司企业标准，其中《专用基础油》等技术标准 8 项、《加油卡发行与服务规范》等管理标准 7 项。组织推荐参加集团公司优秀标准评奖活动，《汽油、柴油铜片腐蚀试验法 快速法》获得一等奖，《石油化工产品包装规范 第三部分：润滑油、润滑脂》获得二等奖，《五羊—本田四冲程摩托车专用油》和《RHY4208A 齿轮油复合剂》获得三等奖。

（李金国）

【信息化工作】 围绕中心工作，推进项目建设，深化系统应用，加强运行维护，为成品油销售业务高效运营和规范管理提供了重要支撑。

系统建设上，销售应用集成项目在确定 214 个关键业务方案、优化 402 个流程、选定 532 个指标、完成详细方案设计的基础上，优先在东北销售公司等 4 家单位组织实施；加油站管理项目站级系统部署覆盖 19541 座加油站，其中 9000 余座具备卡机连接功能；从改善客户体验出发，搭建移动 APP、微信、网上和移动充值平台，支撑全渠道客户服务。销售物流管理项目一次物流在东北销售公司和西北销售公司与 ERP 系统集成单轨运行；梳理 540 项需求和 160 个流程并完成需求分析。投资工程管理项目工程管理模块全面上线运行。

系统应用上，完善销售 ERP、加油站管理，一次物流、二次配送和油库管理系统 36 大类 97 小类应用考核指标，满足业务应用新要求；组织召开销售信息化和月度视频推进会，总结推广先进经验和成功做法，强化系统应用交流。优化系统性能、调整物流模型、完善系统报表，组织数据归档和站级系统升级，深化系统应用，收到良好效果。

系统运维上，进一步完善总部、地区销售公司和地市营业室、油库、加油站、卡充值网点三级运维体系，落实“首问负责制”，加强运维考核，提升运维质量；强化系统数据、账号和权限等基础管理工作，从生产环境、稽核监控等六个方面加固加油卡系统安全，保证资金安全；2014 年接听运维电话 60 多万次，处理 35 万次运维事件，系统可用率达到 99.9 %。

（刘航宇）

【股权管理】 按照“合法、清理、规范、发展、服务”工作思路，以提升股权投资价值为目标，以规范运作为核心，不断提升股权管理水平。截至 2014 年底，销售企业股权投资项目

678家（含存续企业21家），比2013年底增加17家；积极落实《中国石油天然气股份有限公司股权管理办法》股利分配政策，2014年分红实际到账13.8亿元；按照集团公司2014年清理计划，完成9家股权企业处置工作；强化股权投资管控，37家地区公司实现股权投资收益13.3亿元。

（杨秋存）

【培训工作】 紧密围绕公司发展目标，全面实施“人才强企”战略，积极推进对口干部挂职交流，打造一支熟悉基层业务、能适应不同经营环境的人才队伍。2014年年初，启动新疆销售与上海销售、江苏销售与黑龙江销售、浙江销售与吉林销售、内蒙古销售与山东销售38名处级干部对口到地市公司班子挂任实职一年，打破地域限制，锤炼作风、增长才干，增强责任感和使命感。9月开始，组织重庆销售与山西销售、山东销售与黑龙江销售82名加油站经理进行为期三个月的对口挂职锻炼，推动地区公司间的交流合作，构建横向交流和大帮扶格局，促进销售分公司零售工作整体升级。

围绕队伍素质提升，设计、组织针对不同受众的培训班，提高培训针对性、实效性和经济性，为建成世界水平的销售企业提供人才支持和智力保证。2014年实施培训项目28个，共计培训2.3万人次。其中，面向地市公司经理人的培训班，由销售分公司班子成员和副总师授课，通过面授和远程两种授课方式，全面提升地市公司领导人员的管理理念、管理水平和视野；组织油库主任培训班，为启动油库主任认证工作和建立一支业务精干、管理精细的油库主任队伍奠定基础；针对各销售企业法律部门负责人和业务骨干组织的法律风险防范培训班，线上、线下互动，扩大培训受众面，全面提高相关人员法律风险防控方面的认识和管理水平；针对专家队伍建设，组织3个专业性的业务专家出国培训团组，带着课题，学习国外同行业、大型企业的先进管理经验，全面提高销售企业的经营管理水平。

投入精力加强加油站经理队伍建设。2014年9月，在广州召开第一届加油站经理论坛。与会的加油站经理通过加油站体验、技能竞赛、辩论、演讲等环节，分享各自在营销方面的成功经验，大大提高销售企业“开口”营销的水平和服务意识。启动加油站经理积分制管理的研究，用积分制的管理方式进一步解决加油站经理队伍“选、育、留”以及职业发展通道问题，构建对加油站经理队伍的长效激励机制。

【技能鉴定】 重点优化鉴定组织模式，通过推进鉴定信息化建设，提高效率，降低成本，努力促进鉴定成果使用，为队伍素质的整体提高发挥保障和支持作用。2014年，共组织完成2.5万人次的技能鉴定工作，累计完成26万人次的技能鉴定；组织完成首次油品储运调和技师考评工作，新增技师41人；完成时长10小时的考评员“听看练”综合培训视频课程制作，开通远程平台进行技能鉴定培训；首次采用线上理论、线下实操相结合的方式培训考评员，新增考评员900余人，在岗总人数达到3000余人；完成首轮销售企业油品储运调和技师的鉴定工作，职业技能资格等级逐步完善。

【劳动竞赛】 精心组织“调结构、提质量、增效益”劳动竞赛，按月跟踪，按季度评比表彰。2014年，表彰劳动竞赛先进单位22家、先进集体541个、先进个人1126名，授予四川销售、山东销售、重庆销售、广东销售、贵州销售、内蒙古销售、广西销售、上海销售、河北销售、辽宁销售10家单位中国石油“调结构、提质量、增效益”劳动竞赛组织工作先进单位称号。

（江　宁）

2015年

【HSE建设和管理】 深刻吸取天津港“8·12”火灾爆炸事故教训，全面推进HSE建设管理。（1）深入贯彻新《安全生产法》和《环境保护法》，强化安全环保合规管理。组织完成销售企业5.7万名员工新《安全生产法》和《环境保护法》测评（通过率98％），举办环保风险管理培训班；深化“打非治违”专项治理，推进建设项目安全环保“三同时”工作落实；印发《销售分公司机关HSE管理职责规定》，在总部机关层面深入落实“一岗双责”。（2）全面运行、完善HSE监管工作机制。召开月度视频会议12期，固化专题培训、案例分享、风险预警、例会通报等内容；开通安全总监、处长微信群，针对不同时段风险特点，在线研判、即时部署；进一步建立并实施HSE重大风险机关处室对接机制，集中会商HSE管理策略，协同落实具体工作方案。（3）完善审核方式，提升HSE体系运行质量。持续坚持体系建设主线，强化顶层设计，循环定制不同阶段审核内容，以“审”促“运”；突出业务风险，完成2次全覆盖自查互审，并针对典型问题直接督办37项“严重不符合”问题，强力推动问题整改，促进绩效提升；印发《HSE体系量化审核工作手册》，试行量化审核，以评估定级提高内部体系建设水平；从目视化、定制化、流程化切入，围绕管理、操作、设备，制定《库站HSE标准化建设标准》，系统加强HSE标准化站队建设。（4）紧盯管理短板，加大重点领域监管。坚持问题导向，以油库常规作业事故为警示，形成油库主任课程矩阵体系，完成260名油库管理者轮训；组织销售企业油库安全运行专项治理活动和危险化学品专项检查，依据对检查对象、数量、形式进行定制的检查清单，完成322座油库企业自查和70座油库板块抽查，督办问题整改606项，消除库区隐患11类。（5）汲取事故教训，防范同类事故发生。注重苗头，升级管控年内事故事件，借助专家、机构技术力量，组织HAZOP、LOPA专项分析，科学查找问题根源，结合具体事件系统强化乙方监管、操作规范、措施保障、同类预防等工作，推动销售系统风险管控水平提升。（6）强化灾害预警和隐患治理，提升基层站队风险管控水平。针对汛情威胁提出“积极应对、严密应对、以人为本、果断应对”等工作要求，促进企业落实；通过编发防汛题库和统一组织测评，加快提升基层库站灾害应对能力；跟踪监控海南、广东等地洪汛、台风和新疆、黑龙江等地暴雪、冻雨灾害，适时预警，及时跟进，协同应对。（7）规范隐患评估及治理流程，规划、治理安全环保隐患。安全生产费用“专款专用”，完成管道隐患专项治理415处，重大隐患项目治理率100％；编制销售企业安全环保“十三五”规划，落实小煤炉治理、双层罐改造以及罐区重大隐患治理方案。（8）积极推进职业健康和节能减排工作。规范接害人员体检，完成9.9万接害人员基础数据录入，职业健康体检率100％；组织编制《职业病危害告知与警示标识设置的初步方案》模板，在销售系统推广实施。

2015 年，销售企业 135 人获得集团公司安全、环保和节能先进个人，73 个站队获得集团公司环保和节能先进基层单位。新疆销售、北京销售等 8 个地区公司被评选为集团公司安全生产先进企业，江苏销售、润滑油公司等 7 个地区公司评选为集团公司环境保护生产先进企业。

（冯　涛）

【财务管理】 2015 年，销售业务财务管理工作以利润最大化为中心，以规范高效、支持保障为己任，主动参与生产经营，致力于创新创效，强化预算管控，深入经营分析，持续开源节流降本增效，不断强化资金安全管控，推进企业合规管理，较好地完成年初安排的各项工作任务。

成功推广省级资金集中支付和会计集中核算，财务管控与服务能力大幅提升。针对销售企业会计核算及风险防控的特点，借鉴财务共享的先进理念与做法，创新财务管理模式，研究并推广省级资金集中支付和会计集中核算。会计核算集中促进会计核算层级的进一步扁平化，资金集中支付大幅提升管控水平，有效降低资金分散管理、分散支付的流动风险。

以开展资金安全专项检查为抓手，查遗补漏促进资金安全形势向好。在总结往年资金检查经验的基础上，不断拓展检查深度与广度，巩固销售企业资金安全环境。从地区公司抽调骨干，开展集中培训后，对地区公司、地市分公司、加油站、油库等实施现场检查。检查结果进行集中通报，同时分单位下发具体整改要求，强力督促整改，确保检查结果转化为实效。

着重强化预算导向性，促进预算管理水平再上新台阶。面对成品油市场起伏跌宕和稳增长目标，狠抓预算执行。研究完善内部调拨定价机制，探索“一省一价销价倒减法”定价模式，更加符合市场形势变化和对标管理需求。密切跟踪预算执行情况，提高旬报预测能力，引导企业提高销售质量、控制成本和提升效益，突出预算管理的引领作用。

不断提升财务分析能力，财务决策支持功能进一步完善。在现有经营分析的基础上，以完善“量、本、利”分析为核心，全力提升分析能力。落实月度分析制度，持续与业务深度结合，以利润为切入点，做好“购销存价”的联动分析。完善分析模板，充分利用基础信息数据，重点做好销售政策、费用控制措施、专项工作等专题分析，跟踪集团公司重大决策的实施效果。完善简报体系，提升数据二次加工能力，提高分析时效性。

牵头落实开源节流降本增效，效益最大化的保障能力大幅提升。继续牵头深入开展开源节流降本增效工作，制定十二项 70 条开源节流降本增效工作措施。提高资源组织工作效率，狠抓一次、二次物流整体优化，控制运输成本；持续开展运输和保管损耗专项整治，精细油品损耗管理，整体合理损耗同比下降；持续扩大加油卡售卡规模，大力支持和鼓励地区公司广泛开展商信通业务，保持合理库存水平，财务费用同比下降。

积极争取内外部有利政策，促进销售经营环境持续提升。始终把政策研究与利用摆在突出位置，由内而外，确保政策效益落在实处。转换思维方式，争取有利资金存款利息政策；积极协调国储油质量升级及时结算，缩短结算周期；捕捉有利税费政策，合理降低成本费用。

持续加强价格政策的研究与协调，坚持以市场为导向，按照内部市场化和整体效益最大化原则，不断协调争取推进内部价格机制。积极推进内部成品油出厂价市场化机制改革，推动国Ⅳ标准柴油及国Ⅴ标准汽油、柴油出厂价加价与市场接轨。

全力保障存续企业运行畅通，顺利完成存续业务管理目标。坚持“管理规范、保障优先、和谐稳定”的原则，全力做好销售存续业务管理，顺利解决员工安置资金缺口，成功上线使用存续管理信息系统。

科学筹划稳增长目标分解与保障措施，力保年度目标顺利完成。充分发挥财务决策支持与服务保障职能，细化分解任务保障目标落地，精准定位严控批发亏损销售、适当扩大外采增加毛利、提高纯枪量价增效、压缩成本降本增效四项措施，跟踪保障措施落实到位，为集团公司夺取稳增长攻坚战做出重要贡献。

（程　勇）

【油库管理】 确保油库安全环保运行。（1）稳步推进库外管线隐患排查与治理，2015 年重大隐患治理完成率 100 %，较大及一般隐患中有 23 家企业 100 % 完成整改，4 家企业针对隐患特点完善制订了相应的风险消减措施。（2）积极推进油库油气回收及下装改造，针对 124 座尚不具备油气回收及下装设施的全资油库，列入关停计划 42 座，列入专项规划并立项迁（扩）建计划 14 座，下达改造计划 49 座，计划次年改造 19 座。（3）积极协调、跟踪海南东方，河南洛阳，湖北荆州、咸宁油库解除承包管理合同相关问题，并按照国家反恐办及集团公司维稳办要求，落实督办大厂油库北戴河暑期会议以及“9 · 3”阅兵期间安全防恐，确保安全运行。

稳步提高油库运行效率。做好租赁油库清退和低效资产油库关停工作，2015 年关停油库 16 座、25.6 万立方米，退租油库 14 座、30.9 万立方米；油库周转量 1.12 亿吨，周转次数 9.29 次，同比提高 0.16 次。

持续推进油库标准化及 HSE 体系建设。（1）Q/SY 1789—2015《成品油库操作规程编写规范》通过专业标准委员会表决，成为集团公司企业标准；组织编制的《新建油库投产运行管理规范》通过专业标准委员会初审及中间审查。（2）围绕油库一岗双责、操作规程及作业许可管理、库外管线隐患排查与治理、化学品罐区专项整治、作业风险管控等方面，完成 74 座油库的 HSE 现场审核及隐患治理。

做好油库运行相关培训。（1）分别于 2015 年 3 月、8 月完成 2 期油库经理人培训，累计 260 名仓储公司经理及油库主任参加。培训紧密结合年内发生的多起操作事故案例，系统梳理一系列新出台的标准、规范，取得较好成效。（2）加强油库管理系统学习，先后组织项目组对黑龙江、广西、西藏、重庆、山西等地区公司累计 200 余人次强化培训。

（赵天城）

【计量管理】 组织开展加油机计量准确性检查，保证在用加油机周期检定合格并在有效期内，加油机计量准确性进一步提高，做到“以量取信，诚信经营”。全面加强运输损耗管理，召开公路损耗管理座谈会，推广先进的损耗管理经验，运输损耗持续下降，公路运输损耗

0.09%，铁路运输损耗 0.08 %，下海油运输损耗 0.153 %，为历史最低。建立损耗管理专栏，交流损耗管理经验。稳步扩大推广下海油诚信计量体系建设，确定 7 个诚信发货方、11 条诚信船舶、9 个诚信收货方，诚信计量体系运行质量和效果逐步显现。

（窦宝文）

【质量与标准化管理】 全面加强成品油采购、运输、储存、销售全过程管理，明确各方责任，严格执行质量管理制度，在国家质量监督检验检疫总局组织的质量监督抽查中，合格率 100%，进一步树立了集团公司良好的企业形象。针对外采油品质量风险，组织修订外采油质量控制指标。组织对东北地区“甲醇替换汽油”开展专项检查，共检查黑龙江、吉林、辽宁的 178 座加油站，抽取 331 个油样。参与组织油品分析工、油品计量工技能竞赛，提高了一线员工技术素质。完成 Q/SY 54—2014《汽油中甲醇定性检测 颜色指示剂法》等 4 项集团公司标准的制定，并对重点标准进行宣贯。

（顾惠明）

【信息化工作】 2015 年，围绕销售业务中心工作，深化信息系统应用、加快推进销售业务 2.0 系统建设，强化运维保障，确保系统安全、稳定运行。建设方面，加油站管理系统（2.0 版）完成 HOS、站级、卡系统 V2.0.1 版本开发及 200 座站点升级，实现 164 座加油站微信支付，完成充值卡模块试点上线；完成加油站管理系统（2.0 版）需求分析和系统详细设计方案，提升已投用加油站管理系统功能，实现加油站现场管理和监控，提升系统功能 100 项，新增功能 90 项；销售物流 2.0 系统完成详细设计，完成一次、二次物流整体优化设计和模型搭建，系统设计功能 281 项；完成库存优化、数据收集和试点油库模型搭建工作；完成航运监控功能实施，开展铁路自备车功能测试验证；销售应用集成系统完成辽宁销售、河北销售试点上线，开展东北销售试点实施；完成 20 个相关系统 104 项应用集成和数据集成；梳理决策支持业务指标 600 项，构建 62 个分析场景；通过用户平台实现销售业务信息系统和外部系统等 18 个系统的界面集成、待办提醒接入；客户关系管理系统完成现状调研和需求分析，通过详细设计评审，完成实施商咨询、核心软硬件招标和核心模块配置开发；实现试点单位系统上线工作；电子营销平台完成可行性研究报告并提交信息管理部预审；完成中油好客 e 站公众号、掌上营业厅服务号、积分商城等功能搭建和升级，进一步拓宽客户服务渠道；完成“十三五”销售信息规划，通过专家评审，已纳入集团公司“十三五”信息技术总体规划。应用方面，2015 年组织召开系统应用 12 次视频会，及时解决系统推进过程中遇到的问题；开展 52 次周考核、12 次月考核和运维考核。持续完善 DPO 物流优化模型，2015 年利用 DPO 物流优化模型制定月度运输方案，对销售分公司物流运输结构、物流流向进行持续优化，2015 年铁路运输比例同比下降 6 %，管输增加 7.5 %，据测算 2015 年降低运费 5 亿；完成 13 座新建及租赁油库实施部署，召开了销售信息系统应用经验交流会，交流销售信息系统、数据分析和互联网 + 应用工作经验。运维方面，提供 7 × 24 小时运维服务，2015 年接听 400 热线电话 80 余万次，处理事件 36.5 万个，其中总部运维中心处理 14.2 万余个，省级运维中心处理事件 22.3 万余个，整体解决率达到 98 %。销售信息系统平均可用率 99.9%。在春节和国庆等节假日期间，提前组织开展系统安全检查，加强运维值班和巡检力度，做好应急保障安排。开展信息系统巡检和数据中心设备巡检，2015 年巡检 23619 台次。组织定期更新完善应急预案，制定演练方案，完善应急指挥平台，组织各信息系统按照计划完成 10 次应急演练，通过演练验证了应急预案可行性，提升了运维团队应急处理能力。

（刘力昌）

【股权管理】 按照“合法、清理、规范、发展、服务”的工作思路，以提升股权投资价值为目标，以规范运作为核心，不断提升股权管理水平。截至 2015 年 12 月底，销售企业股权投资项目 682 家（含存续企业和三级以下项目），与年初相比增加 3 家；积极落实《中国石油天然气股份有限公司股权管理办法》股利分配政策，实际分红到账 16 亿元，同比增加 2.3 亿元，增长 16.4 %，为销售分公司全年利润指标做出积极贡献；按照集团公司 2015 年清理计划，处置完成 8 家股权企业；37 家企业（包括大连销售）实现投资收益 14.2 亿元。

（杨秋存）

【培训工作】 2015 年，完成集团公司、股份公司 B 类培训 3 项，销售板块培训 18 项，培训 27.14 万人次。

组织集中培训班 4 个，分别为：地市经理人培训班、车用润滑油销售培训师培训班、销售远程管理员培训班和先进经验到西藏培训班，共计培训 346 人；组织远程培训班 2 个，分别为：车用润滑油销售知识视频培训班和“开口营销”视频培训班，对车用润滑油专业知识进行普及性培训，用亲身经历与典型案例讲解销售技巧，提升加油站员工销售能力，共计培训 8198 人；组织挂职培训交流 4 期，分别为：销售业务骨干赴中油碧辟对口培训、辽宁等 14 家单位的处级干部对口挂职、西藏和内地销售企业干部挂职、四川等 8 家单位加油站经理对口挂职，共计 348 人；协助组织培训 4 次：油库主任培训、零售处长培训、润滑油业务培训、加油卡业务营销管理培训，参训 694 人；组织远程在线培训 2 次，完成自然灾害防范远程在线考试，2.52 万人参加；组织新《安全生产法》和《环境保护法》普及培训和非油品 369 远程培训考试 2 批，参训 26.15 万人次；组织新《环境保护法》宣贯及管输损耗指标解释培训；组织“互联网 +”系列讲座三期和安全保密教育培训，参训 283 人次。

【技能鉴定】 2015 年完成初、中、高级鉴定 2.1 万人次，其中，中高级鉴定人数接近 60 %，队伍技能结构进一步优化；组织 1 期考评员和 1 期高级考评员培训，共计 1000 余名考评员、高级考评员和鉴定管理人员参加培训；2015 年 4 月 28 日组织销售企业技能鉴定工作研讨会，探讨有关鉴定队伍稳定、鉴定标准更新、鉴定课件编制以及信息化建设等问题；2015 年 7—11 月分三批组织加油站操作技师、油品分析技师、油品计量技师和油品储运调和技师鉴定工作，最终有 157 人通过技师考评；2015 年 6 月 2 日正式启动“销售企业开口营销服务技能竞赛”，10 月 10—17 日，共有来自 34 家销售企业的 289 名选手参加决赛，产生金银铜牌、优秀选手、杰出班组、优秀班组、最佳人气奖、优秀组织奖 171 个奖项。

【劳动竞赛】 完成 2014 年度劳动竞赛先进单位、先进集体和先进个人的表彰工作。组织开展 2015 年劳动竞赛，主题为“保后路、增份额、增纯枪、增效益”，竞赛指标共计三类 23 项，37 家销售企业均纳入股份公司层面竞赛范围，实现了全覆盖。

（江　宁）

2016年

【HSE建设与管理】 2016年，坚持以HSE管理体系运行为主线，全面推进HSE建设管理。（1）健全安全环保责任制。以业务职责为基础，印发《机关HSE管理职责规定》，明确主要领导及各部门HSE责任，推进"一岗双责"落地。（2）完善监管工作机制。依托HSE信息、应急预警、视频会议系统，搭建监督检查通报、未遂事件分享、即时信息传递平台，月度视频例会、重大风险会商、专项研讨等工作机制不断完善。（3）加大重点领域监管。突出合规管理，利用信息平台督办119座加油站危险化学品经营许可；吸取天津港"8·12"火灾爆炸事故教训，加强危险化学品管理，对西北彭州、重庆伏牛溪油库开展专项评估，推动海源、璜琅油库生产系统优化；从能力入手，推动非常规作业许可审批人培训考评，认证545名合格审批人，取消24人审批资格；针对油罐"冒顶"风险，启动为期6个月的"杜绝油品冒顶事故"专项整治，6个方面21项具体要求推动工作落实；印发库外管线隐患督办文件，督办34项重大隐患，编制402项隐患清单，73.9%完成整改；强化汛期灾害应对，以企业防灾典型做法为基础开展视频培训，有效应对海南等地暴雨、台风及洪汛灾害，损失降到最低。（4）强化审核质量提升。坚持以《销售企业量化审核工作手册》定制工作量、内容和输出形式，辅助审核进程；坚持审前培训、审后总结，培训骨干160名，总结做法293项；坚持审核组、审核员量化测评，确定52名优秀审核员；坚持直线整改、安全督办，"双闭环"整改审核发现，98%问题已整改。（5）推动库站HSE标准化达标。启动东北销售分公司、黑龙江销售分公司试点，印发108个加油站HSE应知应会培训课件样本，修订《应急处置卡》，验收6742个加油站，达标工作有序推进。（6）积极推进环保治理。全力做好G20杭州峰会安全环保保障，跟进中央环境巡视，及时督办问题整改；编制并落实《大气污染防治强化措施方案》和《京津冀大气污染防治强化措施》，入冬前完成京津冀203台燃煤锅炉清零。（7）加大职业卫生专业管理。积极开展接害人员规范建档，完成9.6万人信息录入，2016年职业健康体检率100%。（8）研究探索HSE管理新模式。运用安全技术分析工具，组织福建销售分公司枋湖加气站安全技术分析；开展东北销售分公司济南油库石油储罐附件检测，提出石油储罐安全附件运行维护建议；利用小煤炉淘汰契机，推动计量仪器安装；组织HSE管理论文评选，157篇参评论文获奖。

2016年，销售企业77人获得集团公司"安全、环保先进个人"称号，36个库站获得集团公司"绿色基层队站"称号，8个地区公司被评选为集团公司"安全生产先进企业"，7个地区公司被评选为集团公司"环境保护生产先进企业"。

（冯　涛）

【财务管理】 2016年，销售企业财务工作始终服从、服务于股份公司总体战略目标，在继承"一个全面、三个集中"（全面预算管理，资金、债务、会计核算三个集中）的基础上，着力构建制度健全、运行规范、过程可控、精干高效的管理体系，发挥重要保障支撑作用。

业务财务深度融合，完善全面预算体系。调整预算运行机制，统筹直炼和外采两种资源，外采业务调整为大区公司集中采购，提高外采创效能力，直炼和外采资源按同一调拨价配送到省区公司。坚持以总毛利最大化为目标，以预算目标引导确定资源配置、调拨价格、外采运作、营销策略等政策，优化业务运行，控本增效，预算管理的引领作用更加明显。

深化问题导向，经营决策支持能力持续提升。突出对标分析，找差距和薄弱环节，提出改善方案。起草《中国石油销售企业对标管理工作指导意见》，将对标层级扩展到省、市、库站，外部对标同行，内部对标可比单位，使对标单位“学有目标、比有指标、改有方向”。坚持月度分析，突出零售、外采、存货、加油卡质量，突出资源、产品、客户、流向效益，为经营决策提供依据，为解决问题找准抓手。

继续深入开展开源节流降本增效工作。牵头优化完善12项70条开源节流降本增效措施，定期通报降本增效成果，地区公司细化执行，定期监控落实情况，全员、全过程、全方位抓好开源节流降本增效。突出费用控制，延续以前连续三年硬下降态势，各环节、各单位成本费用进一步优化压减；严控非生产性费用支出，“五项”费用同比下降5%；坚持低库存、低成本常态化运作，防范跌价风险，减少资金占用，库存规模同比下降12%；POS机交易费率同比下降11%。

完善价格机制，提升价格杠杆调节作用。根据市场供需关系变化，采用“相同毛利”的一省一价，定价政策更加适应市场。积极协调推进内部成品油出厂价机制改革，确保集团公司产业链的运行平稳和直炼后路畅通。按照集团公司扩销降库的部署，通过调拨价落实柴油扩销奖励政策，保证整体运行平稳，实现整体利益最大化，有效激励省市公司和大区公司积极性。

继续深化财务三集中管理，全面提升管控能力。截至2016年底，累计减少资金支付点424个、费用制证点386个，清理冗余账户569个，达到压缩层级、统一标准、规范流程、信息集成、提高效率、降低风险等6项目标。

加大风险管控力度，合规管理形势向好。对资金管控风险进行梳理，坚决制止和严肃处理明令禁止的融资性贸易行为。配合并推动集团公司实施资金管理平台对账及监控系统建设，梳理风险点，研讨对账流程，力争尽早实现系统对账，增强风险防控能力。持续保持资金管理高压态势，组织资金安全及投资工程专项检查，对25家地区公司以及下属的133家地市及控股公司、19个县级经营部、51座油库、620座加油站、487个加油站项目进行现场检查，其余11家单位同步开展自查。对检查的问题逐项研究完善制度流程，明确责任，实行销项管理，促进资金安全和合规管理水平提高。

加强财税政策研究和协调，统筹降低纳税成本。加大国家财税政策研究，积极争取优惠政策，营造融洽和谐的税企关系，大力推广地区公司在降低税费方面好的做法，努力降低税费支出。持续关注税制改革动向，积极主动研究“营改增”和“成品油消费税征收环节后移”等政策，采取有效措施努力降低对业务运行的影响。研究新业务涉税相关问题，对加油卡及其积分业务、加油卡消费发票管理、加油站拆迁补偿等业务进一步规范，有效降低经营和涉税风险。

规范存续企业管理，保持离退休队伍稳定。成功上线存续管理信息系统，集中对离退休人员、费用项目种类、政策依据进行信息化管控，进一步强化审批过程的公开、透明，逐步形成预算、决算管理的一体化、系统化、精细化的管理体系。

重视人才培养，队伍综合素质逐年提高。有针对性地开展业务培训、学习及热点、难点问题研讨，提高财务人员业务能力和综合素质。将财务知识及风险点向业务前端扩展，促进不同管理人员既懂经营，又了解财务管理要求，提高整体管理水平。

（程　勇）

【油库管理】 2016 年，开展危险化学品罐区隐患排查治理。（1）继续实施三年库外管线隐患排查与治理，整改完成 28 家销售企业 147 条管线、511 处隐患点。（2）开展化学品罐区事故隐患排查与专项治理。确定销售企业油库罐区隐患 402 项，其中重大项目 34 项、一般项目 368 项，2016 年底前完成 300 项，超整改计划进度，其中重大隐患项目全部完成。（3）针对南沙油库“8·19”冒顶事故，组织开展专项整治活动，落实高、低液位报警及高高液位联锁要求，强化油罐动转前计量和物料动态平衡，加强电器仪表维护保养和现场值班管理。

确保特殊时期油库运行安全受控。（1）严格落实督办国家反恐怖工作领导小组办公室及集团公司维稳信访工作办公室要求，制定《大厂油库暑期保卫安全防恐工作方案》，确保北戴河暑期会议期间油库安全运行。（2）落实 G20 杭州峰会期间各项安全环保措施，组织浙江销售分公司、江苏销售分公司、安徽销售分公司对区域内的油库设备设施进行一次系统性的维护保养，对油品出入库、车船装卸作业进行全面监控。

推进油库管控一体化建设和合规经营。（1）继续推动油库下装改造和一卡通自助发油，加强外部车辆入库安检、现场作业监管，对自助发油作业司机进行专项培训。（2）加强油库合规管理，与地方政府相关部门沟通协调，督促落实补办油库运营相关资质证照。

积极推动油库提效，加快低效油库关停退租。结合市场消费柴汽比变化，按照“调整一批、改造一批、扩建一批”的总体思路，对销售企业成品油库容结构、使用效率及优化方向进行分析研究，编制完成《油库汽柴油储存优化方案》，对 41 座油库进行结构优化，柴汽比由 1.72 降至 0.83。2016 年完成关停退租油库 25 座、库容 35.3 万立方米。

做好油库运行相关培训。分别于 2016 年 3 月、11 月完成 2 期油库经理人培训，累计 247 名仓储公司经理及油库主任参加。培训内容紧密结合国内行业发生的多起公路地付发油静电着火、爆炸事故，深入分析事故原因，系统梳理相关标准、规范，制定改进措施，取得较好成效。

（赵天城）

【计量管理】 2016 年，加强运输过程计量管理，控制运输损耗。公路运输损耗率 0.051 %，下海油损耗率 0.124 %，铁路损耗率 0.060 %；公路运输损耗率同比下降 43.3 %，下海油损耗率同比下降 18.9 %，铁路损耗率同比下降 24.1 %。

【质量与标准化管理】 2016 年 1 月 1 日起，东部沿海 11 省市实施国Ⅴ标准车用汽油、柴油，2017 年 1 月 1 日起，全国范围实施。2016 年，国家质检总局组织对北京销售分公司、天津销售分公司、河北销售分公司、上海销售分公司、江苏销售分公司、贵州销售分公司、山东销售分公司、山西销售分公司、广东销售分公司、江西销售分公司、湖北销售分公司、福建销售分公司、浙江销售分公司、中石油海南销售有限公司、辽宁销售分公司、湖南销售分公司、重庆销售分公司、安徽销售分公司、河南销售分公司开展油品质量监督检查，共抽取170批次油样，合格率100%。

完成《润滑油、润滑脂产品包装规范》《商用车手动变速箱油同步器耐久性的评定ZFBK117法》《汽油、柴油中氯含量的测定微库仑法》《车用乙醇汽油中甲醇快速测定比色法》4项集团公司标准的制修订。

参与《在用发动机油中烟炱含量的测定傅里叶变换红外光谱（FT–IR）法》《滚动轴承润滑脂寿命的测定FE9法》《绝缘油中2，6–二叔丁基对甲酚测定法》《润滑油中添加剂元素的测定能量色散X射线荧光光谱法（EDXRF）》《在用石油基和烃基润滑油硝化状态监测傅里叶变换红外光谱（FT–IR）趋势分析》5项行业标准的制修订。

销售专业标准委员会归口制定的企业标准《工业闭式齿轮油》被评为集团公司优秀标准一等奖，《成品油库汽车装车自动控制及油罐自动计量系统技术规范》被评为集团公司优秀标准二等奖，《车用汽油烃类组成和含氧化合物的测定（多维气相色谱法）》《重负荷柴油机油综合性能评定法（WD615.963E法）》被评为集团公司优秀标准三等奖。

（李金国）

【信息化管理】 2016年，销售业务信息化工作紧紧围绕成品油销售业务中心工作，坚持采用信息化手段，支撑成品油业务运营和管理工作。不断深化系统应用，加快信息项目建设，加强系统运行维护，销售业务信息化工作又上一个新台阶。

建设方面，完成集团公司和销售板块信息化年度工作计划，应用集成项目实现35家销售企业上线部署工作，在原有集成的基础上，完善集成功能，实现云化迁移，提升系统性能；加油站管理项目完成18632座加油站站级系统部署升级工作，站级系统具备微信和支付宝支付结算功能；物流项目完成物流整体优化、库存优化模型搭建和实施工作，东北销售分公司和西北销售分公司一次物流功能试点上线；客户关系管理项目上线，实现零售、车队和直批客户线上管理，建立360度客户管理视图；集成配套项目梳理指标体系，实现42个主题和361项指标上线，完成协同办公、证照管理和印章管理。电子销售平台开展需求调研工作，针对业务急需开展积分商城和中油好客e站提升工作。

应用方面，销售应用集成系统上线后优化流程，避免重复录入，实现业务联动和闭环管理；加油站管理系统提升上线后新增35种促销类型，支持“油卡非润”组合促销。物流系统提升后，可通过计算机、大屏综合展现炼油厂生产、配置计划、运输计划、库存、运费和实时在途等物流信息，支持成品油调度运输的可视化管理；CRM系统通过智能分析，将客户进行细分，支撑销售企业精准营销工作，2016年开展24次精准营销活动。

运维方面，强化信息系统三级运维体系，进一步明确组织管理和职责分工要求，提供365天×24小时服务，2016年接听400电话102万次，处理事件46.4万件，平均解决率96%。结合建设和迁移，建立应急预案体系，开展5次系统应急演练，提升应对突发故障处理能力；落实集团公司信息系统安全工作要求，组织建立销售信息安全体系，2016年开展4

次销售信息和工控系统安全检查。

组织出版《DT 时代》期刊，开展前沿信息技术跟踪研究，了解最新信息技术发展情况。组织开展站级 WIFI 方案和加油站管理系统 3.0 可行性研究编制工作。

（刘力昌）

【股权管理】 截至 2016 年底，销售企业股权投资项目 697 家（含存续企业和三级以下项目），同比增加 15 家；积极落实《中国石油天然气股份有限公司股权管理办法》股利分配政策，实际分红到账 17.1 亿元，同比增加 1.1 亿元，增长 7 %，为销售分公司全年利润指标做出积极贡献；按照集团公司 2016 年清理计划，处置完成 9 家股权企业；36 家地区公司实现投资收益 23 亿元。

（赵飞虎）

【培训工作】 2016 年，组织完成集团公司、股份公司 B 类培训 2 项，销售板块培训 21 项，累计培训 2.01 万人次，其中远程在线培训 1.5 万人。

集中组织培训项目 3 个：以投资工程建设为主题的销售经理人培训；零售业务培训师培训，针对新编《加油站管理规范 操作手册》梳理知识点开发编制 71 个微课件；组织机关管理人员到中油碧辟公司现场培训，提升专业线各级领导人员的管理理念和管理水平；共培训 295 人。组织对口挂职交流培训 4 项：组织江苏销售分公司与中石油海南销售有限公司、广东销售分公司与北京销售分公司、辽宁销售分公司与浙江销售分公司、陕西销售分公司与广东销售分公司 93 名加油站经理对口挂职交流；组织内蒙古销售分公司与广西销售分公司、辽宁销售分公司与北京销售分公司、重庆销售分公司与河南销售分公司、青海销售分公司与安徽销售分公司 8 家单位 26 名处级干部对口挂职交流；组织西藏与内地 22 名干部对口挂职交流；组织 31 家销售企业 101 名业务骨干到中油碧辟公司对口培训，分别挂任运作、市场、安全、资产、财务、内控、人力资源和供应配送八个专线的经理助理；共培训 242 人。通过对口交流和培训，构建起横向交流和大帮扶的格局。协助组织 13 项业务培训，包括零售业务培训 2 项、非油品业务培训 4 项、加油卡业务培训 1 项、小产品业务培训 1 项、油库主任培训 1 项、油品质量管理培训 1 项、信息系统提升和情报系统培训 3 项，共培训 1745 人；组织远程在线培训 4 项，包括地市经理人培训、考评员培训、零售业务开口营销和油库 HSE 安全管理等管理规范培训、作业许可人取证考试，共 17480 人次；组织销售分公司机关人员培训 2 项，新能源汽车发展与充电站标准讲座、营改增政策解读与宣传贯彻，受训 91 人次。先进表彰，评选表彰销售企业“十二五”期间的 100 名优秀培训师和 99 名优秀考评员。

【技能鉴定】 2016 年，组织完成 4 个工种 4 个等级的鉴定 3.43 万人次，合格 2.15 万人次，合格率 62.7 %，同比提高 10 个百分点。其中，完成加油站技师鉴定 591 人，合格 484 人，合格率 82 %。组织加油站操作员工种共 12 个批次的技师鉴定，有 484 人鉴定成绩合格。组织考评员和高级考评员远程取证（换证）培训和考试，770 人合格获得资格。

截至 2016 年底，销售企业共有 684 名技师，其中 355 人聘任在岗，技师总体评聘比例为 52 %。销售企业 15.56 万基层人员中，未获得职业资格证书的员工有 5.75 万人，未持证率 36 %。

【劳动竞赛】 完成 2015 年度劳动竞赛先进单位、先进集体和先进个人的表彰工作，评选出 80 个先进单位、678 个先进集体和 1227 个先进个人。组织开展“保后路、增份额、增纯枪、增效益”2016 年劳动竞赛，竞赛指标共计十一类 27 项，36 家销售企业均纳入股份公司层面竞赛范围，实现全覆盖。

（王晓华）

2017 年

【HSE 建设与管理】 2017 年，坚持以推进 HSE 体系高质量运行为主线，完善工作机制，落实直线责任。健全月度例会制度，完善 HSE 分委会专业管理机制，用好应急预警平台，完善监管手段，安全生产和环境保护考核事故为“零”，安全环保形势总体受控。

启动量化评估审核。全年两次组织对 36 个成品油销售企业全覆盖审核，涉及处室 683 个、二级公司 124 个和生产经营作业现场 385 个。下半年，第一次采用“量化评估”方式，通过“评分定级”，推动企业内审动力，包括西藏销售在内的成品油销售企业年底组织的内审都普遍采用量化评估方式。

加大重点领域监管。以系统外事故为戒，排查生产厂硫化氢风险、管道运行等隐患。盯住“短板”和重大风险不放。持续抓好施工、承包商管理和油库运行管理。首次抽调企业工程管理人员组成审核组，补强施工管理专业力量。组织开展“杜绝油库油品冒顶事故”专项整治活动。修订完成《加气站风险管理手册》，加强加气站风险管控，推进隐患风险专项治理。

推动库站 HSE 标准化站队建设达标验收。销售企业达标站队 19418 个，占集团公司的 52 %。按照销售板块《HSE 标准化创建达标考评表》，成品油销售企业加大组织、考核、验收力度，验收 12427 个，达标率 64 %。

夯实安全环保基础工作。落实“2+26”城市大气污染综合防治要求，编制《京津冀晋鲁豫“2+26”城市油库、加油站大气污染防治工作方案》，推动相关地区企业落实治理举措。统筹安排加油站防渗治理工程实施，确立加油站防渗改造分级改造实施意见，建立防渗改造项目在线进度督办平台。及时跟进中央环境督查组对部分省（自治区）环境巡视督查进展，督办有关问题解决。

落实党的十九大、“一带一路”以及“金砖峰会”各项保障措施。召开万人安全会议，落实安保防恐举措，抓实散装汽油销售管控措施、严肃值班值守和突发事件信息报送等要求。按照“升级管理期”和“升级严控期”，升级管理安全管控措施，提出值班值守、散装油品、日常作业、非常规作业、关键作业、监督检查、定点联系、责任追究等八个方面要求。加大“四不两直”检查力度，狠抓督导落实，确保特殊重点阶段的安全平稳运行。

【计量管理】 2017 年，持续巩固推广诚信计量体系建设，加强装、运、卸三个环节计量管理，装车船环节严格执行集团公司企业标准《成品油计量交接规范》，持续提高装车船计量准确性，通过 GPS、电子铅封、视频监控等技术措施，强化运输过程监管，保证运输过程油品安全，精细卸车船环节管理，做到卸净油品、计量准确，海运、公路、铁路损耗率分别降至 0.98‰、0.30‰、0.38‰，比 2016 年同期分别下降 22％、43%、38%，创历史新低。

【质量与标准化管理】 强化油品储运销全过程质量控制，加强分析化验，强化对租赁、参控股以及不参与管理的油库的存货质量控制，采取有效措施加大运输过程监控，杜绝超时、偏离线路、中途无故停车等现象，确保运输过程油品不被替换和丢失。推动实现公路配送“专车（仓）专用”，防止运输过程发生混油现象。突出抓好加油站油品质量管理，重点加强油品来源、接卸油和回罐油管理。2017 年，国家质检总局成品油质量监督抽查合格率 100％，集团公司油品质量监督抽查计划完成率 100％。

做好油品升级期间的质量保障工作。按照“1 月 1 日起全国实施国 V 标准车用汽油、柴油标准，北京实施京 VI 标准车用汽油、柴油标准；10 月 1 日起北京、天津、河北、河南、山东、山西‘2＋26’城市实施国 VI 标准车用汽油、柴油标准；7 月 1 日和 11 月 1 日起全面供应硫含量不大于 50 毫克／升、10 毫克／升的普通柴油”的时间进度，加强置换过程质量管理，增加抽样化验频次，保证按时供应符合标准要求的油品。

落实集采油品质量监管要求。针对成品油外采统一由东北销售、西北销售集中统一外采的新情况，坚持外部资源集采质量关口前移，由东北销售、西北销售负责出厂环节的全项目（含汽油增加项目）分析化验，成品油销售企业化验必检项目，减少化验环节和次数，降低成本，提高效率。出台外采油质量计量管理规定，制定质量计量交接协议模板，保证集采工作的顺利开展。

参与和主导国家标准、行业标准、企业标准制修订工作。2017 年承担 1 项国家军用产品标准、2 项石化行业标准、3 项中国汽车工程学会团体标准、7 项集团公司企业标准的制修订任务。在集团公司第三届优秀标准奖评选中，润滑油公司、辽宁销售等 4 家单位牵头起草的 4 项标准分获一、二、三等奖。做好标准制修订和申报，申报 13 项集团公司企业标准。

【油库管理】 开展油库运行全流程诊断与优化。2017 年，编制下发《销售企业成品油库全流程诊断与优化工作实施指导意见》，制定全流程诊断方案，确定 5 类 21 个指标。通过诊断与优化、分析与对比，规范油库收、发、存各作业环节流程标准化，推动下装定量发油、大罐自动计量、罐下取样、运行参数在线监测等安全、高效技术应用，推动管理方式转变，提高油库本质安全生产能力。

持续提升油库运行效率。建立油库运行效率分析制度，定期进行油库运行效率分析，包括关停退租进程、周转次数、吨位油运行成本、人均作业量等。推动沿海沿江油库统一优化，按照“打破资产和运营界限、实现内部仓储设施共享、提高资产油库运行效率、降低整体运行成本”的思路，对各成品油销售企业、燃料油公司、国际事业公司在沿海沿江地区油库的统筹优化使用进行研究，编制优化方案。特别针对南沙油库后续使用问题，制定整合优化、消除隐患、提高效率的有关措施。

开展油库隐患排查治理。开展新一轮危险化学品罐区隐患排查，汇总 150 座油库的隐患排查清单，落实整改方案，跟踪整改效果。根据 CN98 汽油销售部署，针对增加的作业风险，制定油库加剂安全生产作业指南。编制《成品油库事故隐患排查治理管理规范》，规范和指导油库隐患排查内容。

【财务管理】 2017 年，以提升质量效益为中心，改革创新预算管控模式，推进开源节流降本增效，深化财务“三集中”（结算、核算、支付三个集中）管理，强化合规管理和资金资产管理，为销售业务的平稳有序有效开展提供坚强支撑。

突出发挥预算引领作用。完善预算运行机制，突出批零一体化运作，兼顾疏通后路与增销创效，出台相应激励政策。坚持协同编制预算，上下充分沟通，以效益最大化为原则设定预算参数，油气销量突出有效增长、结构改善和市场份额提升，成本费用突出降本增效、量入为出，利润指标突出企业可持续发展。加强预算执行情况跟踪分析，深挖指标偏差背后的内在原因，督促欠进度单位追赶年度目标。

推进开源节流降本增效。持续拓宽、深化方案内容，逐步建立覆盖全业务、各重点环节的开源节流降本增效实施方案。以年度预算为基础，科学制定控制目标和措施，增强指导性和引领性。加强成本费用控制，按专业线加强挂钩考核，明确控费目标、落实工作责任。建立增效增费奖励机制，引导成品油销售企业从“要费用”向“挣费用”转变。在 2015 年、2016 年连续两年实现商流费总额和吨油营销成本“双下降”的基础上，2017 年以绝对值形式压减费用，商流费总额、吨油营销成本分别同比减少 10.8 亿元和 9.3 元。

强化分析对标，服务精细营销。持续优化以问题为导向、效益为目标的经营活动分析体系，深入研究产销结构、批零结构、产品结构、客户结构、市场结构，深化对销售、网络、费用、效益、资产等方面规模与质量分析，增强经营活动分析的针对性、时效性和操作性。强化专题分析，在做好经营销售、价格执行、外采业务、库存运作、成本控制等专题分析的基础上，将分析“关口”前移，围绕企业价值开展营销策略、运行机制、基础管理等方面的专题分析，不断提高经营分析的深度和广度，增强决策支持能力。积极开展各层面、多维度的对标，针对短板，提出切实可行改进建议。

防范资金安全风险。巩固扩大财务“三集中”成果，梳理优化资金管理制度流程，连续 4 年开展资金安全专项检查，对检查发现的问题，逐项研究完善制度流程，明确责任，加强整改、销项管理。加大风险案例研究分析，解决个别单位存在的加油卡虚开套现、非油品业务账实不符、法律纠纷等问题。

加强价税管理。伴随直属炼油厂出厂价调整，同步顺调大区公司对省市公司调拨价。结合上海电子发票试点、广西电子发票及发票管理系统试点经验，制定电子发票及发票管理系统实施方案，积极推进。

规范存续企业管理。集中对离退休人员、费用项目种类、政策依据进行信息化管控，强化审批过程公开、透明，形成预算、决算管理一体化、系统化、精细化的管理体系。统筹安排离退休人员安置资金，全年实际支出控制在预算以内；认真落实离退休人员政治、生活待遇，确保离退休人员队伍稳定。

【信息化管理】 2017 年，信息化工作在确保各建成系统稳定运行的基础上，推进新建系统立项，组织信息技术跟踪和新技术应用研究，支持互联网应用，销售应用集成系统、加油站管理系统 2.0 完成上线验收，物流管理系统 2.0 具备验收条件，销售应用集成系统配套项目实现主要功能上线，为创新开展线上线下营销奠定基础。

加强系统应用，销售应用集成系统辅助销售企业优化资源配置，提高工作效率，降低维修成本，促进效益提升，并持续加强系统对业务的管控。提高客户服务质量，聚拢优质客户，推广应用第三方支付，简化办卡、用卡流程，增加银行联名卡支持，提升客户用卡品质。增强系统支持营销能力。拓展天然气、非油品等新业务，增加利润增长点。通过增加室外收银管理、辅助现场管理、集成加气机数据、增强营销分析等功能，提高工作效率、降低劳动强度。加强业务管控和风险防控。通过物流管理系统 2.0，优化 DPO（配送流向规则）应用，实现对整体运输方式、运输路径的统筹优化，降低物流成本、提高运行效率。依托电子销售平台、CRM（客户关系管理）系统、中油好客 e 站 APP 等系统实现对客户的 360 度画像，推动营销模式从普惠营销向精准营销变革，从单一渠道向全渠道会员体系变革。

抓好信息系统运维，2017 年接入电话 121 万个，在电话总量增长 20 % 情况下接听率上涨 10 %；处理运维事件 63.8 万个，同比增长 38 %；运维中心事件周解决率 97 %，平均解决时长缩减接近 2 小时。各系统执行巡检 58817 次，检查范围涵盖加油站管理系统、销售 ERP 系统和物流管理系统的基础架构、数据库、中间件、应用系统及互联网业务。数据备份和检查 43800 次，及时处理备份失败问题 180 余次。

夯实销售信息系统安全基础建设，落实信息系统安全机制，提升信息安全理念。强化信息技术的安全管理和保障，加强对设备安全、系统安全、网络安全、应用安全、工控安全等信息化建设的全方位安全管理。成功应对“5·12”勒索病毒。加强自检自查并及时落实安全整改。借助外部专家团队加强安全保障，助力销售信息系统安全稳定运行。

【股权管理】 加强股权企业基础管理。2017 年，研究制定《销售企业股权管理工作指导意见》；强化监事履职工作，建立检查、督导或审计机制，在直管股权企业管理层考核方案中增加风险事件约束类指标，强化直管股权企业风险管控能力；建立、完善直管股权企业管理层考核方案和员工工资总额方案。借鉴集团公司总部年度效益类、营运类和约束类指标体系对直管股权企业管理层薪酬方案进行调整，同时借鉴集团公司总部工效挂钩方案，对直管股权企业员工工资总额机制进行完善，直管股权企业整体平稳有序运行。总结推广中石油铁工油品销售有限公司在集采专供、服务保障能力等方面的经验，深挖大型终端消费市场，巩固和扩大中国石油品牌影响力，提升各专项领域市场份额，推动合资公司更好发展。

【培训管理】 2017 年，列入集团公司、股份公司 B 类培训 4 项，销售板块培训 21 项，培训 3896 人次。

直接专业培训。第 21—23 期经理人培训班，重点针对投资计划和工程建设，提升专业线各级领导人员的管理理念和管理水平；销售业务骨干到中油碧辟现场对口培训，销售业务到中油碧辟对口 8 个（资产、财务、运作、非油品、人力资源、供应、安全、内控）岗位对口培训，通过交流、培训、跟班作业等形式学习各业务运作、现场管理、一体化营销等专业的管理；销售业务骨干英语培训班，在各销售企业内选拔择优录选 48 名业务骨干参加为期 6 个月的英语培训，为开发海外销售业务储备人才。

挂职交流培训。分两批组织云南销售与宁夏销售、湖北销售与贵州销售、内蒙古销售与安徽销售、吉林销售与西藏销售、青海销售与河南销售 10 家单位 90 名加油站经理对口挂职。组织上海销售与天津销售、四川销售与贵州销售、宁夏销售与江西销售、湖南销售与海南销售 8 家单位 29 名处级干部对口挂职锻炼。组织开展第六批西藏销售与内地干部挂职交流，来自西北销售、贵州销售、天津销售、重庆销售、江西销售、安徽销售和黑龙江销售 7 家公司的 7 名干部与西藏销售 7 名干部实施对口挂职。组织 31 家销售企业 104 名业务骨干分 4 期到中油碧辟，分别挂任运作、市场、安全、资产、财务、内控、人力资源和供应配送 8 个专线的经理助理。

【技能鉴定】 2017 年，组织开展技能鉴定教材和题库修编。增加新的国家标准行业标准内容、管控一体化建设标准、油气回收环境治理等新工艺新技术，为提高油库储运调和工基本素质和技能奠定基础。33 家鉴定站具体承担初级、中级、高级 3 个等级的鉴定工作，总体鉴定合格率 50 %。全年组织初级、中级、高级等级鉴定 18000 人次。

【劳动竞赛】 2017 年，制定下发《2017 年“保后路、增份额、增纯枪、增效益”劳动竞赛方案》。在办公协同平台建立“劳动竞赛”模块，提高信息采集效率；加大评比频次，由季度通报改为月度、季度通报，年末通报表彰。表彰 2016 年度 29 家单位的 90 个“先进单位”、686 个“先进集体”和 1215 个“先进个人”称号。

（李　军）

统 计 数 据

表 1　中国石油 2000—2017 年国内成品油销售量

单位：万吨

年　份	国内销售量	年　份	国内销售量
2000 年	4431.1	2009 年	8874.5
2001 年	5118.0	2010 年	10247.2
2002 年	5305.2	2011 年	11497.6
2003 年	5629.0	2012 年	11662.3
2004 年	6430.0	2013 年	11832.8
2005 年	7185.5	2014 年	11701.7
2006 年	7522.4	2015 年	11625.0
2007 年	8279.5	2016 年	11303.5
2008 年	8293.1	2017 年	11416.3

注：本表由集团公司规划计划部提供。

表 2　中国石油 1998—2017 年国内加油站数量

单位：座

年　份	加油站	年　份	加油站
1998 年	5877	2008 年	17456
1999 年	6810	2009 年	17262
2000 年	11350	2010 年	17996
2001 年	12102	2011 年	19362
2002 年	13160	2012 年	19840
2003 年	15231	2013 年	20272
2004 年	17403	2014 年	20422
2005 年	18164	2015 年	20714
2006 年	18207	2016 年	20895
2007 年	18648	2017 年	21399

注：数据来源《中国石油天然气集团公司年鉴》。

表 3　中国石油 2007—2017 年非油品业务收入及利润

单位：亿元

年　份	收入额	利　润	年　份	收入额	利　润
2007 年	6.6	1.1	2013 年	104.8	9.1
2008 年	16.5	2.0	2014 年	98.8	10.2
2009 年	27.9	2.9	2015 年	124.2	14.5
2010 年	46.8	3.5	2016 年	143.6	17.0
2011 年	64.1	5.0	2017 年	186.0	20.6
2012 年	80.8	6.8			

注：数据来源《中国石油天然气集团公司年鉴》。